21世纪信息传播实验系列教材

主 编◎黄慕雄 徐福荫

U0813777

电视照明
电视音乐音响

蓝辉强 李剑琴 陈海翔◎编著

北京大学出版社
PEKING UNIVERSITY PRESS

图书在版编目(CIP)数据

电视照明.电视音乐音响/蓝辉强,李剑琴,陈海翔编著. —北京：北京大学出版社,2009.11
(21世纪信息传播实验系列教材)
ISBN 978-7-301-15880-7

Ⅰ.电…　Ⅱ.①蓝…②李…③陈…　Ⅲ.①电视照明—高等学校—教材②电视(艺术)—音乐—高等学校—教材③音频设备—高等学校—教材　Ⅳ.J914　J617.6　TN912.2

中国版本图书馆CIP数据核字(2009)第171082号

书　　名：电视照明·电视音乐音响
著作责任者：蓝辉强　李剑琴　陈海翔　编著
丛 书 策 划：姚成龙
责 任 编 辑：刘　维
标 准 书 号：ISBN 978-7-301-15880-7/G·2679
出 版 发 行：北京大学出版社
地　　址：北京市海淀区成府路205号　100871
网　　站：http://www.jycb.org　http://www.pup.cn
电 子 信 箱：zyl@pup.pku.edu.cn
电　　话：邮购部62752015　发行部62750672　编辑部62767857　出版部62754962
印 刷 者：北京飞达印刷有限责任公司
经 销 者：新华书店
787毫米×1092毫米　16开本　14印张　340千字
2009年11月第1版　2009年11月第1次印刷
定　　价：26.00元

未经许可,不得以任何方式复制或抄袭本书之部分或全部内容。
版权所有,侵权必究
举报电话：(010)62752024　电子信箱：fd@pup.pku.edu.cn

内容简介

《电视照明·电视音乐音响》实验教材通过在指定的实验目的、实验要求和实验条件下，对学生进行电视照明与电视音乐音响方面的系列实践训练，使学生掌握电视布光的基本技巧，及提高学生的音响技术水平与音乐音响艺术素养，加深学生对电视音乐音响理论的理解。通过阶段式教学和反复的实践训练，使学生初步具有电视布光的能力，以及电视音乐音响的创配素质与能力。

本实验教材分为两大部分，共设计了12个实验训练项目。第一部分为电视照明课程设计了6个实验，包括电视照明基础、室内静态单人物布光、室内静态双人物布光、动态人物布光、外景光线处理、演播室照明布光等。第二部分为电视音乐音响课程设计了6个实验，包括传声器拾音技术、声乐与器乐拾音技术、电视节目的音频录制、非线性编辑系统音频技术、MIDI音乐的创作与制作、数字音频工作站音频录制与编辑等。

本实验教材可作为信息传播相关专业——教育技术学、新闻学、传播学、广告学、广播电视新闻学和摄影等专业的实验教材，亦可作为教育技术工作者和传媒从业人员的参考用书。

总　　序

黄慕雄　徐福荫

1978年，中国揭开了改革开放的序幕。1982年，美国著名传播学教授宣伟伯(Wilbur Schramm)和香港著名传播学教授余也鲁首次来中国内地讲学，第一站在华南师范大学举办了为期一周的全国性学术研讨会，学术报告全面介绍现代传播和媒体教育。随后，其学术报告出版为《传媒·教育·现代化》著作，把教育传播理论引入了中国。为了培养我国的教育传播与技术人才，1983年，华南师范大学创办了新中国第一个教育技术学本科专业，2002年创办新中国首批传播学本科专业，2003年创建广东省第一个摄影本科专业，2007年建立国家级信息传播实验教学示范中心。

提高21世纪高等教育人才培养质量的重点是加强大学生实践创新能力的培养。为此，华南师范大学国家级信息传播实验教学示范中心从2002年起对实验教学等进行了系列改革和创新探索。在“以生为本、行知并举”的实验教学理念指导下，创建了课程实验教学体系、校内实践创新体系、校外平台扩展体系的“三位一体”实验教学体系，实现课堂内实验、校内基地实训、校外基地实习有机融合。改革实验教学模式，创建了“三类型、五层次”实验教学模式，建构基本型、综合设计型、研究创新型三种类型实验，从课堂内的基本型实验扩展到校内基地的综合设计型实验，再扩展到校内外双基地的研究创新型实验。由原来单一的基础型实验，扩展为基础—综合—研究小循环的基本型实验；由原来单一课堂内的课程综合型实验，扩展为课堂外的专业综合设计型实验和跨专业综合实践；由原来单一的校外基地进行创新实践，扩展为校内外双基地进行创新实践。改革实验教学方法，以生为本，注重实验过程与方法，建构开放式、探究式、任务驱动型的实验教学方法，鼓励学生开展自主、协作、探究学习。强调知识、能力、素质协调发展的原则，注重学生实践创新活动，完善课程实验教学体系，开设信息传播实验系列课程，编写“21世纪信息传播实验系列教材”，促进信息传播实践创新人才培养。

“21 世纪信息传播实验系列教材”包括:《播音主持》、《传播学研究方法与实践》、《电视照明·电视音乐音响》、《广播电视摄、录、编》、《摄影》、《数字动画基础与制作》、《报刊新闻电子编辑》、《广告策划与创意》、《多媒体软件设计与开发》等。本实验系列教材在编写体例方面,每个实验项目内容原则上包括实验目的、实验预习要点、实验设备及相关软件、实验基本理论、实验内容与步骤、实验注意事项、实验报告等部分。本实验系列教材的特色是:以实验和实践项目为线索,把有关的知识点融合到实验和实践的每个步骤中,强调理论与实验操作的紧密结合,既注重信息传播技术能力的培养,更注重信息传播思维能力的训练,真正做到理论指导实践,以培养高素质的信息传播实践创新人才。

“21 世纪信息传播实验系列教材”可作为信息传播相关专业——教育技术学、新闻学、传播学、广告学、广播电视新闻学和摄影等专业的实验教材,亦可作为教育技术工作者和传媒从业人员的参考用书。

黄慕雄 教授,华南师范大学教育信息技术学院副院长,传播学硕士点主持人,国家级信息传播实验教学示范中心副主任,广州市科技传播协会副理事长。

徐福荫 教授,博士生导师,华南师范大学教育信息技术学院信息传播研究所所长,国家级信息传播实验教学示范中心主任,国务院学位委员会教育学评议组成员,教育部高等学校教育技术学专业教学指导委员会主任委员。主持国务院学位办全国高校教育硕士专业学位现代教育技术研究生培养方案与专业必修课程标准制定,主持教育部高等学校教育技术学专业指导性专业规范研制。享受国务院政府特殊津贴。

前　　言

电视是“视”与“听”相结合的现代高科技传播工具。从20世纪80年代开始，电视已广泛地应用于人类社会生活，在政治、经济、科学、文化艺术等多个领域中发挥了重要作用。电视技术在20世纪中期以后的迅速发展，带动了多种艺术形态的创新，形成了与“电影艺术”并驾齐驱的“电视艺术”。

电视照明与电视音乐音响是电视艺术中重要的组成部分。电视照明是用光绘画、用光造型、用光表达时间与空间的艺术。光对于电视艺术，不仅仅意味着照明，更意味着一种视觉美学、情感和能量的传达与表现。电视音乐音响作为一种具有独立表现力的电视艺术形式，在声画相结合的电视节目中，既有与电影音乐的渊源关系及相同之处，又在电视节目的传播中，呈现出它的特色与多功能的作用，形成了自己独特的艺术规律。电视照明与电视音乐音响从科技的角度上看，是艺术化了的科技操作；从艺术的角度来看，它把技术操作融化于艺术之中。因而在相当大的程度上取决于使用者的操作手法，也是他们艺术修养的具体表现。可见，电视照明与电视音乐音响设计与制作不像一门精密的科学，不可能为所有的操作人员制定出严格的操作规程。而是从电视视听艺术的需求上，要求操作者在工作范围及技术上，都要达到更高一层的艺术审美水准和掌握以此为前提的操作技能。

本实验教材分为两大部分，共12个实验。第一部分为电视照明，包括6个实验：实验一“电视照明基础”，要求读者在电视照明常用设备与基本布光方法理论学习的基础上，通过实践认识常用照明设备并掌握其基本操作方法，熟悉人工布光各种光型的造型效果，掌握基本布光的程序和方法。实验二“室内静态单人物布光”，要求读者在三点式布光及静态人物布光方法的理论学习基础上，通过室内完成一位静态节目主持人的两种不同方式的布光实验操作，掌握三点式布光的方法及室内静态单人物布光的技巧。实验三“室内静态双人物布光”，要求读者在静态多人物布光方法的理论学习基础上，通过完成两位节目主持人同时布光的实验操作，进一步掌握静态人物布光的方法；掌握静态双人布光的方法与技巧。实验四“动态人物布光”，要求读者在动态多人物布光的理论学习基础上，自主设计实验场景的节目内容，并按动态人物用光组合进行布光设计，完成动态人物布光的实验操作。通过实践，了解动态人物布光的类型，掌握布光设计图的绘制方法，以及动态人物布光的方法。实验五“外景光线处理”，要求读者在外景光线处理的理论学习基础上，通过几个特定条件下的自然光线处理的拍摄实践操作，了解自然光的形态及其特点，掌握外景光线的处理与应用。实验六“演播室照明布光”，要求读者通过参观演播室，了解演播室照明设备及其基本使用方法，然后应用固定场景布光的理论方法，在演播室完成自主设计节目内容的固定场景布光实验操作。通过实践，了解及掌握演播室照明设备的基本操作方法，掌握演播室的照明设计及布光方法。第二部分为电视音乐音响，包括6个实验：实验一“传声器拾音技术”，要求读者通过了解声音的传播特性，掌握各种常见类型传声器的拾音技术工作以及在电视录音室利用传声器进行拾音的技术。掌握BETACAM录像编辑机的录音操作技术，并利用BETACAM录像编辑机配合进行常见类型传声器的拾音方式对比实验，得出各种传声器的拾音效果并进行分析，掌握灵活选用传声器的技术。实验二“声乐与器乐拾音技术”，要求读者了解立体声拾音技术的常用制式与基础原理。掌握声乐与器乐拾音技术的基本操作方法、步骤与操作要领。对于在声乐与器乐拾音操作中出现的问题，能提出可行的、合理的处理方案。实验三“电视节目的音频录制”，要求读者了解单点拾音技术基础原理。掌握单点拾音技术的基本操作方法、步骤与操作要领。对于在单点拾音操作中出现的问题，能提出可行的、合理的处理方案。创作完成一部长度约10分钟左右的电视音频作品，内容包括：电视音频作品的创作与设计；利用语音录音技术，录制电视作品的解说词/配音；录制或采集音乐、音响素材；利用编辑系统导入配音、配乐素材，并进行综合艺术设计与音频效果的编辑处理。实验四“非线性编辑系统音频技术”，要求读者了解非线性编辑系统音频技术基础原理，掌握非线性编辑系统中，数字音频编辑与音频特技处理的操作方法、步骤与操作要领。创作完成对一部长度约8分钟左右的电视作品进行音频的选配与编辑处理的实验作品。实验五“MIDI音乐的创作与制作”，要求读者了解MIDI音乐的相关概况与基础理论。掌握“TT作曲家”作曲软件的基本操作方法、步骤与技术要领。掌握MIDI音乐创作、制作的方法、步骤与MIDI音乐效果处理的技巧，创作、编辑完成一部MIDI音乐作品。实验六“数字音频工作站音频录制与编辑”，要求读者了解数字音频工作站的基本工作流程与工作原理。掌握创作与设计一个音频作品的方法与步骤，掌握利用数字音频工作站进行音频节目的录音、编辑、音频处理以及音频存储与CD光盘制作技术。

本实验教材第一部分“电视照明”由蓝辉强撰写；第二部分“电视音乐音响”由李剑琴撰写。实验设备部分参考资料由陈海翔老师提供。全书最后由李剑琴统稿。

目　　录

第一部分　电视照明

第二部分　电视音乐音响

第一部分

电视照明

实验一　电视照明基础

（验证性实验）

一、实验目的

电视照明为电视画面的拍摄提供必需的基本光亮度，是节目拍摄创作的必要条件之一。它涉及照明器材的使用、光线的设计与布置、光影效果的创造等。本实验主要是在电视照明常用设备与电视照明基本布光方法的理论学习基础上，通过对实际照明设备的认识与操作，以及进行基本布光的实验操作，达到以下实验目的：

1. 了解和掌握常见照明灯具的规格、种类和使用方法。
2. 了解调光设备类型、功能并掌握其基本操作方法。
3. 掌握基本布光的程序和方法。
4. 熟悉人工布光的各种光型的造型效果。
5. 掌握电视照明布光中的安全用电知识。

二、实验要求

1. 实验前认真学习教材理论知识，阅读实验教材，熟悉实验内容。
2. 熟悉人工布光的各种光型的理论造型效果。
3. 掌握基本布光理论的程序和方法。
4. 严格遵守实验室各项规定，注意安全用电。
5. 认真做好实验记录，并按要求完成实验报告。

三、实验场地与器材

1. 实验场地：电视演播室。

2. 实验器材：聚光灯、散光灯、回光灯、注光灯、四联地排灯、灯架、调光台与调光器（硅箱）、摄像机、监视器、灯具专用电源线、摄像机和监视器的电源线、BNC 视频线等。

四、实验基础理论

本实验涉及的理论知识主要包括：电视照明常用灯具的分类与名称及各种灯具的工作原理、特点及其在电视节目制作中的照明作用；调光设备的工作原理与种类；摄像布光的光型种类及几种光型的造型效果与作用；人工布光的基本程序与方法等理论知识。

重点：1. 电视照明的常用设备。2. 摄像布光的光型种类。3. 电视照明的基本布光方法。

（一）照明常用设备

1. 照明灯具

（1）聚光型灯具

聚光型灯具的投射光斑集中、亮度高、边缘轮廓清晰，大小可以调节，光线的方向性强、易于控制，能使被摄物产生明显的阴影。聚光型灯具如图 1-1 所示。常用灯具有菲涅尔聚光灯、椭面聚光灯、注光灯、回光灯及携带式电瓶灯等。

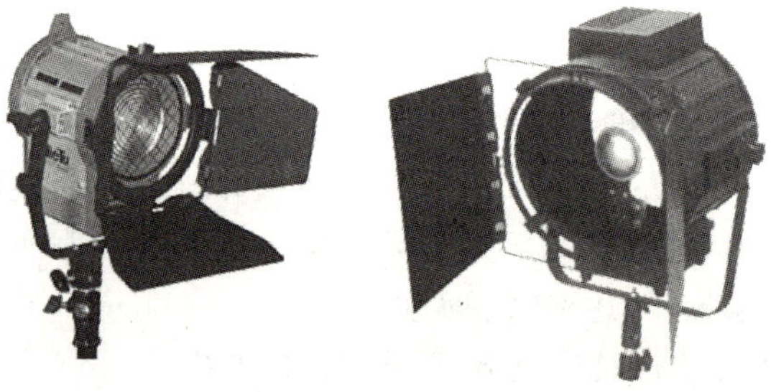

图 1-1 聚光型灯具

（2）散光型灯具

散光型灯具是一种漫反射式灯具，其投射光斑发散、亮度低、边缘成像模糊、散射面积大，光线没有特定方向，且柔和、均匀，被照物不产生明显的阴影。散光型灯具如图 1-2 所示。常用灯具有新闻灯、四联散光灯、天幕散光灯、顶光散光灯、外景散光灯、三基色荧光灯等。

图 1-2 散光型灯具

2. 灯架

灯架是一种最原始且有效的挂灯设备，如图 1-3 所示。灯架的优点是机动性和灵活性很强，局部灯光造型时，灯具很容易到位，设备操作简单。

图 1-3 灯架

3. 调光设备

调光设备的发展经历了四代：第一代为电阻型调光器（已淘汰）；第二代为自藕变压器型调光设备；第三代为磁放大器型调光设备；第四代为可控硅型调光设备（如图 1-4 所示）。目前，电子计算机控制的可控硅调光设备在国外已被广泛采用。

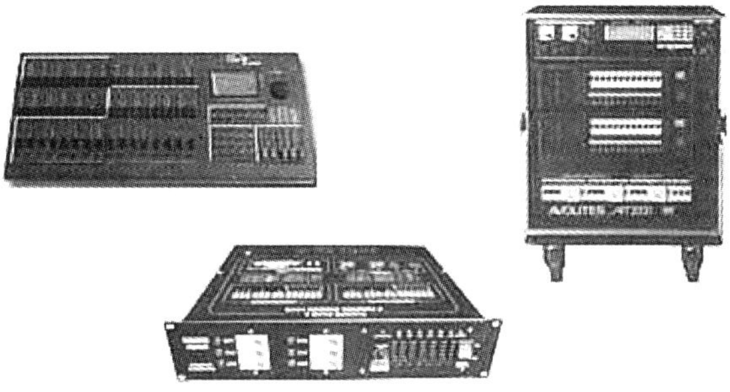

图 1-4　可控硅型调光设备

（二）摄像布光的光型种类

按照光线的造型效果的不同，摄像布光可分为主光、辅光、轮廓光、背景光、装饰光、效果光和场景光等。布光往往不只是运用一种光型的灯光，而是对各种光型的灯光进行综合运用。

1. 主光

主光是摄像照明的主要光线，用于表现主体造型，用来照亮被摄物最富有表现力的部位，塑造被摄物的基本形态和表面结构。图 1-5 为主光的照明效果。它在画面上形成明显的光源方向、亮部、阴影和投影，以吸引观众的注意力，起主要的造型作用，故又称塑造光。其他光的配置都是在主光基础上进行的，它不一定是最强的光，但起着主导作用，突出了物体的本质属性。

主光一般采用菲涅尔聚光灯。主光的方位在被摄物的前面，与摄像机镜头轴线成 5～45 度水平角。主光的高度与摄像机镜头轴线成 5～45 度垂直角。主光的水平角与垂直角的角度越大，被摄物的立体感越强；反之，造型越平淡。

图 1-5　主光的照明效果

2. 辅光

辅光又叫补光，用于弥补主光的不足，照亮被摄物的阴影。图 1-6 是辅光的照明效果。它使阴影部分产生细腻、丰富的中间层次和质感，起辅助造型作用。辅光的强弱变化可以改变影调的反差，形成不同的气氛。一般，主光和辅光的光比约为 2∶1。若光比大，则影调硬；若光比小，则影调软。如图 1-7 为主光与辅光的照明效果。

图 1-6 辅光的照明效果

图 1-7 主光与辅光的照明效果

辅光一般采用散光灯。辅光的方位在主光和摄像机的另一侧，与摄像机镜头的轴线成 5～30 度水平角。辅光的高度与摄像机镜头的轴线成 0～20 度垂直角。总之，辅光的亮度和角度，以冲淡主光的影子和避免产生第二个影子为宜。

3. 轮廓光

轮廓光又叫逆光或背光，是从被摄物背后来的光。图 1-8 是轮廓光的照明效果。它使被摄物产生明亮的边缘，勾划出被摄物各部分的轮廓形状，将物体与物体之间、物体与背景之间分开，增强画面的纵深感。轮廓光通常是画面中最亮的光，主光与轮廓光的光比约为 1∶1 至 1∶2 之间，如图 1-9 为主光、辅光与轮廓光同时照明的效果。

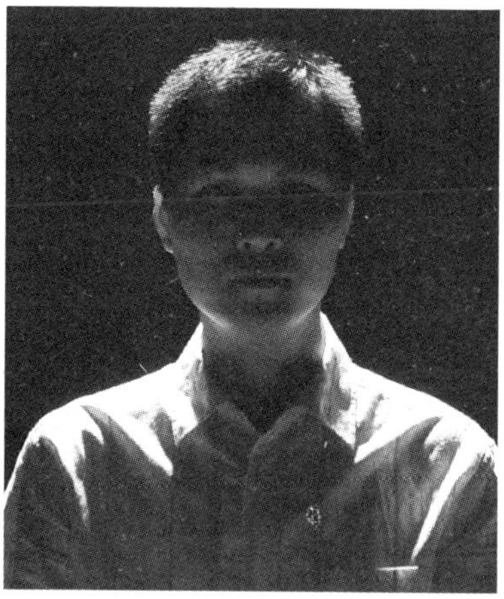

图 1-8 轮廓光的照明效果

图 1-9 主光、辅光与轮廓光的照明效果

轮廓光一般采用回光灯和聚光灯。轮廓光的方位在被摄物的后面，与摄像机镜头的轴线成 30 度水平角。轮廓光的高度与摄像机镜头的轴线成 30～60 度垂直角。水平角太小，落地灯架会被摄入画面；垂直角太小，光线会射入摄像机镜头，使画面产生光晕现象。

4. 背景光

背景光是照亮被摄物背景、布景、天幕的光。它的作用是消除被摄物在背景上的投影，使物体与背景分开，衬托背景的深度。图 1-10 为加背景光后的画面效果。

背景光的亮度决定了画面的基调：高调画面，背景光亮度可与主光亮度相同或略高于主光，形成洁白明净的背景；低调画面，背景光的亮度要低于辅光，形成深沉的背景；中调画面，背景光亮度在主光和辅光之间，约为主光的 2/3。

背景光一般采用天幕灯和散光灯。

图 1-10　加背景光后的画面效果

5. 装饰光

装饰光是用来突出被摄物的某一细部造型的质感，以达到造型上的完美，如眼神光、头发光、服饰光等。

当主光、辅光、轮廓光、背景光依次布局完善以后，分析被摄物局部的亮度是否合适，层次表现是否完美，如不够理想，就用装饰光修饰这些局部和细节部位。

6. 效果光

效果光是用人工光源再现现实生活中一些特殊光源的光线效果或特定环境、时间、气候等的照明。如从布景的窗户外投射强烈的灯光，使室内产生窗口投影，再现室外的阳光效果；由遮光板将点燃的碳精灯的光线迅速来回遮挡，产生闪电效果；用粗细长短不同的条形红丝绸，绑在风扇的防护罩上，被风吹起来，在灯光作用下形成火焰效果；用一个装有浅水的大盘，放些碎玻璃，轻轻地触动水面泛起波纹，在灯光作用下反射到被摄物上，产生水纹效果等。

7. 场景光

场景光是拍摄大场面才用的。场景光要均匀照亮整个场景，光照度至少要达到 1500～2000 勒克斯，使彩色摄像机无论拍摄哪个角度都能符合色彩还原的基本要求，所以场景光又称为基础光。一般，主光为基础光的 1.2～1.5 倍；辅光为基础光的 0.8～1 倍；轮廓光为基础光的 1.5～2 倍；背景光为基础光的 0.8～1 倍。

场景光一般采用散光灯。场景光的位置在被摄物的上方，并且要大面积均匀分布，使整个场景的照度一样。例如，可将顶光散光灯均匀地、水平地悬挂在演播室的灯架顶上，使整个演播区的照度相同。在此基础上，再综合运用不同造型效果的灯光。

（三）人工布光程序

布光要有一定程序，先布什么光，后布什么光，心中要有数；还要避免光线的相互干扰。布光程序要按拍摄场面大小而定。

1. 大场面布光的程序

大场面布光的程序一般是先布场景光，后布背景光，再布主体光。此时，要求背景光能反映出布景的三维空间。主体光首先布置主光，确立主体的初步造型；然后配以辅光弥补主光的不足之处，改进未被主光照亮部分的造型。为了区分主体与背景，增强画面的空间感，可用轮廓光照明。如果主体的局部细节造型不理想或与整体不协调，可使用装饰光加强整体造型与美感。各种光线应与主光和谐一致。如果主体活动范围大，可以用两盏以上的灯做主光、辅光或轮廓光，但要注意光线的衔接，避免互相影响 。

2. 小场面布光的程序

小场面布光的程序一般是先布主体光，后布背景光。因为小场面的主体与背景距离比较近，如果先布背景光，在布主体光时，主光和辅光全投射在背景上，影响原来布好的背景光。所以小场面要先布主体光，然后根据主体光投射在背景上的范围大小、光亮程度，再布背景光。

布光还要根据主体是人还是物，是个体还是群体，是静态还是动态等具体情况，考虑最佳的布光方案。

只要光效理想，灯光用得愈少愈好。

（四）基本布光方法

电视照明布光的常用方法主要有两种：(1) 边看边布光；(2) 先绘制布光设计图，再按图布光。

1. 边看边布光

边看边布光是指在电视节目制作拍摄时，场景的摄像布光是根据现场的环境、布景、节目的内容、剧情等，把灯光分别加以配置，以达到恰当的光线效果。

这种布光方法的优点是比较灵活，不需要事先从气氛、三维空间等进行全面的估计，因而布光计划也不必太全面，很容易对灯光配置进行最后一分钟修改，照明设计有相当大的活动余地。

其不足之处是布光方法花费时间多，除了要选灯和定位外，还得考虑照明平衡和灯位的次序安排。另外，这样片断地考虑布光方法，很容易出现只顾满足局部的光线效果而忽略了整体的气氛效果。

边看边布光的方法一般适用于单机拍摄的节目。

2. 先绘制布光设计图，再按图布光

先绘制布光设计图，再依据布光设计图进行布光的方法，是指按照电视照明设计的原理，根据拍摄节目的内容和场景平面图，运用灯光符号进行绘制的照明技术（光线的性质、光线方向、每盏灯的功率、线路、灯的位置）和照明艺术（影调、色调、光比、三维空间、照明变化）融合在一起的气氛效果图，是具体实施布光时的依据。因此，绘制布光图时考虑要全面、细致，绘制要清楚、正确。

这种布光方法速度快，整个布光过程有条不紊。由于构思全面，一般总体效果都比较好。但是改动余地小，因而要求照明设计对可能出现的问题作出正确的估计。

总之，不管采用哪种布光方法，都要求在整个布光过程中必须有条不紊，每盏灯应当为画面的效果起到独特的作用，各种光线效果的结合必须达到我们所追求的气氛、环境、艺术效果的要求。为了取得最佳的艺术效果，理想的布光方法是将人物的照明（表演区）和背景的照明（环境灯和效果灯）分开处理。

五、实验内容与步骤

（一）认识常用电视照明灯具并了解其操作方法

在电视演播室内，认识电视照明的常用灯具，包括聚光型灯具和散光型灯具。了解这些灯具的结构样式、性能参数、操控装置及其操作方法。

1. 菲涅尔聚光灯

菲涅尔聚光灯按照操作方式的不同分类，常见的有手动式、杆控式、机械式三种类型。其在电视布光时的作用是常作主光。

（1）对手动式菲涅尔聚光灯的认识及其操作方法

如图 1-11 所示为手动式菲涅尔聚光灯，其调整操作的部件主要包括俯仰坚固螺丝、水平坚固螺丝、调焦拉杆和两片或四片遮扉叶。

图 1-11　手动式菲涅尔聚光灯

手动式菲涅尔聚光灯全采用手工操作，通过灯具上各调整部件实现对灯具的水平旋转、俯仰、调焦和照明范围的调整。

聚光灯的俯仰与水平旋转的调整操作：手工松开相应的坚固螺丝，向上或向下旋转调整其垂直照射角度，向左或向右旋转调整其水平照射角度，调整完后把螺丝紧固。

聚光调整的操作：聚光灯具一般在灯具的两侧或背后设有调焦拉杆，通过调整调焦拉杆，可以改变投射光斑的大小，照射光斑可聚焦配合人物造型，又可散焦大面积照明，光线可以从聚光到散光连续变化，光斑边沿仅产生淡淡的过渡的影子，便于两灯之间的接光。

照明范围的控制操作：一般聚光灯具前面框架上都安装了两片或四片遮扉叶，通过调整遮扉叶，可以控制光线的照射范围。

（2）对杆控式聚光灯的认识及其操作方法

图 1-12 为杆控式聚光灯具的结构及其操作部件。杆控式聚光灯具一般设有俯仰、水平旋转、调焦三个杆控旋钮。

杆控式聚光灯的操作方法：通过一根专用的长长的灯杆，站在地面直接控制挂在高空的灯具的相应杆控旋钮，实现灯具的水平、垂直照射角度的调整，以及灯光的聚光调整。

(3) 对机械式聚光灯的认识

机械式聚光灯的灯具的调整采用机械装置来进行，包括俯仰、水平旋转、调焦及遮扉叶的调整，一般是采用普通低压电机带动齿轮或者蜗轮副减速来实现的。按照其机械调整动作的多少，分为机械三动作聚光灯（俯仰、水平旋转、调焦）、机械五动作聚光灯（俯仰、水平旋转、调焦、2个遮扉叶）、机械七动作聚光灯（俯仰、水平旋转、调焦、4个遮扉叶）和机械八动作聚光灯（俯仰、水平旋转、调焦、4个遮扉叶、遮扉叶旋转）。图1-13所示为机械七动作聚光灯。

图1-12 杆控式聚光灯

图1-13 机械七动作聚光灯

2. 回光灯

回光灯是一种发射式灯具，如图1-14所示，其光学系统多半采用球面反光碗作为反光部分。其特点是光源不是固定在球面的半径上，而是在球面镜的光轴上前后移动，使投射光斑根据布光需要，能实现放大或缩小的作用。这种灯的光质硬，射程远，可以造成亮暗分明的界限，常用来做轮廓光，以显示物体的形状、结构与质感。

其操作方法与菲涅尔聚光灯相同，主要是通过灯具上各调节手柄实现对灯具的水平旋转、俯仰、调焦三个动作。

图1-14 回光灯

3. 散光灯

散光灯是一种漫反射式灯具，其投射光斑发散、亮度低、边缘成像模糊、散射面积大，光线没有特定方向，且柔和均匀，被照物不产生明显的阴影。散光灯的特点是照射范围大、光纤均匀、结构简单、重量轻。在电视节目拍摄中主要用于景物的大面积照明，或用于代替天地排灯照亮天幕。演播室的散光灯具，包括散光灯、天幕灯、地排灯等，如图1-15、1-16、1-17所示。

散光灯的主要调整操作内容是对灯具的水平旋转、俯仰进行调节，控制其光线照射范围。

图 1-15　大夹式散光灯

图 1-16　天幕灯

图 1-17　四联地排灯

4. 灯具的性能参数及灯泡的安装方法

(1) 对性能参数的认识

查阅相关灯具的说明书，了解灯具的相关性能参数，包括灯的功率、色温及光学性能等。或者直接查看灯具的标识，如图 1-18 所示。

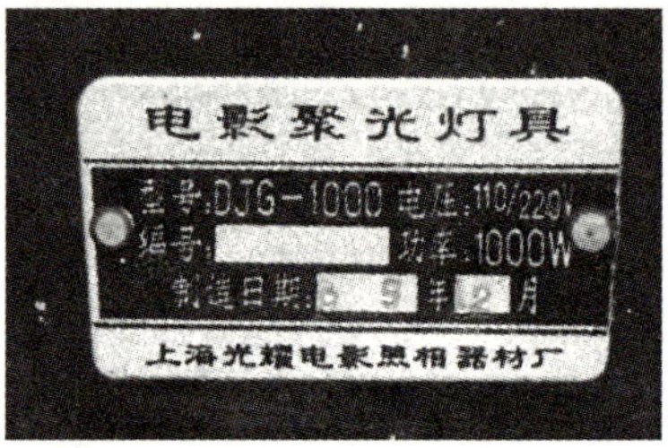

图 1-18　灯具的标识

(2) 灯具的灯泡安装方法

在实验指导老师的指导下，了解灯具灯泡的安装或更换方法。按灯门的打开方式分有：前开门、后开门和上开门三种灯具。如图 1-19 所示为前开门式灯具。灯具安装或更换灯泡时，打开灯门，装入灯泡，并拧紧灯座螺丝。

图 1-19　前开门式灯具

安装或更换灯泡时需要注意的是必须切断电源，请勿用手直接触摸灯泡的玻璃部分；更换灯具灯泡时，必须等温度降至 30℃以下方可打开灯门，松开灯座夹更换灯具灯泡。

5. 认识灯架并掌握其基本操作

灯架是电视照明常用的灯具支撑设备，灯架的设计有各种各样，如图 1-20 所示。灯架的三角支架中心装有伸缩套管立柱，用于调节灯架的高度，并用固定螺丝固定。部分类型的灯架带有脚轮，方便布光时灯具的移动。一般演播室都配备一定数量的灯架。

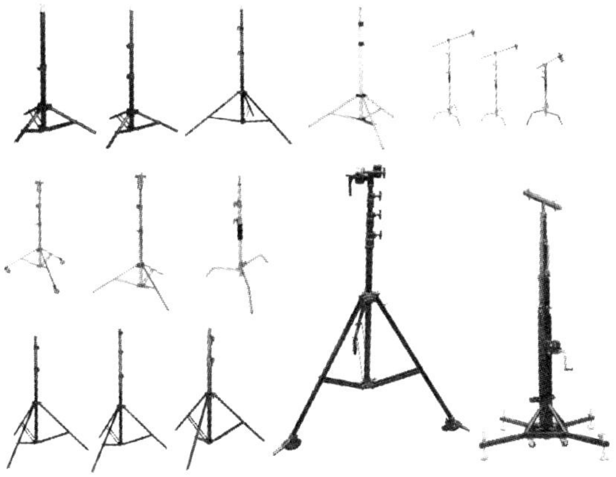

图 1-20 落地式灯架

灯架的操作主要是高度的调节及灯具的移动。灯架高度的调节方式根据灯架功能，分为手动升降和手摇升降两种。

如图 1-21 为手动升降灯架，其高度调节主要通过调节灯架三角支架中心的伸缩套管立柱。立柱一般由 1～3 根可分别调整的同轴圆管，通过松紧其固定螺丝进行拉伸达到调节高度的目的。在调节灯架高度时必须注意：首先拉出靠近灯具的最细一节灯杆，锁紧后，拉出第二节，再锁紧，以此类推。不要反向操作，否则会给使用者带来不便和危险。

图 1-21 手动升降灯架

手摇升降灯架的操作更简便，如图 1-22 所示。通过松开紧固螺丝，顺时针或逆时针摇转手摇柄就可达到升降灯架高度的目的，当高度达到选择高度时，锁紧固定螺丝就可以了。

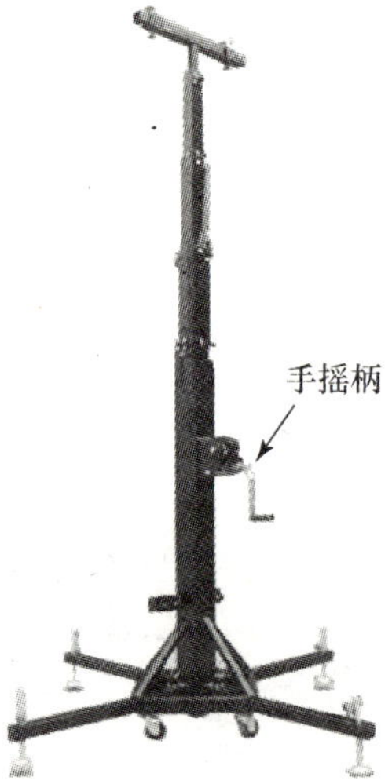

图 1-22　手摇升降灯架

6. 认识调光设备并了解其操作方法

根据演播室现有的调光设备，在实验指导老师的指导下，认识了解调光设备及其基本操作方法。电视照明常用调光设备有模拟调光台和数字调光台。模拟调光台是通过输出 0～10 伏的电压，用弱电来控制强电的调光器，如图 1-23 所示；数字调光台是采用集成电路的数字信号进行处理、计算，直接输出 DMX 信号或者网络信号，控制调光器，如图 1-24 所示。

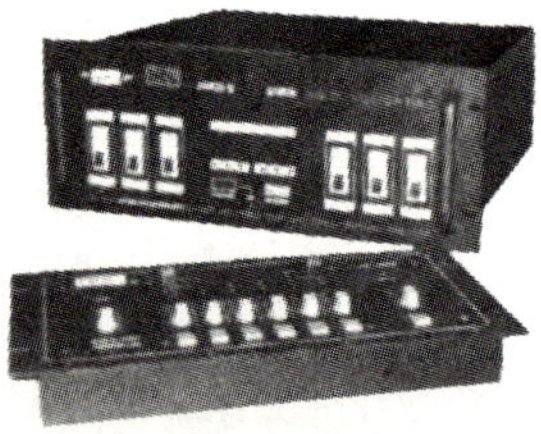

图 1-23　模拟调光台

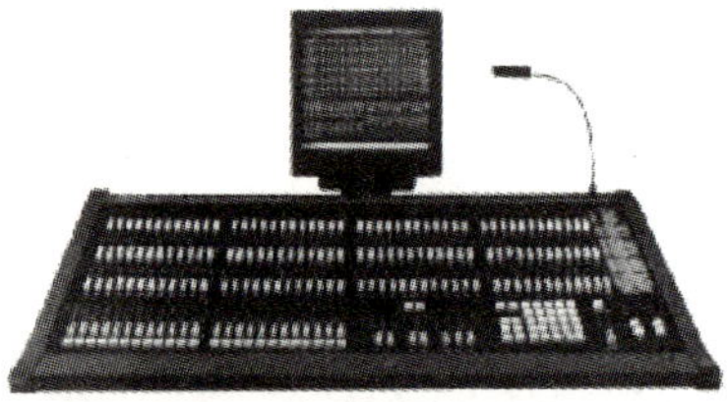

图 1-24　数字调光台

(1) 模拟调光台的主要功能

① 调光：分控调节输出。

② 场景控制：简单的手动场景控制。

③ 集控：集控输出调节，可加走灯。

④ 走灯：速度、亮度、方向可调，手动、自动、声控走灯。

(2) 数字调光台的主要功能

① 调光：分控和激活功能。

② 集控：点控、特效点控功能。

③ 场景控制：切光、暗场、链接、循环、交叉场等功能。

④ 效果：速度、亮度、方向可调节；采用手动、自动、声控走灯，以及累加、追逐等方式。

（二）认识基本布光操作与光型

1. 实验操作内容

根据各种光型的不同特点，找一同学坐在演播室背景前，为该同学布光，如图 1-25 所示。要求使用主光、辅光、轮廓光、背景光、装饰光。

图 1-25 基本布光实验

2. 实验操作步骤

(1) 绘制布光设计图

依据基本布光方法理论知识，结合布光实验要求，运用灯光符号绘制出实验布光设计图，如图 1-26 所示，作为实验实际布光时的依据。

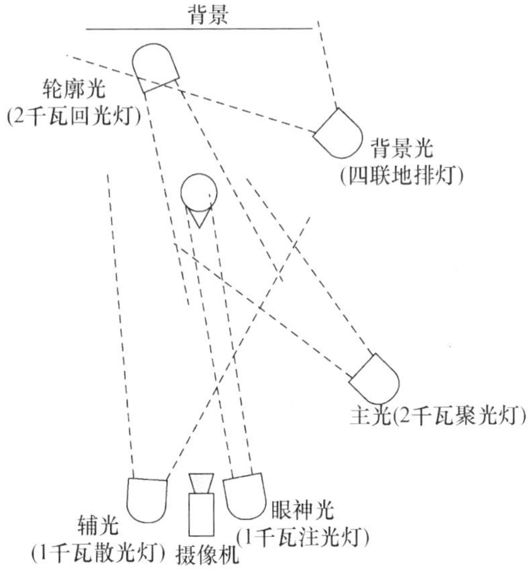

图 1-26 实验布光设计图

(2) 实验的准备工作

检查实验所需灯具、灯泡是否完好，电缆插头是否牢靠，灯具连接电缆是否有损坏；所有设备电源开关应置于关闭(Off)位置；将摄像机的调焦选择开关(Focus)拨至自动(Auto)位置；将监视器的亮度、对比度和色饱和度置于中间位置，将音量电位器调至最小。

(3) 系统接线以及灯位初步布设

① 按图 1-27 摄录系统接线图,连接摄录系统。

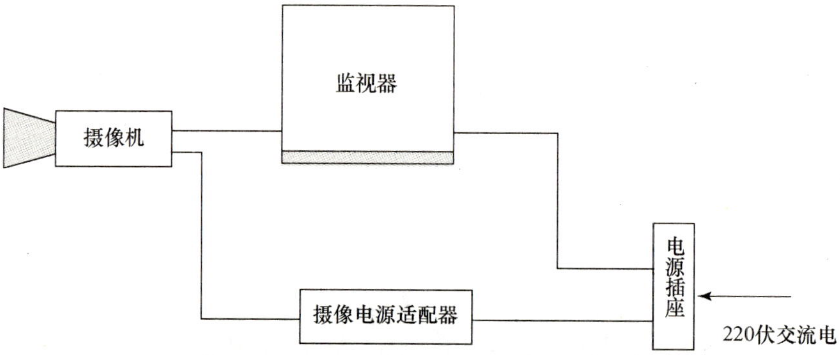

图 1-27 摄录系统接线图

② 灯具的布设与电源线路的连接。根据演播室实际场地环境,按照实验布光设计图(图 1-26)的灯位设计将各灯具摆好。在实验指导老师的指导下,按图 1-28 所示的灯具电源线路连接图,把灯具电源线路连接好。注意了解灯具电缆的选用以及灯具的安全用电,电缆一般选用影视照明专用的阻燃铜芯三芯电缆。

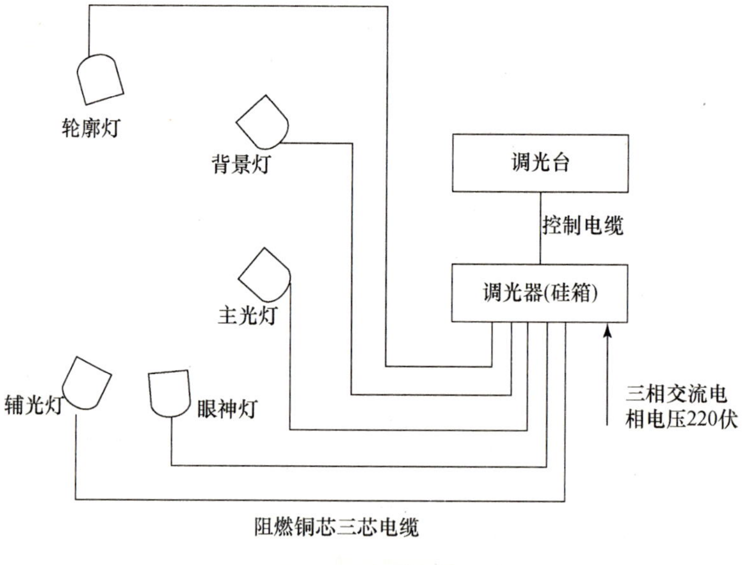

图 1-28 灯具电源线路连接图

(4) 布光的准备工作

① 经实验指导老师检查,确认所有的设备电源线路的连接正确安全后,开启电源,包括摄录系统电源及灯光系统电源。

② 开启调光台硅箱电源,调节调光台调光推杆,照亮整个布光设计场景。

③ 打开摄像机电源及镜头盖,在寻像器上可看到图像,调整摄像白平稳。

④ 开启电视监视器,选择合适的频道并将图像调节到理想状态。

⑤ 调整摄像机的水平、俯仰和拍摄角度，在监视器出现清晰的图像后，控制调光台推杆，将所有灯具全部关掉。

(5) 布光的流程

布光实验采用小场面的布光方法，首先布人物主光，后布背景光，再布修饰光。即先布主光、辅光和轮廓光，后布背景光，再布眼神光(装饰光)，最后再根据监视上的图像画面的效果，对几种光线进行适当调整，布光流程如图 1-29 所示。

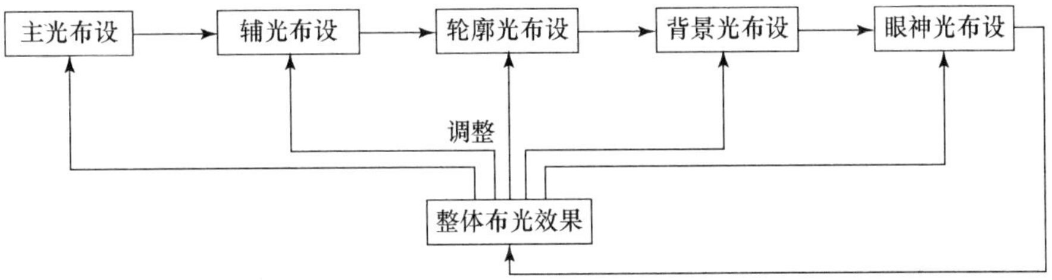

图 1-29　布光的流程图

(6) 布光操作及对光型的认识

① 主光的布设及其光型

主光灯具采用 2 千瓦的聚光灯，其灯位布设在摄像机的右侧，与摄像机镜头的轴线成 15～45 度角范围内，垂直照射角度在 15～45 度范围内。

主光造型效果的认识。主光是摄像照明的主要光线，对画面的造型、影调、气氛起着决定作用。调节调光台主光光路调节推杆，把其推至最大亮度，观察实际人物的光照效果，以及监视器画面的人物图像的主光造型效果。

分别改变主光灯的水平照射角度及垂直照明角度，观察不同照射角度下的人物主光造型效果，并按照基本布光光位与光型效果记录表(表 1-1，见实验报告)的要求，做好每次灯位改变及其造型效果的记录。

最后，根据实际被摄人物肖像特征以及造型效果记录，选择确定主光的最佳位置，包括主光的水平照射角度及垂直照射角度，并把主光固定在该位置上。

实验提示：注意大幅度移动灯具时，须先把灯光关闭。

② 辅光的布设及其光型

辅光灯具采用 1 千瓦的散光灯，其灯位布设在摄像机的左侧，与摄像机镜头轴线成 5～30 度角，垂直照射角度在 0～20 度角范围内。

辅光造型效果的认识。辅光的主要作用是弥补主光的不足，照亮被摄物的阴影。辅光的亮度强弱可以改变影调的反差，形成不同的气氛。同时把调光台主光光路和辅光光路的调节推杆推至最大亮度，观察实际人物的光照效果，以及监视器画面的人物图像的光造型效果。

分别改变辅光灯的水平照射角度、垂直照明角度，以及辅光的照明亮度，并观察改变后的人物图像的光造型效果，做好灯位及其造型效果的记录。

最后，根据实际被摄人物的肖像特征，以及造型效果的记录，选择确定辅光的最佳灯位，包括辅光的水平照射角度、垂直照射角度以及照明亮度，并把辅光固定在该位置上。

③ 轮廓光的布设及其光型

轮廓光灯具采用2千瓦的回光灯，其灯位布设在被摄人物的后面，并位于主光的另一侧，与摄像机镜头的轴线成30度角，垂直照射角度在30～60度角范围内。

按照前面①与②步中确定的主光与辅光的照明亮度，调节调光台开启主光与辅光，并把轮廓光光路的调节推杆推至最大亮度，观察实际人物的光照效果，以及监视器画面的人物图像的光造型效果。

轮廓光造型效果的认识。轮廓光的主要作用是使被摄主体产生明亮的边缘，勾画出被摄物各部分的轮廓形状。当被摄主体是人物时，在轮廓光下，能把人物头发的质感表现出来，使人物头部、肩部产生鲜明、流畅、连续的轮廓线条。它既体现了人物的轮廓特征，又通过光度间隔表现了第三维空间，加强了人与背景的空间透视。

调整轮廓光的垂直照明角度及照明亮度，观察轮廓光的调节过程中人物的画面造型效果的变化。轮廓光的灯位设定一定要恰当。轮廓光的垂直照射角度不宜太大或太小，角度太大会产生不理想的顶光效果，使物体变得扁平化；角度太小会使摄像机产生眩光，影响画面的清晰度。轮廓光的亮度设定也要适宜，亮度过低起不到亮度间隔、表现轮廓、分离背景、提高清晰度的作用；亮度过强，易在头部、肩部造成亮面，使图像效果虚假不真实，而且会把人们的注意力引向亮处，无益于人物肖像的表现。

因此，在调节轮廓光的过程中，一定要注意观察监视器图像画面的造型效果，选择最能表现人物轮廓特征的灯位作为轮廓光的灯位及灯光亮度作为照明亮度，并把轮廓灯固定在该位置上，做好灯位及其造型效果记录。

④ 背景光的布设及其光型

背景光灯具采用2千瓦的四联地排灯，其灯位布设在被摄人物的后面，以不被摄入画面为宜。

调节调光台把背景光光路的调节推杆推至最大亮度，通过监视器观察摄录图像的造型效果。

背景光造型效果的认识。背景光的主要作用是照亮被摄物背景，丰富画面的影调比，决定画面的基调，消除被摄物在背景上的投影，使物体与背景分开，衬托背景的深度。

调节背景光，使背景的照度均匀分布。通过调光台调节背景光的照明亮度，并注意观察监视器中的摄录图像的画面基调的变化。当背景光亮度与主光亮度相同或略高时，画面成高调画面；当背景光亮度低于辅光亮度时，画面成低调画面；当背景光亮度在主光与辅光亮度之间时，画面成中调画面。

做好背景光调节时画面的变化效果记录，并根据画面的整体造型效果，确定背景光的亮度。

⑤ 眼神光的布设及其光型

眼神光灯具采用1千瓦的聚光灯，其灯位布设在摄像机右侧，与摄像机同一角度并稍低的位置，准确照射人物的眼部。

眼神光的光型效果是在人物眼球上形成微小光斑，如图1-30所示，使眼睛能传神生动，用以刻画人物的神态。

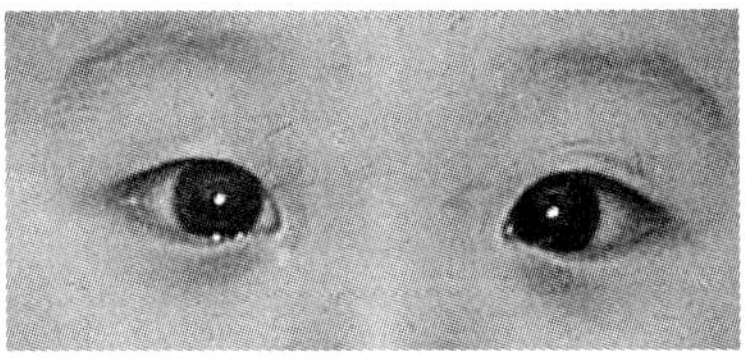

图 1-30 眼神光效果

调节眼神光，包括其亮度及照射范围，通过监视器观察摄录图像中人物眼神光的造型效果变化，并做好实验记录。调节时要注意，不能破坏主光和辅光的造型效果。眼神光的光源亮度要低，通过调光台调节眼神光的亮度，把其亮度调至不破坏脸部光线效果时为宜。

⑥ 对整体布光效果的调整

观测监视器画面的图像照明效果是否达到最佳。若未达到最佳效果，根据存在的问题，分析其原因，并对相应灯光进行适当调整，包括灯光的灯位、照射范围、亮度等，直至图像画面的照明效果最佳，做好实验记录，完成实验。

(7) 实验结束

结束实验，按下面顺序关闭电源并整理好实验设备。

① 通过调光台关闭所有灯光，然后关闭调光硅箱的电源；

② 关闭摄像机及监视器的电源，盖好摄像机的镜头盖；

③ 关闭摄录系统及灯光系统的电源总闸；

④ 拆除接线；

⑤ 检查各设备有无损坏，并将设备和灯具整理好，放回原处。

六、实验注意事项

1. 使用的灯具功率大、电流大、温度高，应注意安全，并注意小心使用，以延长灯泡的使用寿命。

2. 虽然目前大部分摄像机都是 CCD 摄像机，但少数演播室摄像机仍然是电子管摄像机，因此，禁止摄像机对准灯光拍摄。

3. 灯光点亮后，应减少移动，条形灯泡必须保持水平放置。

4. 实验时必须严格遵守实验室规定，注意安全用电。打开电源总闸前，一定要实验指导老师检查线路连接，确认连接正确后方可操作。

5. 若设备出现故障应迅速关机，及时向实验指导老师报告。

七、实验讨论

1. 对于许多拍摄目标，主光的配置可在偏离摄像机镜头的轴线的 15～45 度的位置，但在实际布光过程中，往往要求布光位置准确，那么应该怎样选择主光的最佳位置？

2. 在布光过程中，对每种光型的光线要求只照射在一定区域内，我们应如何对光的照射范围进行控制？

3. 根据实验记录，讨论、分析各种光型在布光过程中的处理方法及其注意事项。

八、实验报告

1. 实验名称、实验内容、实验目的、实验设备要填写正确，实验步骤要填写详细，字迹清楚，书写工整。

2. 根据实验过程中的基本布光光位与光型效果记录表，如表 1-1 所示。做好实验分析与总结。

表 1-1 基本布光光位与光型效果记录表

序号	光型种类	光位	照明亮度	造型效果
实验分析与总结：				

注：1. 光位包括水平照射角度与垂直照射角度；2. 照明亮度指与主光或辅光的比值。

3. 分析和总结实验过程中所遇到的问题及解决方法。

实验二　室内静态单人物布光

（验证性实验）

一、实验目的

人物照明在电视照明中占据着主导地位，人物静态布光的掌握和处理是电视照明的基本功之一。对节目主持人、播音员等的静态用光组合是活动人物用光以及大场面人物或景物用光的基础，许多活动画面的用光及其组合都是由静态用光组合而来的。因此，静态人物的布光方法和技巧的掌握和处理，是光线造型或光线语言表达的基本技能。本实验主要是在三点式布光方法及静态人物布光方法的理论学习基础上，通过在演播室完成同一静态节目主持人的两种不同方式的布光实验操作，达到以下实验目的。

1. 进一步掌握各种照明灯具的使用方法。
2. 掌握人像与特殊物体的三点式布光的方法。
3. 掌握人物照明静态布光的方法与技巧。
4. 掌握室内静态单人物侧光照明效果光线组合的布光方法。
5. 掌握室内静态单人物顺光照明效果光线组合的布光方法。

二、实验要求

1. 实验前认真学习教材中的理论知识，阅读实验教材，熟悉实验内容。
2. 熟悉三点式布光的理论方法。
3. 熟悉室内静态单人物侧光照明效果组合用光的理论布光方法。
4. 熟悉室内静态单人物顺光照明效果组合用光的理论布光方法。
5. 严格遵守实验室各项规定，注意安全用电。
6. 认真做好实验记录，并按要求完成实验报告。

三、实验场地与器材

1. 实验场地：电视演播室。

2. 实验主要设备：聚光灯、散光灯、回光灯、四联地排灯、灯架、演播室荧光灯、调光台与调光器（硅箱）、摄像机、监视器、灯具专用电源线、摄像机和监视器的电源线、BNC 视频线等。

四、实验基础理论

本实验涉及的理论知识主要包括：电视照明常用设备的使用操作；三维物体的基本布光方法——三点式布光方法；静态人物主体的布光方法；人工光线的组合应用等理论知识。

重点：1. 三维物体的基本布光方法——三点式布光法。2. 人物光线处理的基本形式。

（一）三维物体的基本布光方法——三点式布光法

运用主光、辅光、轮廓光三种基本光进行照明布置，能将三维物体的立体感、质感和纵深感的基本造型呈现在二维电视屏幕上。这种基本布光方法叫三点式布光法，如图 2-1 所示。

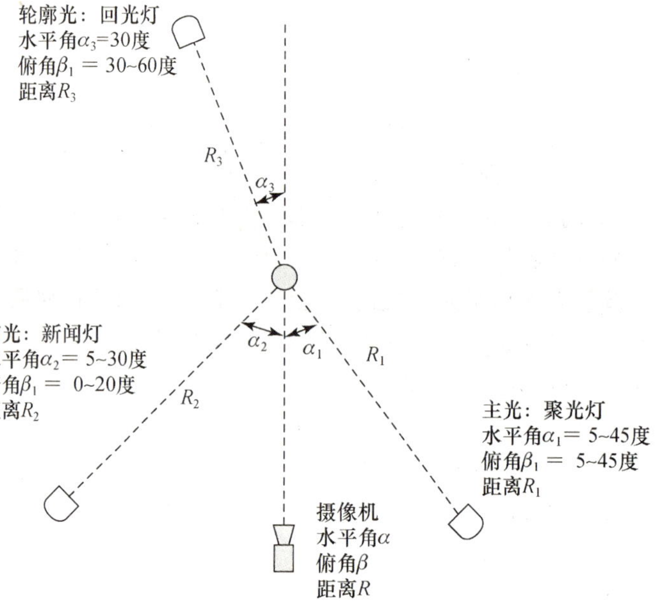

图 2-1　三点式布光法

三点式布光的基本方法：

（1）首先，布设主体照明的主光，它需要一个强度最大的主光源，它规定了光源的方向，起着主要造型和确定光影格调的作用，是三点式布光的第一维光线。布光后的效果如图 2-2 所示。

图 2-2　三点式布光的主光效果

(2) 其次,布设主体照明的辅光,用它来辅助主光,把主光没有照亮的区域照亮,或者柔化主光形成的阴影,是三点布光的第二维光线。布后的效果如图 2-3 所示。

图 2-3　三点式布光的主辅光效果

(3) 最后,布设轮廓光(也称逆光),其作用是把物体与环境间隔开,产生一种深度层次,它是三点布光的第三维光线。布光后的整体效果如图 2-4 所示。

图 2-4　三点式布光的整体效果

这三种光线的造型效果是相互制约的。如主光强,辅光就要弱,否则会喧宾夺主。主光高,辅光就要低,这样才能有效地消除主光在垂直方向的阴影。主光侧,辅光就要正,这样才能有效地消除主光在水平方向的阴影。轮廓光可由主光和辅光的位置决定其高低、正侧。当轮廓光作为隔离光和美化光时,也可以不考虑主光和辅光的位置关系。这三种光线如果处理得当,就能起到互相补充的效果。例如,按照人物的运动路线,利用三点式布光进行连续布光,使人物运动方向变化时,仍能正确表现其形象。如果处理不当,则会相互干扰。例如,对群体中每一个物体都进行三点式布光,光线容易干扰,会产生多余的影子。

(二)人物光线处理的基本形式

布光要遵循自然光的照射规律,符合人们的生活习惯与视觉心理。根据三维物体影调受物体、光源和观看者角度三者位置制约的关系,三维物体影调存在三种基本形态,即顺光照明——亮调子、侧光照明——全调子、逆光照明——暗调子。对于人物来说也如此,人物光线的处理也离不开这三种形态。

1. 顺光照明——亮调子

在顺光条件下,物体只有受光面,只有亮面和次亮面,调子平淡,缺乏立体感和空间感,如图 2-5 所示。不易表现出物体表面起伏结构,却能很好地再现人物皮肤的固有色。具体使用过程中,顺光可以和各种不同方向的光线结合使用,构成不同形态的平调光的形式。

图 2-5 顺光照明的画面

2. 侧光照明——全调子

侧光照明人物具有五种调子,即亮面、次亮面、暗面、次暗面和明暗交界线,有较强的立体感、空间感和质感。

侧光在不同方向上呈现为:斜侧光(如图 2-6)、侧光(如图 2-7)和侧逆光(如图 2-8)三种形式。在不同高度上又可分为顶侧光和脚光。因受光面和背光面大小面积的不同、光比的不同而形成了侧光千变万化的形态。侧光能塑造出各种刚强、有力的人物形象。

图 2-6 斜侧光照明的画面

图 2-7 侧光照明的画面

图 2-8 侧逆光照明的画面

3. 逆光照明——暗调子

逆光条件下，人物的光线结构类似顺光结构，只有两种影调，所不同的只是亮度值的差别，顺光是亮面和次亮面，逆光则是暗面和次暗面。所以人物形象的立体感、质感都不强，缺乏影调变化，如图 2-9 所示。

图 2-9　逆光照明的画面

（三）人物光的布光程序

1. 选择主光

主光是从光的功能用途上确定的类型，在画面光线造型中起主导作用，它与灯位光是不同的，主光的灯位选择是自由的，它不受水平角度，垂直角度的限制，根据画面处理的需要，它可以选择正面光、中侧光、侧光、逆光等不同光位。采用的光质可以是聚光灯式的直射光或平光灯式的散射光等。

在电视节目的正面人物肖像中，主光可以设置在摄像机或者以人物的鼻准线为准的左侧或者右侧。至于具体选择哪一侧较好，应注意两个问题：一是人在讲话过程中是否有明显的动作，如果有，就要考虑由此产生的阴影落点，看其是否影响图像；二是人物脸部的匀称度和比例，比如说，人物脸部不很匀称，如果主光选择不当就会夸张人物的缺陷部位。

主光选择的水平角度是从对人物的造型和图像效果而加以确定的。对于播音员和主持人，更多的是从美化而不是刻画人物的角度来考虑的。主光灯设置的典型水平角度是在偏离摄像机镜头的轴线 15～45 度之间的区域进行选择的，如图 2-10 所示。

在实践中，设置主光的水平角度往往不是以镜头的轴线为参考点，而是以人物的鼻准线作为参考点。布设主光时，先把主光定位到水平 30 度的支点上，如果人物消瘦和皱纹过于明显，就把主光往鼻准线的方向移动，移到 15 度或 20 度的位置。如果人物脸部过圆而丰满有余，就把主光往鼻准线向相反的方向移动到 35 度或 45 度的位置。

主光如果偏离角度过小（0 度或 5 度），就会出现人物扁平化，削弱光影，人物显得年轻，但光型造型较弱；如果主光偏离角度过大（超过 45 度），就会出现过于偏重一侧而不匀称，人物显得戏剧化和性格化。一般人物肖像的处理能达到较理想效果的角度在 15～45 度之间。

在实际布光操作中，只要主光不穿入画面，不妨碍机位运动，不影响背景，就不要定位过

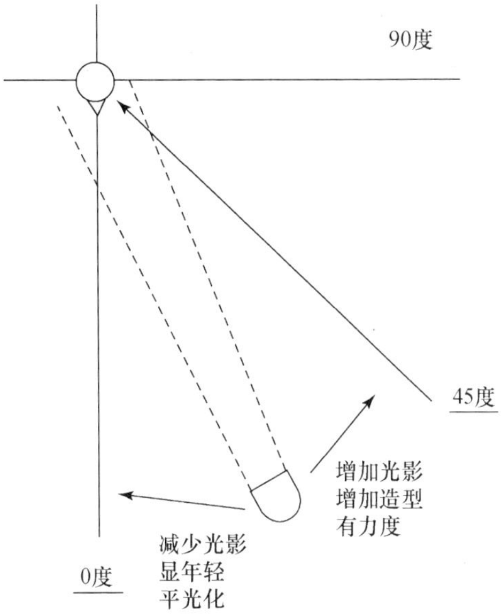

图 2-10 主光水平灯位的配置

高，最佳状态是在 20～40 度之间，就能够满足大部分人物的主光要求，30 度是最好的参考点，如图 2-11 所示。如果人物眼帘有所深陷，灯位就可以下降到 25 度或 20 度；如果要突出人的脸部的立体感，使光影表现得更有力度，就可以把灯位提升到 40 度或 45 度。

当主光灯的水平位置和垂直角度确定后，应根据拍摄人物对象调节好光斑大小和灯具上的遮扉叶的开合程序。

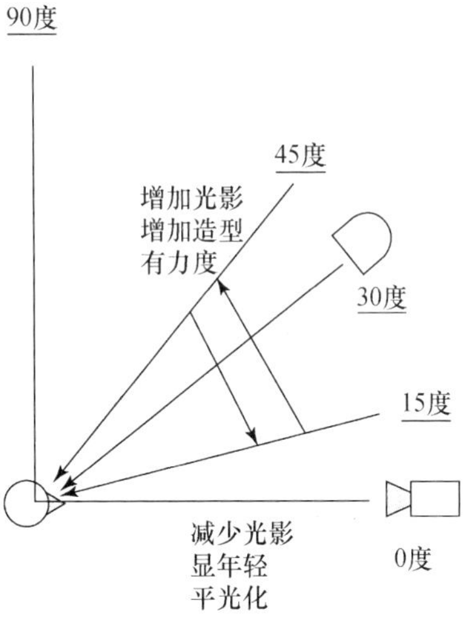

图 2-11 主光垂直灯位的配置

2. 选择辅光

辅光是人物光设计不可缺少的造型因素，它控制着光比的大小。因此，调节好主光后，接下来的工作就是调节辅光的位置。辅光的位置主要是根据图像处理的意图和主光的空间位置来选择。

拍摄人物时，辅光能柔化阴影和表现暗部的细微层次，处理主持人、播音员的肖像时，主光投下的阴影部位就不能明显地暗。亮面与暗面的光比一般达到 2∶1.5 到 2∶1.7。

一般对于主持人、播音员的布光，是为求得人物美化的绘画性光效的肖像造型，因此，辅光设置在主光相异的方位上，对于主光选择中侧光时，常把辅光设置在正面光的位置上，比水平位置稍高一些，如图 2-12 所示。这种辅光的图像效果可以使主光形成的阴影被淡化，光调柔和，将脸部的阴影细节表现出来，不留下未照明的阴影。同时，正面辅光一定要柔和，不宜过强，避免形成二次阴影。

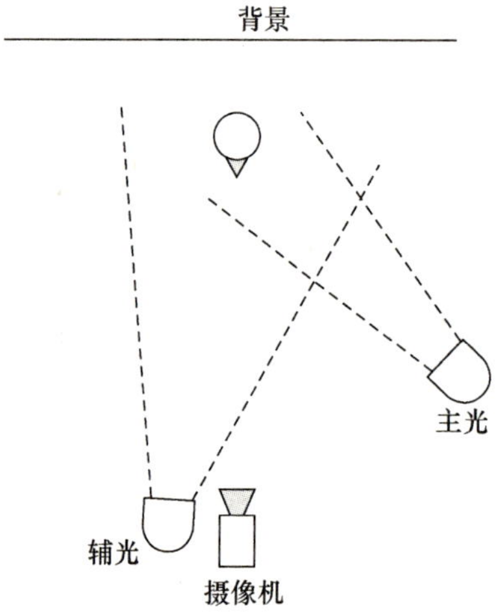

图 2-12　辅光配置

辅光一般选用散光灯，理想的辅光应该是柔和的，但是这不是绝对的，演播室装配的大部分辅光是带螺纹透镜的聚光灯，它属于低强度的硬光，使用时可以通过增加柔光纸加以改善。

3. 选择轮廓光

主光和辅光的位置确定了以后，要布设的光就是轮廓光了。轮廓光的设置就是为了更好地把人物的立体形象三维地再现在只有两维的图像里。

表现“立体空间”是造型艺术家努力追求的目标，尤其是对于电视这样的小屏幕，在对比度有限的情况下，扩展空间就显得重要了。在电视人物布光中，加入轮廓光，可以使轮廓光下的人物的头部、肩部产生鲜明、流畅、连续的轮廓线条，它既体现了人物的轮廓特征，又通过光度间隔表现了第三维空间，加强了人与背景的空间透视。

人物轮廓光的设置有两种方法：单一轮廓光和双轮廓光。

（1）单一轮廓光

单一轮廓光也存在两种设置方法，一种是将轮廓光设置在人物的正后方，即正逆光，如图 2-13 所示；另一种是将轮廓光设置在偏斜一些的位置，即侧逆光，如图 2-14 所示。

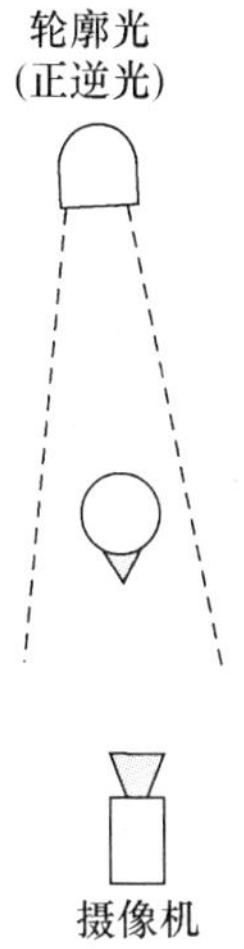

图 2-13　正逆光的配置

正逆光一般设置在较高的位置，需要在 50～60 度的垂直照射角度，这样光线才会形成沿着头部的背面，从头顶到双肩出现均匀对称的轮廓光。

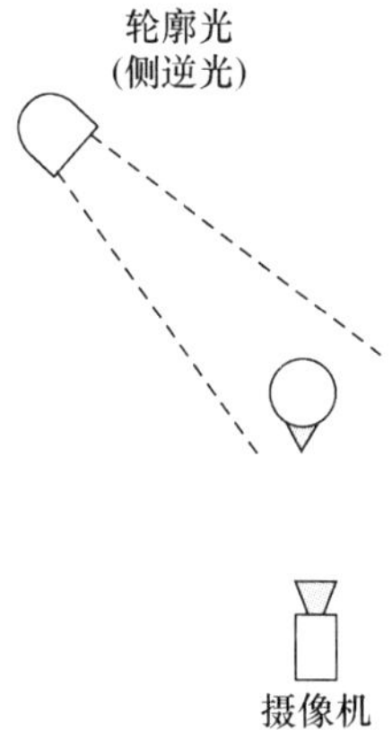

图 2-14　侧逆光的配置

侧逆光的光线在人物的头部、脸颊、肩部所形成的光线是非对称的，光线表达的目的是为了给头部的侧面着光，以被更多照亮部分的脸颊线条的自然曲线为界。这种光线对于表现头部、脸颊、发式偏重的人是有补救作用的。但是，注意侧逆光的水平角度不可以太偏，以防止人物鼻头出现高光，影响光线对人物的表现。

(2) 双轮廓光

双轮廓光是采用双边缘逆光布光法，如图 2-15 所示，它与单一轮廓光不同，可以在脸部造成对称的轮廓光效果。与正逆光光效果不同，它可以勾画出脸颊两侧的线条。如果人物脸颊线条主体感好，脸部不太臃肿，两颊不过大，头部形状不过于圆，双边缘逆光也是正面人物像的合适的修饰光，尤其对于需要修饰发式的女性效果最佳。

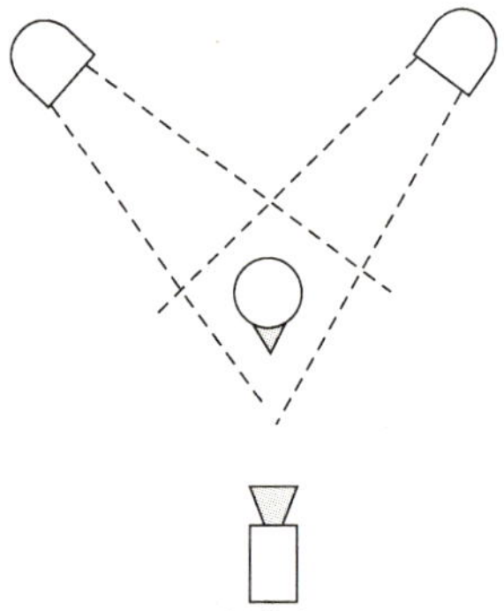

图 2-15 双轮廓光的配置

4. 确定背景光

背景是指图像中人物后面的陪衬物，它是用来衬托人物，反映环境的一种符号。背景光可以用来表现、反映陪衬物的造型意图和审美，并控制着图像的格调。

在布设人物背景光时，要根据节目的不同类型抓特点，点化背景。控制背景光的强弱和设计图像基调有关，高调图像要求背景光布光均匀，照度可以与正面光相同或高于正面光的1.5倍，表现出一个洁白高雅的背景；低调图像，背景光照度要低于主光照度，甚至于作黑化处理，形成一个深沉的背景；中调图像，背景光照度一般控制在正面光照度的1/2左右，表现出依稀可辨的背景，让观众了解人物所在位置及背景与人物的关系。

五、实验内容与步骤

(一) 实验的操作内容

本实验的主要内容是根据电视照明“三点式布光法”的原理方法，以及人物光线处理的基本形式，以实验小组成员中某一同学作为节目主持人，分别完成静态节目主持人的两种用光组合的布光。

(1) 侧光照明效果的光线组合的布光，布光效果如图 2-16 所示，这种照明效果的画面有

图 2-16 侧光照明效果的光线组合的布光效果

明显的明暗配置，人物立体感强，明暗反差适中，整个画面的调子明快，有活力。这种光线组合广泛用于正常脸型的主持人或播音员，是最常见的一种布光方式。

(2) 顺光照明效果的光线组合的布光，布光效果如图 2-17 所示，这种照明效果有如自然光中平光照明和阴天、半阴天中的散射光照明，画面上没有明显的明暗反差，阶调柔和。通常用在一般栏目节目或文艺类型节目中的主持人照明。

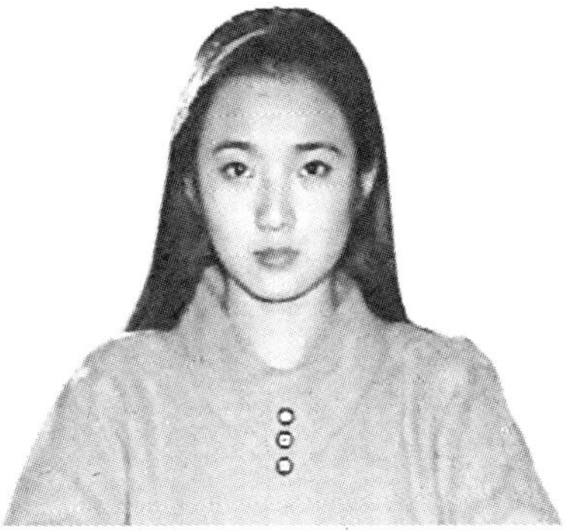

图 2-17　顺光照明效果的光线组合的布光效果

(二) 实验步骤

1. 侧光照明效果的光线组合的布光实验主要步骤

(1) 实验的准备工作

检查实验所需灯具、灯泡是否完好，电缆插头是否牢靠，灯具连接电缆是否有损坏；所有设备电源开关应置于关闭(Off)位置；将摄像机的调焦选择开关(Focus)拨至自动(Auto)位置。

(2) 系统接线与灯位初步布设

① 按图 1-27 所示的摄录系统接线图，连接摄录系统。

② 灯具的初步布设。依据侧光照明效果的光线组合的理论布光方法，结合演播室的实际场地环境，参照图 2-18 所示，绘制布光设计图，并按布光设计图将各灯具摆好。

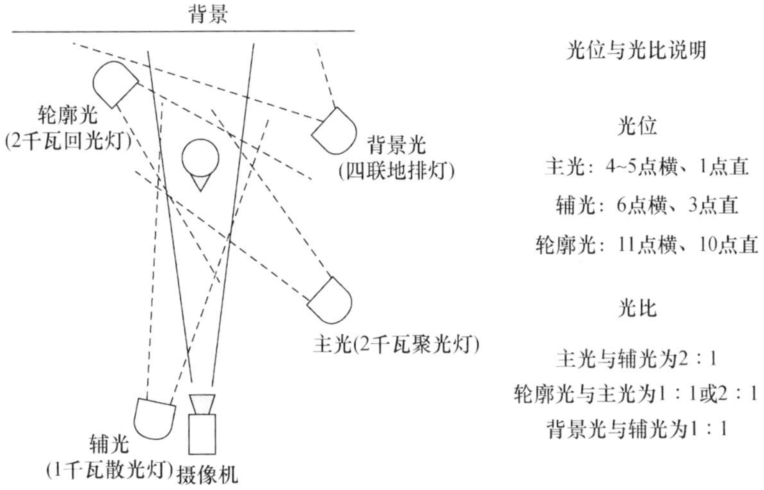

图 2-18　侧光照明效果的光线组合的布光设计图

③ 灯具电源线路的连接。在实验指导老师的指导下，按图 2-19 所示的灯具电源线路连接图，把灯具电源线路连接好。注意灯具电缆的选用应是影视照明专用电缆。了解影视照明的用电安全。

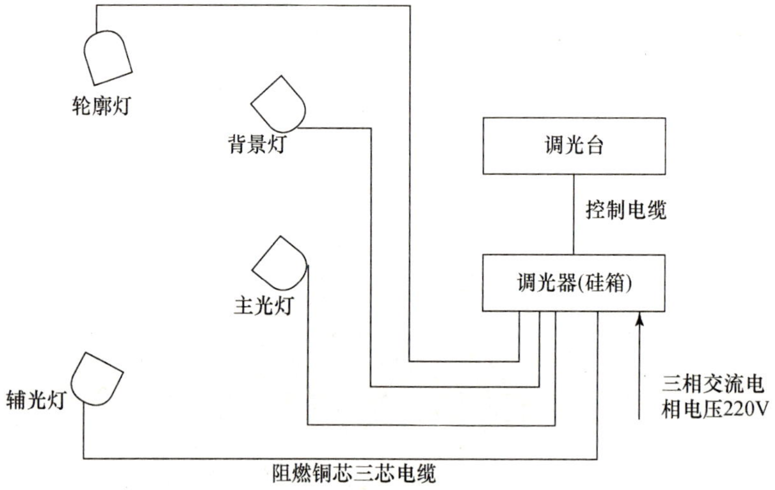

图 2-19　灯具电源线路连接图

（3）布光的准备工作

① 经实验指导老师检查，确认所有的设备电源线路的连接正确、安全后，开启电源，包括摄录系统电源及灯光系统电源。

② 开启调光台硅箱的电源，调节调光台的调光推杆，照亮整个布光设计场景。

③ 打开摄像机的电源及镜头盖，在寻像器上可看到图像，调整摄像白平稳。

④ 开启电视监视器，选择合适的频道并将图像调节到理想状态。

⑤ 调整摄像机的水平、俯仰和拍摄角度，使监视器出现清晰的图像后，控制调光台推杆，将所有灯具全部关掉。

（4）布光的流程

侧光照明效果的光线组合的布光方法是依据三维物体的基本布光方法——三点式布光法，先布主光、辅光和轮廓光，后布背景光，按顺序布设每种光型，并按照人物光线处理的基本形式中“侧光照明——全调子”的处理方式进行布光，布光操作过程中，边观察监视图像画面的光造型效果，边对灯光进行适当的调整。布光流程如图 2-20 所示。

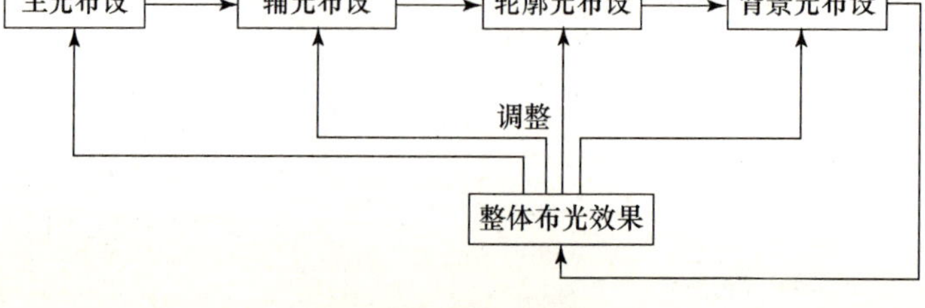

图 2-20　布光流程图

(5) 侧光照明效果的光线组合布光操作

① 主光的布光设置与调整

主光采用 2 千瓦的聚光灯,设置在摄像机或者人物的鼻准线为准的左侧或者右侧,一般布设在 4~5 点横、1 点直或 7~8 点横、1 点直上,具体在哪一侧较好,主要从下面两个方面考虑:一是主持人是否有明显的动作,如果有,要考虑由此产生的阴影落点是否影响图像;二是主持人脸部的匀称度和比例。比如说,人物脸部不很匀称,主光位置不当会夸张人物的缺陷部位。

主光的调整,主要按上面两方面考虑进行调整。把调光台的主光光路的调节推杆推至尽头,把主光开至最亮,观察照明效果,并对主光进行适当的调整。

主光的水平照射角度的调整:主持人定好位置,以人物的鼻准线为参考点进行布光,照明效果较理想的照射角度设置在 15~45 度之间。主光初次设定可为 30 度,然后根据监视器中的图像照明效果再进行调整。如果人物消瘦或皱纹过于明显,可以把主光往鼻准线方向移动,如果人物脸部过圆或丰满有余,可以把主光往与鼻准线相反的方向移动。

主光的垂直照明角度的调整:侧光照明效果的主光垂直照射角度一般设置为 60 度。如果人物眼窝有所深陷,灯位可以稍微下降。

边观测监视器图像中人物画面的光造型效果,边对主光进行调整,直至调整主光的造型效果满意为止。

② 辅光的布光设置与调整

辅光采用 1 千瓦的散光灯,设置在相对于以摄像机的摄轴为中线,相异于主光的另一侧,并紧靠摄像机的摄轴,布设在 6 点横、3 点直上。

把调光台辅光光路的调节推杆推尽,把辅光开至最亮,调整辅光的灯位与照明亮度。

辅光的水平照射角度的调整:辅光照明效果较理想的照射角度是以紧靠摄像机的摄轴为宜,偏离这个位置,容易在被摄体表面产生不应有的光线投影。因此其水平角度应在 0~5 度之间。

辅光的垂直照明角度的调整:侧光照明效果的辅光采用水平顺光,即垂直照射角度一般设置为 0 度。

设置主光与辅光的光比:主光与辅光的光比设置一般为 2∶1。光比的调整要根据不同的拍摄对象与创作意图来定。被摄对象是儿童和妇女,光比要适当小一点;是中年或老年人,光比要适当大一点。光比的调整可以通过增强或减弱辅光灯的亮度来进行。边调整边观测监视器图像中人物的光造型效果的变化,直至满意为止。

③ 轮廓光的布光设置与调整

轮廓光采用 2 千瓦的回光灯,把轮廓光设置在相对于以摄像机为中线,相异于主光的另一侧,并紧靠摄像机的摄轴,一般设置在 11 点横、10 点直上。

把调光台轮廓光光路的调节推杆推尽,把轮廓灯开亮进行调整设置。

调整轮廓光的位置:轮廓光的高度应根据被摄对象的具体情况来定,防止过高或过低,但不能低于人物的头部,同时也要避免过侧。观察监视器画面中的人物图像的造型效果,适当调整轮廓光的高度及照射角度,使被摄人物主体产生鲜明的轮廓线条。

设置轮廓光与主光的光比：轮廓光的照明亮度应避免过暗或过亮，光比一般设置为1∶1或2∶1左右。光比的调整要根据不同的拍摄对象与创作意图来定。边调整边观测监视器图像画面人物的光造型效果，直至被摄人物轮廓清晰，最能表现人物的轮廓特征与空间感。

④ 背景光的布光设置与调整

背景光要根据主体亮度来调节，主体亮，背景稍暗；主体暗，背景就稍亮。一般把背景光与辅光的光比设置为1∶1，调节调光台背景光光路的调节推杆，逐步开亮背景光，根据实验设计图像画面创意的需求进行调整背景光。边调整边观测监视器图像画面，直至画面背景亮度适宜，光照均匀为止。

⑤ 照明效果的总体调试

观测监视器画面的图像照明效果，画面是否有明显的明暗配置，人物立体感强，明暗反差适中，整个画面的调子明快、有活力。否则，再根据存在的问题进行分析，并对相应的灯光做适当的调整设置，包括各种光型的光位、照明亮度、照射范围，直至达到侧光照明光线组合用光效果，完成实验。

(6) 实验结束

结束实验，关闭灯光系统的电源，准备下个实验。

① 关闭摄像机及监视器的电源，盖好摄像机的镜头盖。

② 通过调光台关闭所有灯光，再关闭调光硅箱的电源，最后关闭灯光系统的电源总闸。

2. 顺光照明效果的光线组合的布光实验主要步骤

(1) 实验准备工作与摄录系统线路的连接

该步骤与侧光照明效果的光线组合的布光实验操作相同。

(2) 灯具的初步设置

① 灯具的初步布设。依据顺光照明效果的光线组合的理论布光方法，结合演播室实际场地环境，参照图2-21所示，绘制布光设计图，并按布光设计图将各灯具摆好。

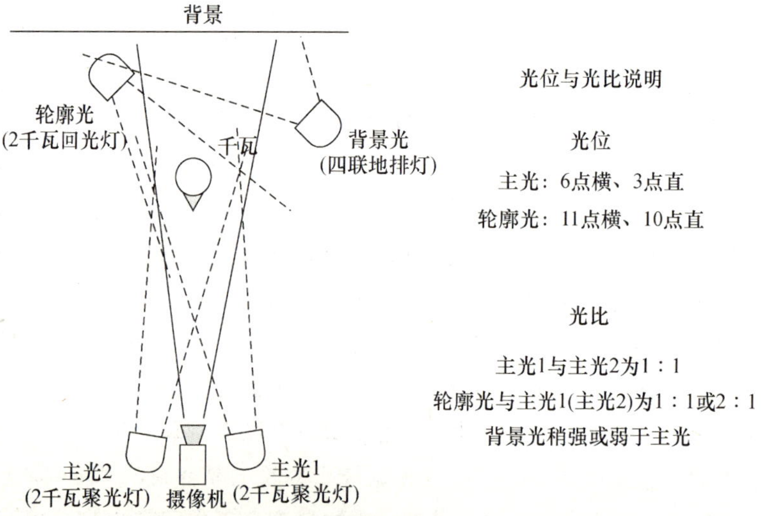

图2-21 顺光照明效果的光线组合的布光设计图

② 灯具电源线路的连接

在实验指导老师的指导下，按图 2-22 所示的灯具电源线路连接图，把灯具电源线路连接好。

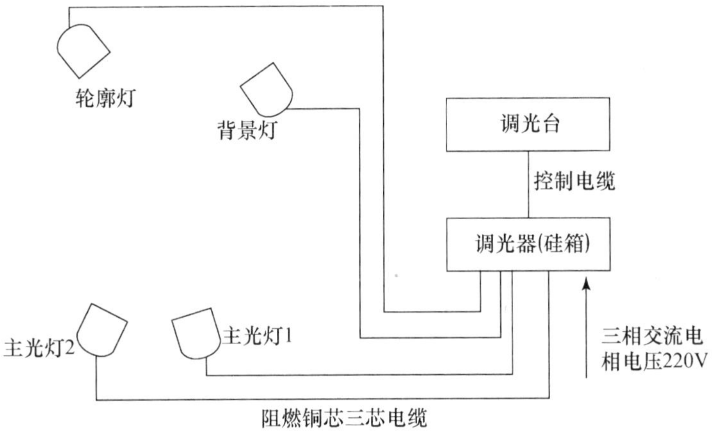

图 2-22　灯具电源线路连接图

(3) 布光的准备工作

① 经实验指导老师检查，确认所有设备的电源线路的连接正确安全后，开启电源，包括摄录系统的电源及灯光系统的电源。

② 开启调光台硅箱的电源，调节调光台的调光推杆，照亮整个布光设计场景。

③ 打开摄像机的电源及镜头盖，在寻像器上可看到图像。

④ 开启电视监视器，选择合适的频道并将图像调节到理想状态。

⑤ 调整摄像机的水平、俯仰和拍摄角度，使监视器出现清晰的图像后，控制调光台推杆，将所有灯具全部关掉。

(4) 布光的流程

顺光照明效果的光线组合的布光方法也是依据三维物体的基本布光方法——三点式布光法，先布主光 1、主光 2 和轮廓光，后布背景光。并按照人物光线处理的基本形式中"顺光照明——亮调子"的处理方式进行布光，布光操作过程中，边观察监视器中图像画面的光造型效果的变化，边对相应光线的灯光进行调整，布光流程如图 2-23 所示。

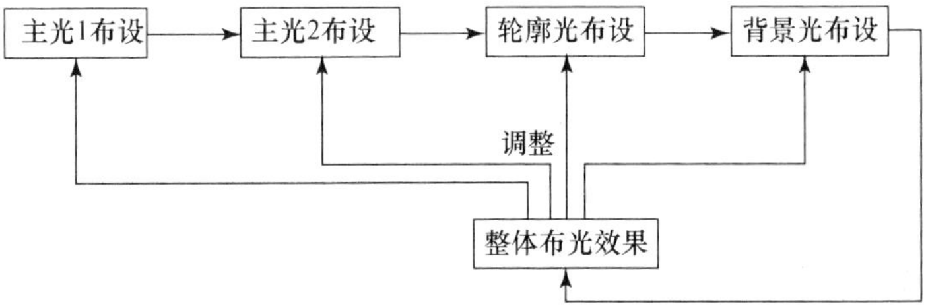

图 2-23　布光流程图

(5) 顺光照明效果的光线组合的布光操作

① 主光的布光设置与调整

主光采用两盏 2 千瓦的聚光灯，灯位分别布设在摄像机的两侧，以紧靠镜头为宜。

分别调节调光台主光调光推杆，边观察监视器中图像画面的人物光造型效果的变化，边对主光的灯位及照明亮度进行调整。

主光调整的关键是：主持人定好位置，灯位以人物的鼻准线为参考点进行调整，照明效果较理想的水平照射角度设置在0～5度。垂直照明角度一般设置为0度，即采用水平照射。边调整边观测监视器中图像画面亮度的变化，直至画面照度合适。两盏主光灯的照明亮度的的光比设置为1∶1左右。

② 轮廓光的布设与调整

轮廓光采用2千瓦的回光灯，把轮廓光布设在两个主光灯所对应的11点横、10点直的位置上。

开启轮廓光，调节轮廓光与主光（其中一主光）的光比，把其调节为1∶1或2∶1左右，轮廓光不能过强，以免影响画面的柔和层次。调整轮廓光的灯位，使画面中人物主体的轮廓鲜明清晰。

③ 背景光的布光设置与调整

背景光布设在被摄主体的后面或左右两后侧，开启背景光，根据实验设计图像画面创意的要求调节背景光。背景光的亮度一般比主光稍强一点或略弱一点为宜，边调整边观测监视器中图像画面的亮度的变化，使人物能够与背景有一定的区别，直至画面亮度合适。

④ 照明效果的总体调试

观测监视器中图像画面的光造型效果，画面是否达到阶调柔和，没有明显的明暗反差，否则，再根据存在的问题进行分析，并对相应的灯光做适当的调整设置，直到画面照明效果最佳，完成实验。

（6）实验结束

结束实验，按下面顺序关闭电源并整理好实验设备。

① 通过调光台关闭所有灯光，然后关闭调光硅箱的电源。

② 关闭摄像机及监视器的电源，盖好摄像机的镜头盖。

③ 关闭摄录系统及灯光系统的电源总闸。

④ 拆除设备的连接线。

⑤ 检查各设备有无损坏，并将设备和灯具整理好，放回原处。

六、实验注意事项

1. 注意照明灯具的用电安全。若设备出现故障应迅速关机，并及时向实验指导老师报告。

2. 实验时必须严格遵守实验室规定，注意安全用电，打开电源总闸前，一定要实验指导老师检查线路连接，确认连接正确后方可操作。

3. 在设置辅光时，要注意的事项是：辅光应将阴影部分均匀地照亮，而不形成二次阴影，使暗部的图像层次和质感得到改善。如辅光产生阴影，它应该投在原来已有阴影的部位，或者光影极为轻淡的部位。否则会使图像光调与构图显得零乱。同时，要严格掌握辅光的高度，在静态人物布光时，不宜太高，否侧在鼻子以下会有小部分阴影出现，不利于光影的统一。

4. 在布设轮廓光时，要考虑节目制作过程中图像的景别。只采用中近景的图像，灯的位置可以降低些；需要出全景的图像，灯的位置就不宜过低，以免穿入镜头。同时还要兼顾到不要影响背景灯的投射，以背景图像不出现阴影为佳。

七、实验讨论

1. 人像的三点式布光与特殊物体的三点式布光有哪些不同？

2. 顺光照明效果的光线组合的布光过程中，如何避免光线的交叉用光？

3. 根据实验记录，分析不同光型光线的调整，对图像画面中人物的光线造型效果的影响。

八、实验报告

1. 实验名称、实验内容、实验目的、实验设备要填写正确，实验步骤要填写详细。字迹清楚，书写工整。

2. 认真做好实验记录，并进行实验分析与总结。

3. 分析和总结实验过程中所遇到的问题及解决方法。

实验三　室内静态双人物布光

(验证性实验)

一、实验目的

在电视节目制作中，静态单人物的用光虽然用得比较多，但静态双人或两人以上的布光在电视照明中也常见。比如两位主持人主持的新闻节目、电视访谈、竞赛、座谈会等形式的节目，就是常见的静态两人以上用光的节目类型。静态多人物用光比单人物用光复杂。本实验主要是在静态多人物布光方法的理论学习基础上，通过在演播室完成给两位节目主持人同时布光的常用三种布光方法的实验操作，达到以下实验目的。

1. 进一步掌握静态人物布光的方法。
2. 掌握室内静态双人物布光的方法。
3. 掌握每灯专用与每灯多用的布光方法。
4. 掌握给两位主节目主持人同时布光的三种常用方法。

二、实验要求

1. 实验前，认真阅读实验教材，熟悉实验内容，认真学习与实验相关的理论知识。
2. 实验前，根据实验内容初步画出布光设计图，并了解实验布光的方法。
3. 严格遵守实验室各项规定，注意安全用电。
4. 认真做好实验记录，并按要求完成实验报告。

三、实验场地与器材

1. 实验场地：实验室或演播室。

2. 实验主要设备：聚光灯、散光灯、回光灯、四联地排灯、灯架、调光台与调光器(硅箱、12路或以上)、摄像机、监视器、灯具专用的电源线、摄像机和监视器的电源线、BNC视频线等。

四、实验基础理论

本实验涉及的理论知识主要包括电视照明常用设备的使用方法；三点式布光法；静态人物布光；室内静态双人物布光的方法；人物光线的处理形式等。

重点：1. 室内静态双人物布光的方法。2. 人物光线的处理形式。

(一) 室内静态双人物布光的方法

在电视节目制作中除了对静态单人布光外，还要对双人主持节目、电视采访等形式的节目进行双人布光。例如，如图 3-1 所示的为双人主持的新闻节目。对静态双人物布光的方法可以根据特殊要求，对两个人进行分别布光或共同布光。

图 3-1　双人主持的新闻节目

双人布光在许多电视台用得比较普遍，布光方法多样。对双人进行布光时，可按摄像机的视点方向和人物面对方向合理地确定灯位。常用的方法是采用每灯单用途和每灯多用途两种方法进行。

1. 每灯单用途的布光方法

每灯单用途的布光方法，是针对被摄人物和背景的分别用光，也称为分别式布光。如图 3-2 所示，主光、辅光、轮廓光都为专用灯位。灯位的水平照射角度、垂直照射角度都严格按照人物光三点式布光原理进行。

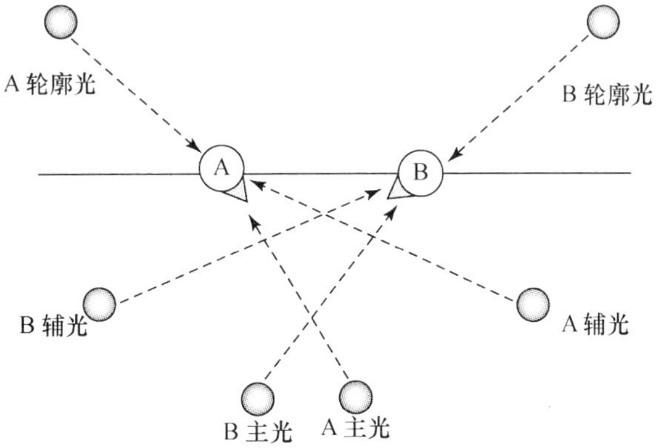

图 3-2　分别式三点布光

2. 每灯多用途的布光方法

一灯多用的布光方法中，一个人的主光同时也作为另一个人的辅光，反之，一个人的辅光也可能成为另一个人的主光，其布光方法一般有以下三种。

(1) 人物背后的交叉布光

人物背后的交叉布光如图 3-3 所示,主光和轮廓光都位于两人连线的后面,进行交叉照射。人物 A 的主光又可作为人物 B 的轮廓光,而人物 B 的主光又可作为人物 A 的轮廓光。这是对两个人照明时常用的布光方法。为了淡化光影,使图像更细腻,也可共用一盏正面辅光,如图 3-4 所示。

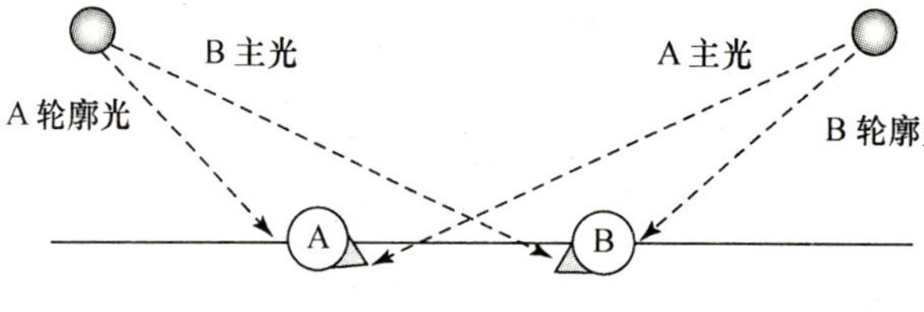

图 3-3　人物背后的交叉布光

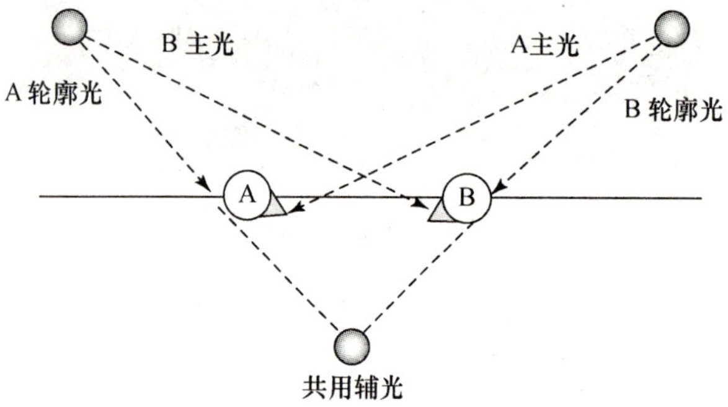

图 3-4　共用辅光

(2) 人物正面的交叉布光

位于人物前面的交叉布光,可以达到既照亮人物又照亮背景的作用,如图 3-5 所示。灯位分别位于两人连线正面的两侧,灯 1 的中心光线投向人物 B,为人物 B 的主光,灯 1 的边光投向人物 A,为人物 A 的辅光;灯 2 的中心光线投向人物 A,为人物 A 的主光,灯 2 的边光投向人物 B,为人物 B 的辅光。

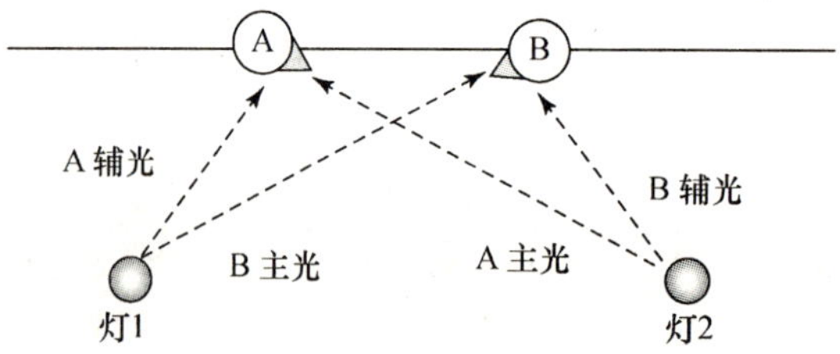

图 3-5　人物正面的交叉布光

(3) 分别位于人物前后两侧的布光

如图 3-6 所示,主光位于人物的背后,分别作为人物 B 的的主光和人物 A 的轮廓光。前面配以柔和的辅光,用来照亮阴暗的区域和主光造成的阴影。这种布光方法的特点是光线方向显明,立体感强。

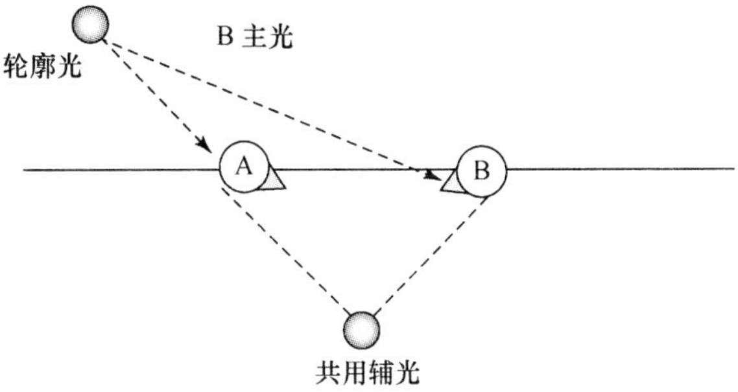

图 3-6 分别位于人物前后两侧的布光

（二）人物光线的处理形式

在电视节目制作的布光过程中，人物光线处理的形式主要有三种基本表现方法，即平光法、对比法、剪影法。

（1）平光法

平光法是一种平调光线处理的形式。它的主光来自镜头（或视角）方向，图像光影平淡，不存在主光与辅光的光比。图像的生动性体现在主体的轮廓和表面色彩。

（2）明暗处理对比法

明暗对比方法是一种明暗调光线处理的形式。在电视人物布光中，更多的是以中调图像的形式出现，符合人们的正常视觉习惯。被摄体表面和结构得到光线造型，图像层次丰富。其处理方法包括：以前侧光、中侧光为主光的明暗调处理、以侧光为主光的明暗调处理、以侧逆光为主的明暗调处理及以顶光和脚光为主光的明暗调处理。

（3）剪影与半剪影法

剪影与半剪影法是人物光线处理时，采用一个带有亮度和浅色调的背景，布光时控制人物与背景的不同光比，背景是亮的，人物是暗的，使主体处于暗影，从而使图像中产生剪影或半剪影状态。剪影或半剪影图像完全侧重于主体的轮廓，分不出色彩、层次。只是由于它和背景产生阶调对比，呈现出轮廓平面形态。

五、实验内容与步骤

（一）实验的操作内容

在电视布光基本原理指导下，实验小组从成员中选出两位同学作为实验的模拟主持人，参照两位节目主持人同时布光方法，在演播室分别完成对两位节目主持人正面同时布光的三种常用布光方法的布光实验，即分别布光法、重点勾勒法、平调组合法。

（1）分别布光法

分别布光法常用在两位节目主持人距离较大和一个主光很难完成两个人物的主光造型的情况下，按照三点式布光方法的原理，采用每灯单用途的方式，分别为两个被摄人物进行三点式布光的一种布光方法，两位主持人分别布光法的布光效果如图 3-7 所示。

图 3-7 两位主持人分别布光法的布光效果

分别布光法的布光方法：

分别布光法的布光设计图如图 3-8 所示，首先确定主光的投射方向，一般两个人物的主光要从左前侧或右前侧大约 45 度角方向投射过去，要防止两人的主光来自不同方向，造成虚假的主光投射，破坏整个布光的效果。

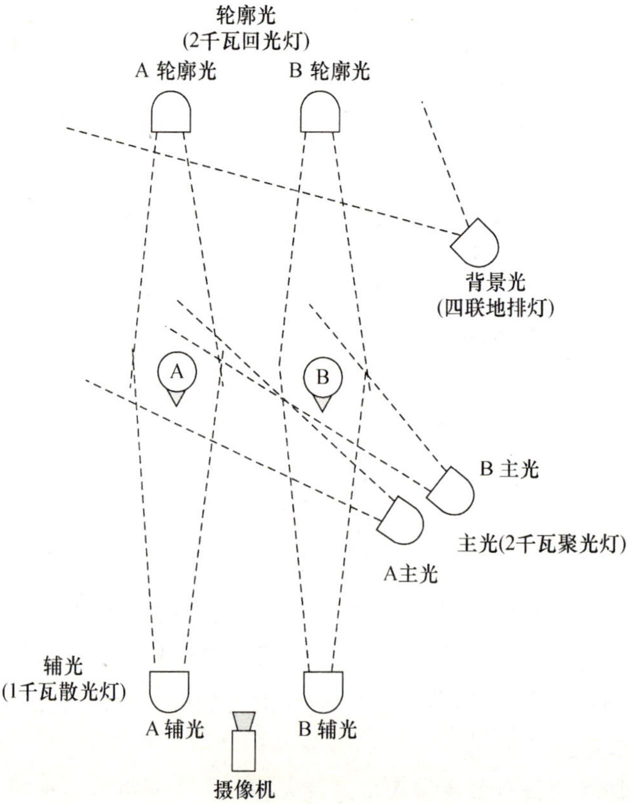

图 3-8 两位节目主持人正面布光——分别布光法

其次，主光明确之后，两盏辅光灯出现在摄轴线附近的位置上。两盏辅光灯要控制好光线的投射区域，防止相互干扰，出现不必要的光线投影，其光线高度与人头平齐或稍高于人头。

第三是布轮廓光，轮廓光放置在与相对应的主持人的正后方，用以勾画主持人的轮廓形态，有时在演播室内可使用能升降的棚顶灯在人物的正后方作轮廓光。

最后是布背景光，背景光放在与主光的同一侧，照明周围环境与背景。

（2）重点勾勒法

重点勾勒法是采用演播室内的三基色冷光源（通常为三基色荧光灯）作为布光的底子光照明，本身已基本符合摄像要求，只是画面影调单一，缺乏明暗反差及画面空间感。重点勾勒法的作用就是根据节目创作需求，通过分别对两位节目主持人添加主光灯和轮廓灯，改变人物的造型效果，重点突出被摄人物主体。

重点勾勒法的布法方法：

重点勾勒法的布光设计图如图 3-9 所示，在已有三基色冷光源作底子光照明的演播室，本身已具备一定的基准亮度。其照度在 1500 勒克斯左右，画面中影调单一，没有强烈的亮暗反差，画面空间感觉弱。比较简单的解决与弥补方法就是采取重点勾勒法。

首先是增加主光，改善图像画面的明暗反差。根据自己创作的需要加盏主光灯，从前侧大约 45 度角方向投射过去，由于加入了这种主光，画面中有了光线的投射方向和光比组合，光线效果发生了很大变化。

其次是增加轮廓光，改善图像画面的空间感，轮廓光的位置设置在与相对应的主持人的正后方。

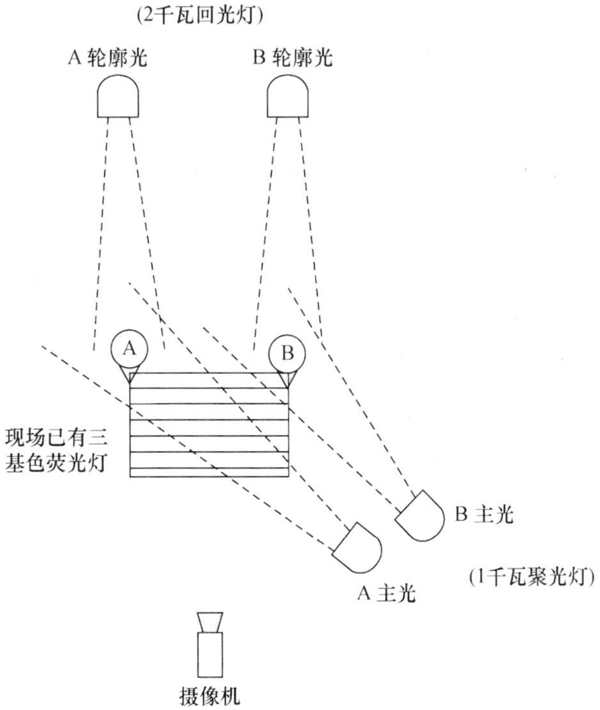

图 3-9　两位节目主持人正面布光——重点勾勒法

(3) 平调组合法

平调组合法是采用平调光线处理方式,分别对两个被摄主体采用平光法布光,然后分别加以轮廓光,细致地勾画出被摄体的外形线条。采用平光法,由于人物脸面亮面较多,容易使人脸显得扁平偏胖,所以只适用于正常脸型和稍瘦的脸型。

平调组合法的布光方法:

平调组合法的布光设计图如图 3-10 所示,首先分别为两位主持人设置主光,布光时两主光位于摄轴线附近,以接近或紧靠镜头为宜,分别照明被摄体,其光线高度与人头平齐。

其次是分别布轮廓光,细致地勾画出被摄体的外形线条,轮廓光灯的位置在被摄体的侧后方,其光线不能过高、过亮、过偏。

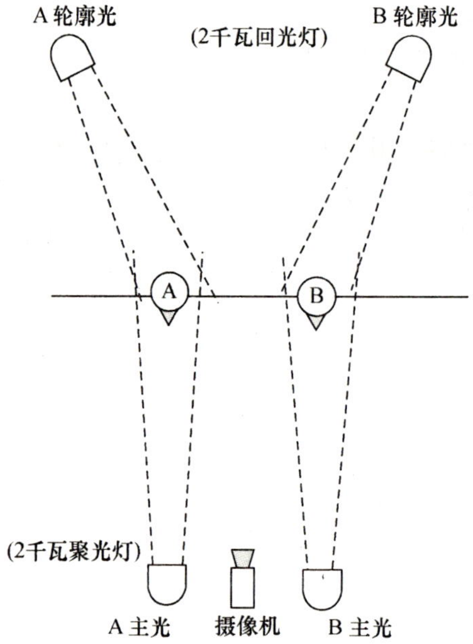

图 3-10 两位节目主持人正面布光——平调组合法

(二) 实验步骤

1. 分别布光法的实验主要步骤

(1) 实验的准备工作

检查实验所需灯具、灯泡是否完好,电缆插头是否牢靠,灯具连接的电缆是否有损坏;把所有设备的电源开关置于关闭(Off)位置;将摄像机的调焦选择开关(Focus)拨至自动(Auto)位置。

(2) 系统的接线及灯位初步布设

① 参照图 1-27 摄录系统接线图,连接摄录系统。

② 灯具的初步布设:依据两位节目主持人正面布光——分别布光法的理论,根据演播室实际场地环境,参照图 3-8 所示,绘制布光设计图,并按布光设计图将各灯具摆好。

③ 灯具电源线路的连接

在实验指导老师的指导下,按图 3-11 灯光电源线路连接图,把灯具的电源线路连接好。

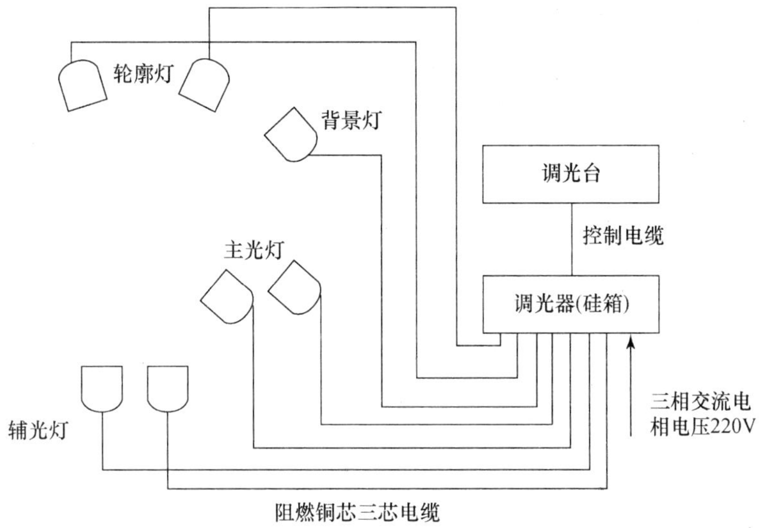

图 3-11　分别布光法灯具电源线路连接图

(3) 布光的准备工作

① 经实验指导老师检查,确认所有设备的电源线路的连接正确、安全后,开启电源,包括摄录系统及灯光系统的电源。

② 开启调光台硅箱的电源,适当调节调光台的调光推杆,照亮整个布光设计场景。

③ 打开摄像机的电源及镜头盖,在寻像器上可看到图像,并调整摄像机的白平衡。

④ 开启电视监视器,选择合适的频道并将图像调节到理想状态。

⑤ 调整摄像机的水平、俯仰和拍摄角度,使监视器出现清晰的图像后,控制调光台推杆,将所有灯具全部关掉。

(4) 布光的流程

两位节目主持人正面布光——分别布光法的布光方法是依据三维物体的基本布光方法——三点式布光法,分别对两个被摄主体进行三点式布光,最后布背景光。布光过程中,要控制好光线的照射范围,注意防止两个主体之间的光线相互干扰,布光流程如图 3-12 所示。

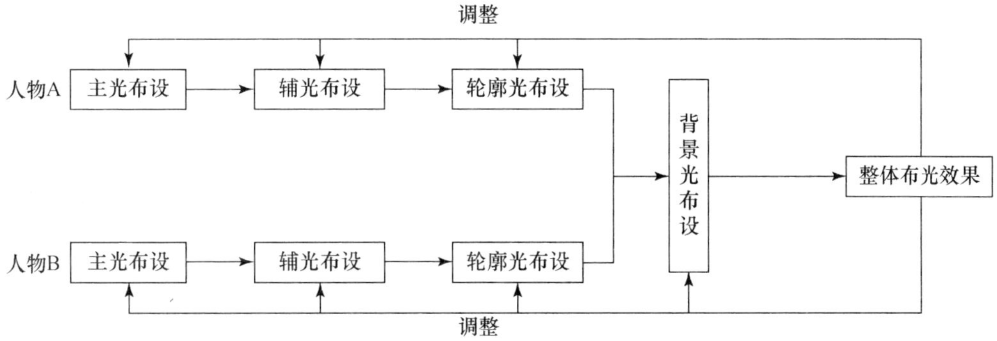

图 3-12　分别布光法布光流程图

(5) 分别布光法的布光操作

① 分别对两个被摄主体进行三点式布光

按照三点式布光方法，分别对节目主持人 A 和 B 进行三点布光，布光过程中需要注意以下几方面：

首先，两盏主光都采用 2 千瓦的聚光灯，两个主光都设在被摄人物左(或右)前侧，为确保主光方向的统一，两者必须是同一侧，防止两人的主光来自不同方向，造成虚假的主光投射，破坏整个布光的效果。主光都采用顺侧光，光线照射中心从左(或右)前侧大约 45 度角方向投射各自的照射主体。

其次，两盏辅光都采用 1 千瓦的散光灯，设在摄轴线附近的位置上，其光线高度与人头平齐或稍高于人头。注意控制好两盏辅光的光线投射区域，防止两灯的光线相互干扰，出现不必要的光线投影。

最后，两盏轮廓光都采用 2 千瓦的回光灯，分别设在对应被摄体的正后方，注意灯具不能出现在画面中，在演播室内可使用能升降的棚顶灯在人物的正后方作轮廓光。

② 背景光的布光

背景光采用四联地排灯，设在与主光同一侧，背景亮度应适宜，光照均匀，可根据实验设计图像画面创意调整背景光的亮度。

③ 照明效果的总体调试

观看监视器画面的图像照明效果，画面是否出现光线投影，灯光是否有相互干扰的情况，以及人物轮廓是否清晰等，并根据存在的问题进行分析，对相应的灯光做适当的调整设置，直至图像光线造型效果达到满意为止，完成实验。

(6) 实验结束

结束实验，关闭灯光系统的电源，准备下个实验。

① 关闭摄像机及监视器的电源，盖好摄像机的镜头盖。

② 通过调光台关闭所有灯光，再关闭调光硅箱的电源，最后关闭灯光系统的电源总闸。

2. 重点勾勒法实验主要步骤

(1) 实验准备工作与摄录系统线路连接

该步骤与分别布光法实验的操作相同。

(2) 重点勾勒法的灯位初步设置

① 灯具的初步布设。依据两位节目主持人正面布光——重点勾勒法的理论，根据演播室实际场地环境，参照图 3-9 所示，绘制布光设计图，并按布光设计图将各灯具摆好。

② 灯具电源线路的连接

在实验指导老师的指导下，按图 3-13 所示的灯具电源线路连接图接好灯具的电源线路。

(3) 布光的准备工作

① 经实验指导老师检查，确认所有设备的电源线路的连接正确安全后，开启电源，包括摄录系统及灯光系统的电源。

② 开启演播室三基色荧光灯，照亮整个布光设计场景。

③ 打开摄像机的电源及镜头盖，在寻像器上可看到图像。

④ 开启电视监视器，选择合适的频道并将图像调节到理想状态。

⑤ 调整摄像机的水平、俯仰和拍摄角度，使监视器出现清晰的图像。

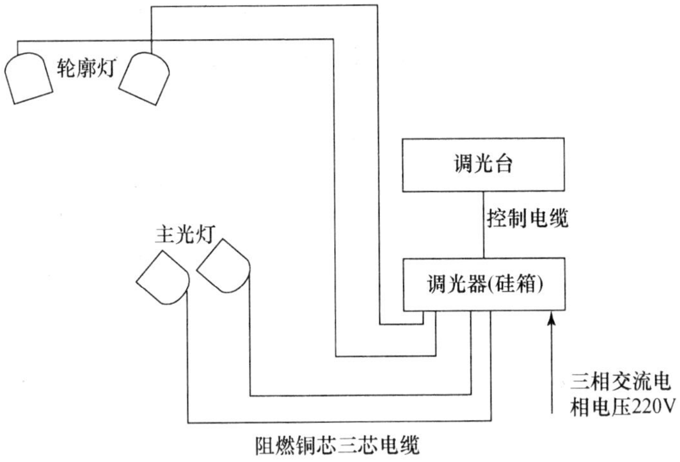

图 3-13 重点勾勒法灯具电源线路连接图

(4) 布光的流程

两位节目主持人正面布光——重点勾勒法的布光方法是在已有三基色荧光灯作为底子光照明的基础上，为两个被摄主体分别添加主光和轮廓光，以突出主体。因此，其布光方法是分别为两个节目主持人添加主光与轮廓光，布光流程如图 3-14 所示。

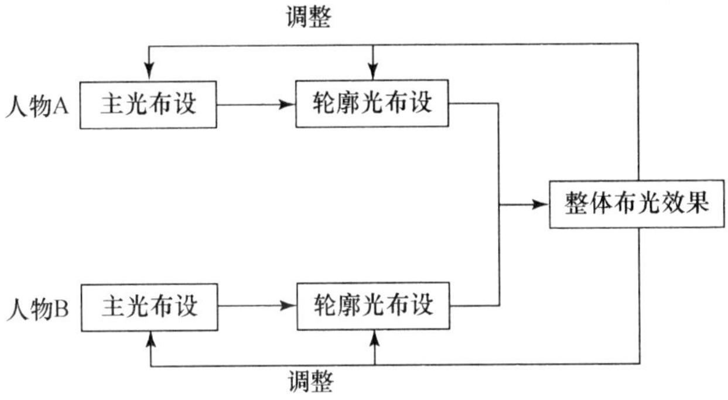

图 3-14 重点勾勒法布光流程图

(5) 重点勾勒法的布光操作

① 开启演播室的三基色荧光灯。

② 分别为两个被摄主体添加主光和轮廓光。

先对节目主持人 A 添加主光和轮廓光，再对主持人 B 添加主光和轮廓光，布光过程中需要注意以下几方面：

首先，两盏主光都采用 1 千瓦的聚光灯，两盏主光设在对应被摄主体的 4～5 点横、1 点直或 7～8 点横、1 点直上，注意要保证主光方向的统一，防止虚假的主光投射。

其次，主光的水平照射角度及垂直照射角度的调整，以人物的鼻准线为参考点，各自主光相对应主体的水平照射角度初始设置为 45 度，垂直照射角度初始设置为 60 度，然后采用边观察监视器中图像画面的光线造型效果的变化，边进行调整，包括灯位的微调及照明亮度的调节。

最后，两盏轮廓光都采用2千瓦的回光灯，轮廓光的灯位设在对应被摄体的侧后方11点横、10点直的位置上。轮廓光的照明亮度，按轮廓光与主光的光比，把其调节为1∶1或2∶1左右，轮廓光不能过强，以免影响画面的柔和层次。

③ 照明效果的总体调试

观看监视器画面的图像照明效果，画面是否出现光线投影，灯光是否有相互干扰的情况，以及人物轮廓是否清晰等，并根据存在的问题进行分析，对相应的灯光做适当的调整设置，直至两个被摄主体突出，轮廓清晰，无光线投影，达到主体重点勾勒的光线造型效果为止，完成实验。

（6）实验结束

结束实验，关闭灯光系统的电源，准备下个实验。

① 关闭摄像机及监视器的电源，盖好摄像机的镜头盖。

② 通过调光台关闭所有灯光及演播室荧光灯，再关闭调光硅箱的电源，最后关闭灯光系统的电源总闸。

3. 平调组合法的实验主要步骤

（1）实验准备工作与摄录系统线路连接

该步骤与之前实验的操作相同。

（2）灯位的初步设置

① 依据两位节目主持人正面布光——平调组合法的理论，根据演播室实际场地环境，参照图3-10所示，绘制布光设计图，并按布光设计图将各灯具摆好。

② 灯具电源线路的连接

在实验指导老师的指导下，按图3-15灯具电源线路连接图接好灯具的电源线路。

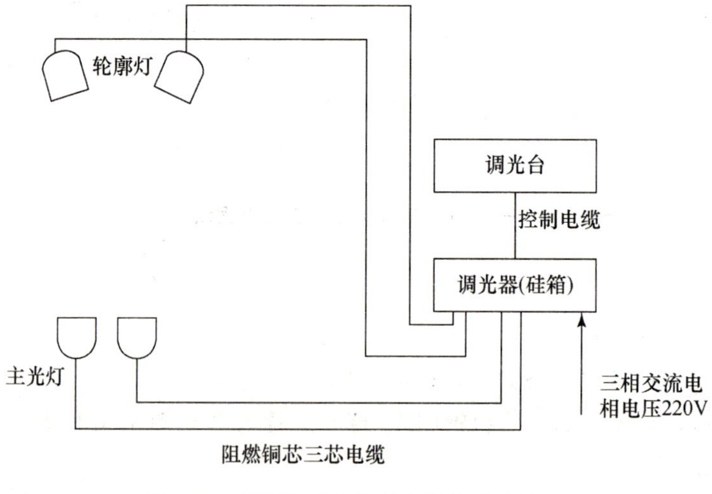

图3-15 平调组合法灯具电源线路连接图

（3）布光的准备工作

经实验指导老师检查，确认所有设备的电源线路的连接正确安全后，开启电源，与之前的实验操作一样，开启灯光及摄录系统，调整摄像机的水平、俯仰和拍摄角度，使监视器出现清晰的图像。

（4）布光的流程

两位节目主持人正面布光——平调组合法的布光方法是分别对两个被摄主体采用平光法布光，以平光为主光，然后分别加以轮廓光。采用平光加轮廓光的方法，可以增加亮度间隔，使人物与背景分开。其布光程序是分别为两个主体布设主光（平光）及轮廓光，布光流程如图 3-16 所示。

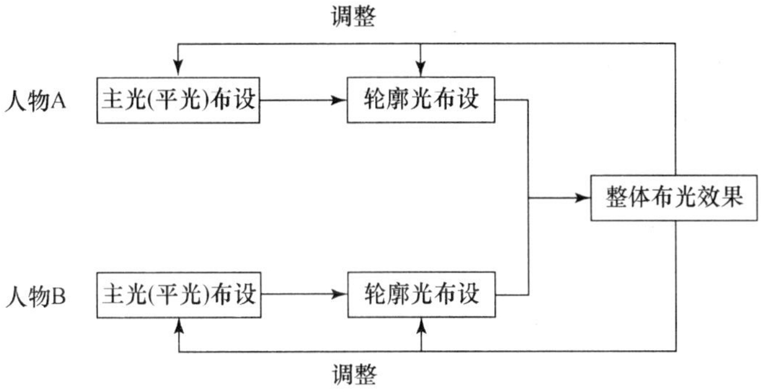

图 3-16　平调组合法布光流程图

（5）平调组合法的布光操作

① 平光与轮廓光的布设操作

按照图 3-16 所示的布光流程图，先布人物 A 的主光（平光）和轮廓光，后布人物 B 的主光（平光）和轮廓光，最后进行总体光线造型效果的调整。布光操作按照下面两方面的要求进行：

首先，两盏主光都采用 2 千瓦的聚光灯，主光采用平光法布设，平光的光效是来自摄像机方向。因此，要求两人物的主光的灯位设在摄轴线附近，一般分别设在摄轴线的两侧，以接近或紧靠镜头为宜，分别照明各自的被摄主体，光线的高度以人头平齐。

其次，两盏轮廓光都采用 2 千瓦的回光灯，分别设在对应被摄体的侧后方，如果有能升降的棚顶灯，也可以布设在主体的后上方（11 点横、10 点直）。需注意的是轮廓光不能过高、过亮、过偏。

② 照明效果的总体调试

观看监视器画面的图像照明效果，画面是否出现光线投影，灯光是否有相互干扰的情况，以及人物轮廓是否清晰等，根据存在的问题进行分析，并对相应的灯光做适当的调整设置，直至图像光线造型效果达到满意为止，完成实验。

（6）实验结束

结束实验，按下面顺序关闭电源并整理好实验设备。

① 通过调光台关闭所有灯光，然后关闭调光硅箱的电源。

② 关闭摄像机及监视器的电源，盖好摄像机的镜头盖。

③ 关闭录像系统及灯光系统的电源总闸。

④ 拆除设备的连接线。

⑤ 检查各设备有无损坏，并将设备和灯具整理好，放回原处。

六、实验注意事项

1. 注意照明灯具的用电安全。若设备出现故障应迅速关机，并及时向实验指导老师报告。

2. 实验时必须严格遵守实验室规定，注意安全用电，打开电源总闸前，一定要实验指导老师检查线路连接，确认连接正确后方可操作。

3. 为两位节目主持人布光时，要注意防止光线的相互干扰，控制好每个灯的照射范围，以免影响人物布光的造型效果。

4. 分别布光法布光操作过程中，要注意防止两主光来自不同方向，造成虚假的主光投射，破坏整个布光的效果。

5. 平调组合法布光时，防止轮廓光的光线过高、过亮和过偏。

七、实验讨论

1. 分别布光法主要适合于哪些类型节目的布光，布光的原理是什么？

2. 重点勾勒法主要适用于什么环境的布光，布光的注意事项是什么？

3. 平调组合法特点是什么？注意观察布光实验操作过程中，灯位的变化、画面光线造型效果的变化。

八、实验报告

1. 实验名称、实验内容、实验目的、实验设备要填写正确，实验步骤要填写详细，字迹清楚，书写工整。

2. 认真做好实验记录，并进行分析与总结。

3. 分析和总结实验过程中所遇到的问题及解决方法。

实验四　动态人物布光

（设计性实验）

一、实验目的

动态布光是指对运动的被摄物布光和摄像机运动时的布光。本实验主要是在动态多人物布光方法的理论学习基础上，通过自定动态人物的布光实验的节目内容，进行动态人物用光组合的布光设计，并完成的相应的布光实验操作，达到以下实验目的。

1. 了解动态人物布光的类型。
2. 掌握动态人物布光的方法。
3. 掌握动态人物光线的处理。

二、实验要求

1. 实验前认真阅读实验教材，熟悉实验内容，认真学习实验相关的理论知识。
2. 实验前，根据实验内容初步画出布光设计图，并了解实验布光的方法。
3. 严格遵守实验室各项规定，注意安全用电。
4. 认真做好实验记录，并按要求完成实验报告。

三、实验场地与器材

1. 实验场地：根据实验设计需求自选实验场地。

2. 实验主要设备：聚光灯、散光灯、回光灯、四联地排灯、灯架、调光台与调光器（硅箱）、摄像机、监视器、灯具专用电源线、摄像机和监视器的电源线、BNC 视频线等。

四、实验基础理论

本实验涉及的理论知识主要包括人工光线的造型原理；人物光线处理的形式；动态人物布光的方法；动态人物光线处理等。

重点：1. 动态人物光线处理。2. 动态人物光线处理的原则。

（一）动态人物布光的特点

人物处于运动状态，光线处理比静态时复杂。人物的运动是戏的反映，他的行动路线和运动过程与每一个支点的戏剧表现，都是灯光设计要处理的。动态人物的布光设计与静态人物的布光设计有许多不同，它具有以下几个特点：

(1) 每组或每个灯光的成分组合要有可塑性,灯光不仅要考虑点,还要考虑面。

(2) 灯光内封闭式的某个区域性照明转变为某个范围内的照明。

(3) 灯光设计要考虑到灯光与灯光、区域与区域的衔接。

(4) 由于被摄体或摄像机的运动,原为主光的光源可能变为逆光光源,逆光也可能变为主光。

(5) 在众多运动画面中,比较注重运动之前和运动结束之后处于基本静态状态下的人物布光,比如运动画面中的起幅和落幅是整个运动镜头中布光的重点。

(二) 动态人物光线的处理原则

动态人物的布光结果,不应当让观众感觉到被摄对象的外表特征(包括模样、身材、年龄、美丑、体态),或者在时间和环境条件上(一个镜头中是夜景,另一个是日景;从愉快到险恶的变化)有什么变化。

(1) 不管被摄人物和摄像机如何移动,照明的安排必须达到连贯的效果,从色调反差来寻求相同,从光线的方向上达到一致。

(2) 凡是动作迅速或活动范围较大的场面,拙劣的造型可能不会引起注意,但被摄人物一旦停顿下来,我们就应该运用静态人物布光的方法。

(三) 动态人物的布光方法

在对动态人物布光时,必须了解人物在环境中活动区域范围和重点瞬间,画面中有哪些光源可供使用,需要再现哪些光源。因此,进行动态人物布光时,首先必须掌握以下几个方面的内容:

(1) 人物活动的路线和范围。

(2) 摄像机使用的镜头与景别。

(3) 摄像机本身运动的方向和目的。

(4) 什么内容以及人物什么样的感情。

动态人物布光的处理思路是:人物的起点—运动过程—表演支点。场景图、机位图、演员的走位是获得这一信息的依据。按照这一思路,常见的动态人物的布光方法有两种:连续布光法与分区布光法。

(1) 连续布光法

连续布光是按照物体活动的路线、环境以及在每一相对位置的活动范围利用三点式布光法进行连续布光,使物体运动的方向发生变化时,主光、辅光和逆光的方向不变,保持同一光线造型效果。

(2) 分区布光法

分区布光是将物体活动划分为一系列的重点区和瞬时区,物体在重点区的时间比较长,需要有较好的布光效果;物体在瞬时区很快就通过了,只需适当的照明,其影调反差与重点区相吻合就可以了。

五、实验内容与步骤

(一) 实验的操作内容

在动态人物光线处理的理论知识指导下,自行设计场景的表演节目内容,按照动态人物布光方法,设计并完成一场动态人物表演节目的布光实验,布光方法可根据场景表演节目设计内容的实际需求,选用两种动态人物布光方法的任一种,即在连续布光法和分区布光法中任选一种。实验以小组形式进行,每组5~6人。

(二) 实验主要操作步骤提示

1. 动态人物布光实验的设计

根据动态人物布光的适用范围,设计与确定布光实验场景的表演节目内容,明确动态人物表演的场景布光需求,并选择布光方法。

(1) 布光场景实验的设计方法

① 设计场景表演节目内容

在动态人物光线处理的理论指导下设计场景表演节目内容,明确需要表现人物什么样的感情。例如,场景表演节目内容设计为两个边走边谈的人物表演,其场景布光需求是为行进中的人物表演布光。

② 选择场景表演环境

明确场景表演环境,了解表演环境有哪些光源可供使用。环境提供的光源越多,人物在活动中光线的变化就越多样,有利于表现人物的运动状态。设计表演内容时,要充分地利用环境中提供的光源,充分利用每个窗口提供的光线效果,尽可能在画面中多设计几个门窗光源。

③ 明确拍摄需求

明确了表演内容及环境后,下一步的工作就是要明确需要拍摄什么镜头,采用什么样的景别,以及拍摄方法,包括摄像机的运动方向和目的。

(2) 动态人物布光方法的选择

对设计的布光场景表演节目内容、环境及拍摄需求进行分析,确定实验的布光方法。如果人物的运动只是表现过程,镜头的图像也只是全景、小全景,很少表演人物搭戏的中近景图像,可以采用简单的连续布光方法;如果人物在运动过程中存在着一系列的表演支点,可以采用细腻的连续布光方法。如果对戏的的处理是淡化运动过程,突出表演支点,则采用分区布光方法。

(3) 动态人物用光场景设计参考案例

① 连续布光设计参考案例

如图4-1所示,两人首先处于静止状态,位于a点,然后从静止状态,也就是起幅开始横向走至b点停止。环境是一个一面有窗户的室内过道。摄像机从静止状态也就是起幅开始,跟随两个人物同时移动。镜头起幅布光首先以一面窗子来的光线作主光,移动车上的车载辅光和固定在窗子对面的辅光,作人物的补助光。运动过程中,轮廓光1、2、3始终来自窗子,辅光灯1、2、3组成了柔和的辅光。为保证人物自始至终的基本层次照明,移动车上的辅光也随人物同时运动。到达 b 点，也就是镜头落幅后，轮廓光 4、5 同时作人物的双边轮廓光，车载辅光与辅光 3 作人物的补充照明。在人物整个活动过程中，由于人物的转身、行走、角度、动作的变化，轮廓光有时变成主光，主光又变成轮廓光。

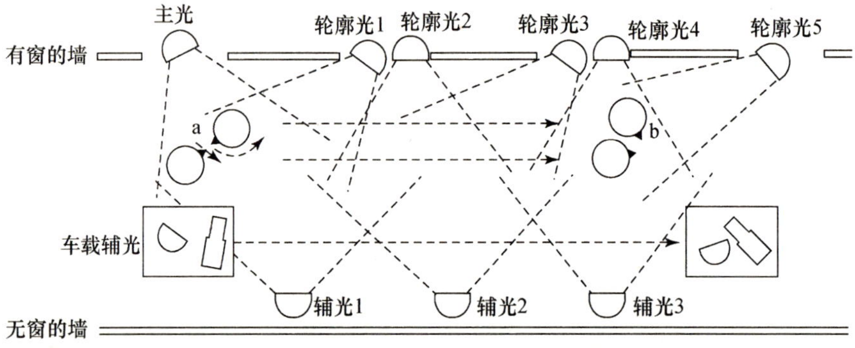

图 4-1　连续布光(1)

如图 4-2 所示，两人物作纵向运动，面临窗口布光时，远处的一个窗子在起幅静止画面时可作人物的轮廓光，在运动过程中、主光 1、2 作为人物的主光，辅光 1、2、3 采取"接力"形式作人物的辅光。当人物距离镜头越来越近时，辅光 4 在镜头旁边起接主光 2 和辅光 3 的作用，使光线由亮到暗的过渡平缓一些。

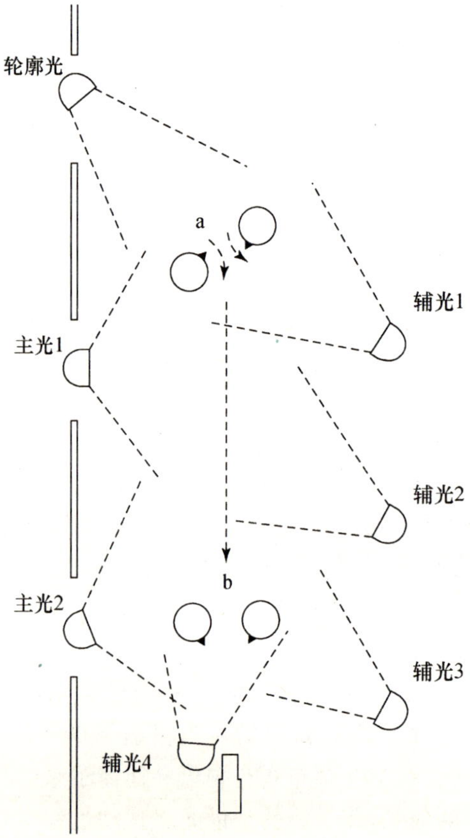

图 4-2　连续布光(2)

② 分区布光设计参考案例

如图 4-3 所示,采取的是分区布光的方法。起幅 a 点的人物用光采取了主光、辅光、轮廓光三点式的布光方法。镜头随着人物摇到 b 点时,使用双边轮廓光照明,人物的外部线条与起幅时有区别。介于起幅和落幅中间部位的辅光 2,有效地衔接了两组照明。

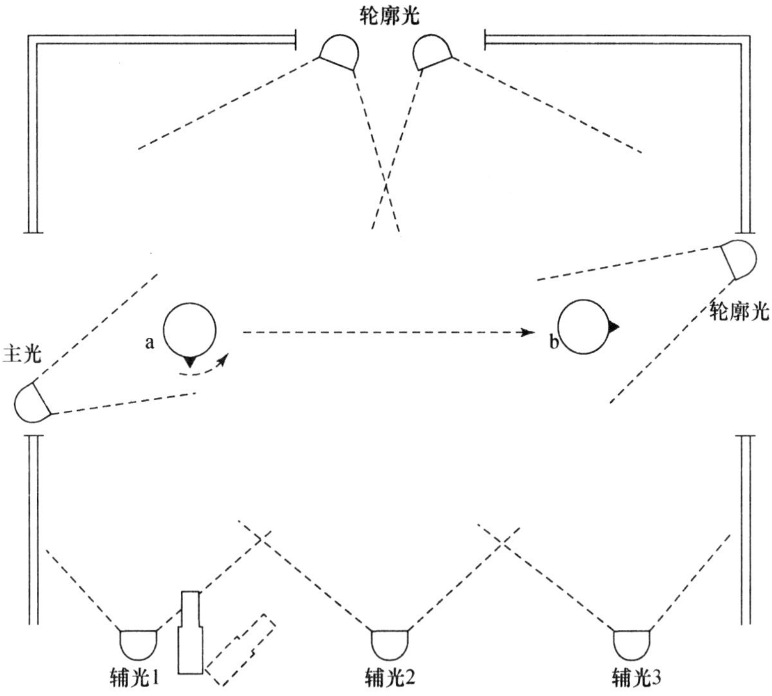

图 4-3　分区布光

2. 画布光设计图

布光设计图是根据节目的内容和场景的平面图,运用灯光符号绘制的节目照明灯光布设的平面图,平面图的内容包括灯光的性质、光线方向、灯的功率以及灯的位置。

小组选定实验节目内容后,根据动态人物布光的理论方法,选定节目的布光方法。然后根据实验设计选定的布光方法,参照教材相应的布光方法,确定各种灯的位置、光线投射方向、水平与垂直的照射角度、光源的强度、灯与人物的距离,并做好相关数据的记录,然后根据记录数据绘制节目的布光设计图,以作为实施布光时的依据。

绘制布光设计图时,考虑要全面、细致,绘制要清楚、正确。

3. 布光的实施

(1) 布光前的实验准备

实验准备工作包括以下几方面的工作:根据布光实验需求准备好所有照明设备、摄录设备及线材,并检查设备的好坏及用电安全。

(2) 系统接线及初步灯位的布设

系统接线及初步灯位的布设主要包括以下几方面的工作:

① 摄录系统线路连接。把摄录系统的线路连接好。

② 灯位的初步布设。根据实验设计绘制的布光设计图，选择灯具按布光设计图将各灯具摆好。

③ 根据布光实验照明灯具的数量，画出灯具电源线的连接图，并交实验指导老师检查确认后，按线路图把灯具的电源线连接好。

（3）布光的主要操作

布光的主要操作包括灯位的调整、照射范围的调整、亮度的调整以及影子的控制。首先根据布光设计图调整好灯的位置，然后调节灯的照射面积和强度，通过调整各只灯的相对亮度、角度和光线照射范围，得到较好的照明平衡与光影造型，以达到实验设计预期的要求。

① 灯位的调整

灯位的调整方法主要从以下几方面进行：

- 人物面对的方向和活动范围。
- 人物的外表（面部造型、服装）和要突出的重点（性格、表情）。
- 摄像机的视点方向（预计照明引起的影子，防止灯具摄入镜头，光线效果与画面的构图）。
- 光线最佳投射角度所受到的障碍。
- 灯光的功率和照射范围。
- 光线投射时对附近景物的影响。
- 人物光与环境光气氛的均衡、变化。

② 灯具照射范围的调整

照射范围的调整方法主要从以下几方面进行控制：

- 改变灯具的垂直照射角度。垂直照射角度越大，光线分布越小。
- 改变遮扉叶的角度。将光线限定在某一区域。
- 改变灯具到被摄物间的距离。距离越远，照射范围越大。
- 在灯具前面安装遮光板，挡住某一方向的光线。
- 调整聚光灯具的会聚与发散，使光束变小与变大。
- 调整光阑型灯具的光阑的大小，从而改变光束大小。

③ 光线亮度的调整

光线亮度的调整方法主要从以下几方面进行：

- 选用不同瓦数的灯泡。功率越大，亮度越大。
- 改变灯具到被摄物的距离。距离越远，亮度越小，照度与距离的平方成反比。如使用相同功率的光源作主光和辅光，假如辅光照度是主光的 1/3，辅光与被摄体的距离就应该是主光与被摄体之间距离的 1.73 倍。
- 在灯具前加网罩或柔光纸等，使光线照度减小。
- 调整聚光型灯具的会聚与发散，使亮度增减。
- 调整调光设备改变灯光亮度（注意色温）。
- 把光源直接照射，改变为间接照射，可使照度降低。

④ 影子的控制

要想控制影子进行光影造型，就要掌握光影的规律和消影的方法。光影具有下面几个规律：

- 灯光的方位与影子的方向相反。
- 灯光越强，影子越深。
- 灯光光位越侧，阴影越多，投影越斜。
- 灯光的高度越高，阴影越长，投影越短。
- 被摄物与背景的距离不变时，灯光距离被摄物越远，灯光在背景上的投影越实、越小。
- 当被摄物与灯光的距离不变时，背景距离被摄物越远，灯光在背景上的投影越虚、越大。

使用的灯光较多，画面上易出现多个影子，消影的方法有下面几种：

- 调整灯的方位、高度，变长影为短影，将多余影子移到暗处或画面外，合多影为一影。
- 调整被摄体到背景的距离，距离远时，投影不明显。
- 调节背景照明，加强背景照明，冲淡投影。
- 加柔光纸把硬光改为软光。
- 降低照度。

⑤ 灯光的调整方法

灯光的调整包括下面几种方法：

● 逐只灯进行调节：对灯光的调节，要一个光线方向一个光线方向地调节。在调节同一光线方向时，可将每只灯相继地开亮，逐只灯进行调节，以便使灯光逐步溶合，均匀一致。如果将所有的灯全部同时开亮，由于照射面积杂乱地相互重叠，并且由于毫无控制的眩光存在，易导致无法进行准确的调节。

● 站在演员的位置上进行调节：在调节人物光线时，把本人当做演员站在表演区，并背向光源，让另一个同学把调节好焦距的聚光灯投射到你的头上，然后观察自己投落在地上的影子，从而判断光线的照射范围和亮度。

● 用滤光片观察光源进行调节：在布光时，用一块深色滤光片观察光源，调节灯泡的位置使明亮的灯丝位于透镜的中心，然后将灯光投射到你的头上。但是，应该尽可能用观察影子而不是观察灯本身的方法来布光，否则，易损坏视力，而且强烈的视觉暂留现象还会影响目视判断的正确性，并且也无法准确地估计明暗度。

所有灯光调节完毕后，部分实验小组成员模拟实验设计节目内容中的演员活动，余下同学用摄像机拍摄，通过监视器观察其整个场景的总体效果，并根据存在的问题进行最后的调整，直到通过摄像机反映在电视屏幕上的画面效果满意为止。

(4) 拍摄记录布光效果

实验小组部分成员模拟实验设计节目内容在表演区活动，其他成员负责拍摄记录一段录像，作为布光实验作品提交。

(5) 实验结束

结束实验，按规范关闭电源并整理好实验设备。

六、实验注意事项

1. 布光时要明确布光目的，根据节目布光设计要求调整灯光，注意观察其是否烘托出画面气氛，是否和主题的要求一致。

2. 注意照明灯具的用电安全。为保证灯光的亮度稳定，避免电压引起的时亮时暗，须保证照明灯的电压稳定。若设备出现故障应迅速关机，并及时向实验指导老师报告。

3. 实验时必须严格遵守实验室规定，注意安全用电，打开电源总闸前，一定要实验指导老师检查线路连接，确认连接正确后方可操作。

七、实验讨论

1. 动态人物布光需要注意什么？

2. 讨论小组布光实验中，布光不好的原因是什么？

3. 讨论实验过程中所遇到的问题及解决方法。

八、实验报告

1. 实验名称、实验内容、实验目的、实验设备要填写正确，实验步骤要填写详细，字迹清楚，书写工整。

2. 认真做好实验记录，并进行分析与总结。

3. 分析和总结实验过程中所遇到的问题及解决方法。

实验五 外景光线处理

（验证性实验）

一、实验目的

在电视节目制作实践中，外景拍摄主要是在自然光条件下进行的，照明主要是太阳光的直接或间接照明。自然光是随着时间、季节、地理条件和天气的变化而变化，有着自身的变化规律。因此，了解自然光的特性，掌握自然光的处理对于影视节目制作布光是非常重要的。本实验主要是在外景自然光处理的理论学习基础上，通过几个特定条件下的自然光处理的拍摄实验操作，达到以下实验目的。

1. 了解直射光照明的三种形式及其特点。
2. 掌握直射光照明的光线处理与应用。
3. 了解散射光照明的特点。
4. 掌握散射光照明的光线处理与应用。

二、实验要求

1. 实验前认真阅读实验教材，熟悉实验内容。
2. 认真学习实验相关的理论知识，了解自然光的特性及其影响因素，熟悉自然光的三种形态的光线处理方法的矛盾。
3. 认真做好实验记录。
4. 按要求完成实验报告，并做好实验拍摄作品的分析总结。

三、实验场地与器材

1. 实验场地：校园内外景（外拍）、实验室（作品讨论）。
2. 实验主要设备：摄像机、录像机、三角架、监视器、反光板、新闻灯等。

四、实验基础理论

本实验涉及的理论知识主要包括自然光的特征及其影响因素；外景自然光照明的任务；外景光线的处理；特定条件下的自然光处理等理论知识。

重点：自然光的特征及外景光线处理

1. 自然光的形态及特征

(1) 自然光的三种形态

外景自然光的三种形态为直射阳光、散射天空光、环境反射光。

直射阳光：直接受太阳光照射，它是自然界最强的光线，能形成明显受光面、背影面，形成清晰阴影。

散射天空光：指太阳光被大气扩散，形成散射状态的天空光。

环境反射光：指太阳光被物体表面反射回空间，又照亮其他景物的光。

(2) 自然光的特征

自然光随着地理位置、季节、时间和天气条件的变化而变化，具有以下几个特征：

① 受地理位置变化影响。

② 受季节变化影响。

③ 受时间变化影响。

④ 受天气变化影响。

2. 外景光线处理的基本方法

外景拍摄是在自然光条件下进行的，阳光是拍摄照明的主要光源。根据阳光变化的规律进行选择拍摄时间、地点和方向，选择合适的光线照明条件，是主题表达、气氛再现、意境抒发的关键。外景光线处理是以选择自然光效为主、人工光为辅。因此，正确地选择自然光的各种光效，阳光的方向、照度和色温，是外景光线处理的基本方法，人工光的使用只能弥补自然光效的微小不足。

(1) 直射阳光的光线处理

直射阳光是指没有被云彩或空气介质遮挡，直接将光线投射到物体上的太阳光。具有较明显受光面、背光面和投影面，光线入射角明显，不同时段具有不同光线效果的特点。

根据拍摄时阳光对被摄体的投射角度，其光线处理方式包括：顺光照明处理、侧光照明处理及逆光照明处理。

(2) 散射阳光的光线处理

散射阳光是指被密度不均匀、存在于光源与地面之间的大量云、雾、尘土等介质散射后投射到地面上的太阳光。它具有光线柔软，照明均匀；亮暗反差较小，影调接近；光线无明显的投射方向；色温偏高，色调偏冷；物体受光面与背影面界限不分明；面上照明与点上照明区别较小等特点。

散射阳光照明发生在晨曦和黄昏、阴天或薄云天、雨雪天和雾天，以及晴天大面积遮挡的场景，包括直射阳光照明下的背阴处等。针对各种不同情况的散射阳光照明，散射光线处理方式包括：日出、日落光线处理；阴天与薄云散射光线处理；雨雪天散射阳光；雾天散射阳光；晴天背阴处散射阳光；夜景的光处理等。通过对光线进行分析，找出特征，再结合其光线特征进行处理。

3. 外景拍摄常用设备——反光板

反光板属于处理人工光线的一种专门器材，在外景中经常被使用，如图 5-1 所示。反光板的类型一般分为柔和反光式反光板和单向反射式反光板。柔和反光式反光板的光源性质属于散射光，照明效果平淡柔和，无明显光线投影，物体表面层次再现细腻，光线散射照明的面积较大。经过单向反射式反光板反射的光线属于硬质光，由于使用的反光材料不同，使它对接收来的光线大部分能反射出去，如同平静的湖面产生的单向反射光一样，这种反光板照明投射距离远，被照明的物体表面有明显的投影。

图 5-1　反光板

五、实验内容与步骤

（一）实验的操作内容

在校园内，利用摄像机，在自然光照明理论的指导下，分别利用不同的自然光照明效果，自选拍摄主题，拍摄相应电视画面镜头，然后回实验室，播放拍摄画面，结合拍摄记录的用光条件，分析拍摄画面的光造型效果，是否与理论相符。

（1）直射阳光照明的光线处理的画面的拍摄

① 顺光照明的画面的拍摄。

② 斜侧光照明的画面的拍摄。

③ 逆光照明的画面的拍摄。

（2）散射阳光照明的光线处理的画面的拍摄

① 日出或日落光线处理的画面的拍摄。

② 晴天背阴处散射阳光的画面的拍摄。

（3）反光板的使用

① 应用反光板进行缓和反差，显现暗部层次的画面的拍摄。

② 应用反光板进行“移光”效果的画面的拍摄。

（二）实验的主要操作步骤

1. 外景光线处理的画面的拍摄

在校园内，利用摄像机、三角架，以及辅光用反光板或锂离子电池新闻摄影灯，自定拍摄主体，完成以下自然光照明条件下外景画面的拍摄。

（1）直射阳光照明的光线处理的画面的拍摄

① 顺光照明的画面的拍摄

● 顺光照明的认识

光源在被摄体前方，镜头的后方，镜头同光源照射方向基本一致，在镜头与被摄体这条摄轴线左右 15 度之内的照明，统称为顺光照明。

当太阳位于摄像机后方时，画面处在顺光照明中。如图 5-2 为顺光照明效果的画面，景物得到普遍的均匀的照明，有足够的亮度，不使用人工光就可以拍摄。但是画面影调构成中缺乏暗调子，色彩平淡，空间感不强；地面、建筑物、远山、天空等常常处在明亮之中。

图 5-2　顺光照明效果的画面

● 顺光照明的画面的拍摄操作

选择晴天，自选拍摄主题，采用顺光照明进行画面拍摄。拍摄时注意要确保阳光在被摄体的前方，并且阳光的水平照射角度为镜头与被摄体这条摄轴线左右 15 度角之内。

画面的拍摄要求：

一是，选择不同的环境，拍摄一组直接采用顺光照明的画面。

二是，拍摄一组对顺光照明进行光线处理后的画面。

顺光照明光线处理的方法：

一是，适当改变顺光照明的原有影调配置状态，变远近景物接近亮度为有深浅、有浓度的影调配置，形成人为的前景深色调。

二是，利用大自然各种不同景物的反光特性，选择与被摄体亮度、色彩有区别的景物作背景，人为拉开影调的亮暗对比。

三是，选择不同时间的自然光顺光照明的拍摄。顺光照明的光线入射角越小时，顺光照明效果越明显，光调越柔和细腻。

② 斜侧光照明的画面的拍摄

● 斜侧光照明的认识

斜侧光照明与顺光照明不同，斜侧光照明的光源与镜头构成一定的投射角度，常在被摄体左前侧或右前侧大约 45 度左右的方向投射出光线。如图 5-3 为斜侧光照明效果的画面，画面中富有表现力的阴影部分保留在被摄体的表面，构成了受光面、阴影面和投影，被摄体的立体感和质感得到了明确的较好的表达，能强调起伏变化的线条，弥补了顺光照明的一些不足。

图 5-3 斜侧光照明效果的画面

如图 5-4 所示，斜侧光照明能够较夸张地突出或强调物体的表面质感，通过合适的角度能把生活中不太引人注意的某个物体表面状态展露出来，并把变化各异的表面结构质感、纹路特征强化出来，如砖石、浮雕、木纹等。

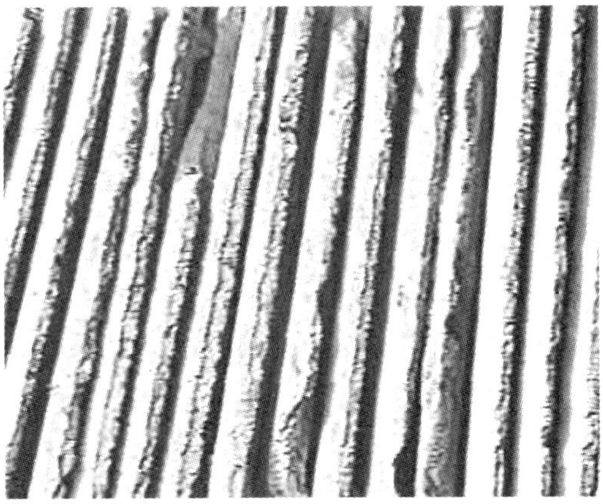

图 5-4 斜侧光照明展露物体表面效果的画面

- 斜侧光照明画面的拍摄操作

选择晴天，自选拍摄角度，在校园内采用斜侧光照明进行画面拍摄。拍摄时注意要确保阳光照射光线同镜头构成一定的投射角度。

画面的拍摄要求：

一是，选择不同的环境，拍摄一组直接采用斜侧光照明的画面。

二是，拍摄一组对斜侧光照明进行光线处理后的画面。

斜侧光照明光线处理的方法：

一是，如果被摄体亮暗间距太大，适当加辅光照明。

二是，应用斜侧光照明展示物体表面质感时，要注意控制好斜侧光线的投射角度，其角度合适与否，直接影响到质感的突出程度，以及控制着受光面与阴影面的大小比例。

三是，需要充分考虑场景的复杂性、场面调度的实际情况、主体运动的范围，使这些具体因素同照明的造型吻合起来，如主体在运动或镜头跟随主体运动时，要考虑到斜侧光的造型特点，注意起幅、落幅画面的光线效果。

四是，人物摄像时，当人物面对镜头时，要防止出现“阴阳脸”。

③ 逆光照明画面的拍摄

● 逆光照明的认识

逆光照明光源在被摄体的后方、镜头的前方时的照明。按照逆光照明的时间或拍摄的角度不同，分为正逆光、侧逆光和高逆光。

正逆光是指光源置于被摄体的正后方，有时光源、被摄体和镜头几乎在一条直线上。

侧逆光是指光源置于被摄体的侧后方，同摄轴线构成一定角度，拍摄时，光源一般不出现在画面中。

高逆光是指光源在被摄体的后上方或侧后上方，一般在被摄体边缘构成比较宽的轮廓光条。

逆光照明的特点是能使主体和背景分离，从而主体得到突出。在环境造型中可以加大空气透视效果，使空间感加强。在远景和全景拍摄中，是表现气氛、气势、地势、地貌的理想光源。逆光照明最大的长处是体现和强调空间感和透视感，强调远近景物的层次关系，表现现场与环境浓郁气氛，体现空间环境的气势、地势、规模和数量，如图 5-5 所示。

图 5-5　应用逆光照明表现地势与层次关系的画面

同时，逆光照明能有效地突出景物的某一部分，如图 5-6 所示。逆光照明能有效地简化环境、净化背景，如图 5-7 所示。

图 5-6　应用逆光照明突出被摄物体的画面

图 5-7 应用逆光照明简化环境、净化背景的画面

● 逆光照明画面的拍摄操作

选择晴天，自选拍摄主题，在校园内采用逆光照明进行画面拍摄。拍摄时注意要确保阳光在被摄体后方照射，并选择适当的拍摄角度。

画面的拍摄要求：

一是，选择不同的环境，拍摄一组直接采用逆光照明的画面。

二是，拍摄一组对逆光照明进行光线处理后的画面。

逆光照明光线处理的方法：

一是，逆光拍摄，容易出现“光晕”现象。通常可以加上避光罩或用帽檐等物体的投影将射入镜头的光线遮挡，再进行拍摄。另外，有时稍微移动一下位置或方向，将逆光变成侧逆光，也可以避免产生“光晕”。

二是，逆光拍摄尽可能选用深色背景。轮廓“亮线”最能表现逆光造型的情趣，而只有以深暗的景物为背景，被摄物的轮廓“亮线”才能显现得明亮醒目。

三是，逆光拍摄时要注意光圈控制，曝光必须充分但不能过度。一般应以阴暗部分的亮度为基准进行曝光，若拍摄剪影照片，要以亮度为基准，使主体曝光严重不足。

四是，在选用侧逆光照明时，应注意对其阴影部分加用辅光照明，以使暗部的影调层次和质感得到应有的表现。

(2) 散射阳光照明光线处理的画面的拍摄

① 日出或日落光线处理的画面的拍摄

● 日出或日落光线的认识

如图 5-8 所示，日出或日落这段时间的光线特点是天空还很亮，太阳欲升时的光辉和太阳刚落时的余晖，装饰性地把天边照亮，地面景物接受了大气层中的云霞和天空的微弱反射光，散射光照明还保留了部分层次，这时光线色温较低，而且不稳定，大约在 1850 K 至 2400 K 左右，天空色温的变化很有特点，靠近朝阳或夕阳的地方橙红色调很浓，离太阳位置越远，橙红色调就越淡，这样，由色温变化造成的由浓到淡，由深到浅的过渡层次。

图 5-8 日出或日落的照明画面

对于拍摄人物，这段时间较为理想是拍摄剪影、半剪影的效果画面，如图 5-9 所示。但是，如果拍摄人物近景或表现人物的神情及细部层次，就需要一定量的人工光源照明，弥补由于照度不足而出现的偏色和过浓的橙红色调。同时这段时间在体现主题、抒发感情、表达意境方面具有独特的效果。

图 5-9 日出或日落照明的剪影效果画面

- 日出或日落画面的拍摄操作

自选拍摄主题，选择日出或者日落时进行画面拍摄。

画面的拍摄要求：

一是，拍摄一组直接采用日出或日落时自然光照明的画面。

二是，拍摄一组对日出或日落时照明光线进行处理后的画面。

日出、日落时光线处理的方法：

一是，掌握好光线的特征。日出或日落时，日光的光位移动快，光线的亮度变化大。要选择好拍摄时间，充分地利用日出、日落前自然景象。

二是，选择好拍摄方向。可采用逆光或侧逆光拍摄。有时可利用仰角度，表现彩霞满天，使画面大面积呈现明快、活泼色调，给观众以抒情的色彩和诗一般的意境；有时可以直接以太阳为拍摄对象，加以地面景物的陪衬，展现大自然壮观景象。

三是，日出或日落时是拍摄剪影的好时段。控制好画面中影调的对比，选择地面上有特点的物体或景物的轮廓线条，衬托在亮的天空中，形成剪影、半剪影效果，主体比较突出，影调对比强烈，容易造成气氛。或者选择典型物体作前景，对着太阳拍摄，物体的剪影与太阳、霞光的背景相映衬，产生富有诗意的造型效果。

四是，选择好光的投射方向，有效地利用投影。在早晚的光线照明下，地面上物体的投影较长，可根据表现内容的需要让影子参加构图，造成时间的概念，增加浓郁的时间气氛。

五是，选择好前景。日出或日落时景物透视感比较强，远淡近浓，远浅近深，选择深色调的前景，有助于加强空气透视效果，表达浓郁的气氛。

② 阴天照明的光线处理的画面的拍摄

● 阴天照明光线的认识

阴天是外景散射阳光的最典型的“代表”，其太阳光线被雾遮挡，光线主要是散射光，光线柔和，照明均匀，景物的明暗反差小，影调接近，光线无明显的投射方向，色温偏高，蓝色调占明显优势。阴天光线有极细微的亮暗过度层次。阴天物体表面的光线的入射角不明显，但不会失去光线的方向性，大部分物体接受的光线照明主要来自于天空的散射光，光线入射角较大。如图 5-10 为阴天照明的效果画面。

图 5-10　阴天照明的效果画面

● 阴天照明的拍摄操作

自选拍摄主题，选择阴天天气进行画面拍摄。

画面的拍摄要求：

一是，选择不同的环境，拍摄一组阴天照明的画面。

二是，拍摄一组对阴天照明进行光线处理后的画面。

阴天照明光线处理的方法：

一是，人为改变场景内原有光线布局所形成的光调配置，使之更适合于画面造型。画面造型包括立体感、质感和空间感的表现。

二是，把观众的视线引导到镜头中的主要对象上来。特别是人物拍摄，要避开亮的天空，不要以亮的物体作为画面的背景，尽量让人物或人脸在画面保持最高亮度。另外，也可以通过摄像机镜头的光通量控制。

三是，有目的地形成画面局部或面上的色调对比，吸引观众的视线，表达一定的感情、气氛。

四是，适当应用人工光进行拍摄，把阴天作为天然的“底子光”照明，综合运用人工光塑造出各种各样的光线照明效果。但要注意两者光线的色温平衡，同时，不能留下过多的人为用光痕迹。

（3）反光板的使用操作

① 应用反光板进行缓和反差，显现暗部层次的画面拍摄

● 应用反光板进行改善拍摄物体画面反差的拍摄条件认识

由于受摄像机的技术性能所限定的，外景自然光照明或内景人工光线照明，物体受光部位同其暗部两者光比过大，当明暗反板超过大于 3∶1 时，除创作中的特殊需求之外，必须对被摄物体暗部进行补光。其补光的方式可采用照明灯具或反光板。

应用反光板进行补光的优势是不需要电源和沉重的灯光设备。同时由于应用反光板反射的光线与现场光的光色吻合，不会产生偏色现象。

如在直射光照明的逆光、侧逆光情况下，人物或物体被照明的轮廓、线条较亮，而脸部及物体没有被照明的部分较暗，两者反差很大，远远超出摄像机记录能力的范围，如图 5-11 所示。在这种情况下，反光板能发挥很好的作用，它能按照照明者的创作意图、想法要求进行调节，把人物或物体的明暗反差控制在摄像机记录能力允许的范围之内。反光板还可用于侧光照明时景物暗部的补光和顶光照明时景物的阴影部分的补光。凡使用反光板给予场景或物体暗部以适当的辅光照明的画面，明暗反差适中，亮暗过渡层次丰富细腻，立体感和质感能得到较好的体现。

图 5-11　逆光照明，画面明暗反差过大的画面

● 应用反光板进行缓和反差，显现暗部层次画面的拍摄案例

如图 5-12 所示，采用逆光拍摄人物正面过暗，与背景照明反差过大，无法展示人物脸部的细节，通过应用反光板对脸部进行辅助照明后，其效果如图 5-13 所示，明显缓和了被摄人物正面与背景的反差。

图 5-12 人物逆光拍摄的画面

图 5-13 人物逆光拍摄加反光板后的效果画面

● 应用反光板进行缓和反差，显现暗部层次画面的拍摄操作

画面的拍摄要求：

在校园内，选择适当的环境，对人物采用逆光或侧逆光拍摄，应用反光板进行辅助照明被摄人物的脸部，改善人物脸部照明与背景的反差。

画面的拍摄方法：

把反光板对着光源方向，然后调节反光板形成的反射光线的照射方向，并使其照在被摄人物的脸部。

② 应用反光板进行“移光”效果的画面拍摄

● 应用反光板进行“移光”效果的画面的拍摄条件认识

“移光”也叫“借光”，在拍摄现场光线不足、照明不平衡、照明条件又不允许加任何灯光的情况下，可使用反光板把光线“移”到拍摄处，提高或弥补拍摄处原有光线的照明不足。有时在飞机、汽车、轮船、火车上等照明条件不好的地方拍摄，可发挥反光板的优势，把有直射光照明处的光线和虽为散射光照明但较拍摄处光线充足的光线“移”和“借”到所需处，作为被摄体和环境的主要光源。有时条件允许，可使用大块或多块反光板。

● 应用反光板进行“移光”效果的画面拍摄案例

如图 5-14 所示，在晴天直射阳光照明下的背阴处人物的拍摄，人物的照明光源主要是周围环境的散射阳光，亮暗反差小，影调接近。

图 5-14　晴天直射光照明下的背阴处人物的拍摄

如图 5-15 所示，拍摄时通过应用反光板把有直射阳光照明处的光线“借”到被摄人物处，作为被射人物的主要光源，原来的散射阳光作为辅光源，可以明显地改善被摄人物的光造型效果。其应用反光板后的画面拍摄效果如图 5-16 所示。

图 5-15　应用反光板“移光”的方法

图 5-16　应用反光板“移光”后的拍摄效果

● 应用反光板进行"移光"效果的画面拍摄操作

画面的拍摄要求：

在校园内，选择直射阳光照明下的背阴处，对人物进行拍摄，应用反光板把直射阳光"借"到被摄人物上，作为其照明主要光源。

晴天背阴处散射光线处理的方法：

一是，分析光线投射角度、周围色温变化等。

二是，分析周围环境。周围环境反射光能力、反射距离等因素，都决定光线强弱。

三是，注意色温校正。受环境、反射物体影响，背阴处色温普遍偏高。

画面的拍摄方法：

首先在现场要确定或寻找出散射光线的大致投射方向，确定基本的用光位置与角度，在直射阳光照明下，采用柔和式反光板对着阳光，使反射光为散射光，然后调节反光板的反射光线的照射方向，使其照在被摄人物处。

如果使用多块反光板，须注意反光板要从一个"光源点"上反射，防止在被摄体或其所处环境内出现过多虚假投影，同时也应注意光线投射高度以及光线来源的真实性。其次是要注意同一镜头内不要出现两种反差较大的光线照明的景物。

③ 反光板使用的注意事项

反光板具有良好的照明效果，但在使用时也必须注意以下几个方面：

一是，反光板反射光线不宜太强太亮。反光板与主光光比处理不当，差距太小，易造成人工用光痕迹明显，效果失真。

二是，反光板的位置要选择准确。反光板作辅光的基本原则是：反射光不能在被摄体表面产生投影，不能让观众观看画面时感觉有第二主光的印象，不能同主光形成夹光效果。反光板的位置如果选择不正确，易产生投影或夹光效果。

三是，反光板的角度过低。反光板的角度偏低，易出现程度不同的脚光效果，使被摄体的描绘与塑造受到影响。

四是，不能出现区域性照明。区域性照明是指被照明物体在一个区域内或随镜头运动的几个主要区域内，反光板辅助照明效果较好，而走出那个区域后，反光板辅助照明即刻消失。如果产生区域性照明，易造成光线效果虚假，人工用光痕迹明显。

2. 拍摄实验的记录

参照表 5-1 外景光线处理拍摄画面的实验记录表，按镜头的拍摄顺序，认真做好拍摄实验记录。记录的主要内容包括以下几个方面。

(1) 拍摄时间：记录每一个镜头画面的拍摄时间，用于帮助实验分析时了解拍摄时间段自然光线的特征。

(2) 自然光形态：描述镜头画面拍摄时，所采用自然光的形态及其特征。

(3) 光线处理方式：描述镜头画面拍摄时，对被摄体照明光线处理的方式。

(4) 简明光位图：用布光设计符号，简要画出镜头拍摄时的光位图。

(5) 画面光照效果分析：实验讨论分析时用，通过观看拍摄作品录像，对每一个镜头画面的光照效果进行评价分析。

表 5-1 外景光线处理拍摄画面的实验记录表

序号	拍摄时间	自然光形态	画面内容	光线处理方式	简明光位图
1					
	画面光照效果分析				
1					
	画面光照效果分析				

3. 观看作品，讨论分析拍摄结果

在实验室，利用录像机和电视机，播放实验所拍摄的镜头画面作品，小组通过观看作品的图像画面以及实验拍摄记录表进行讨论分析，并记录好每一项讨论结果，把其写入实验报告。分析讨论的主要内容包括以下几个方面。

(1) 分析讨论每一个镜头的光照效果，并作出总结，填写实验记录表。

(2) 根据每一个镜头画面的拍摄时间、用光及光线处理方式，分析讨论该时段自然光的形态特征，及其光线的处理方法。

(3) 分析讨论采用顺光照明拍摄的镜头画面，总结出其照明特点，是否与理论相符。

(4) 分析讨论采用斜侧光照明拍摄的镜头画面，总结出其照明特点，是否与理论相符。

(5) 分析讨论采用逆光照明拍摄的镜头画面，总结出其照明特点，是否与理论相符。

(6) 分析讨论采用散射光照明拍摄的镜头画面，总结出其照明特点，是否与理论相符。

(7) 分析讨论外景拍摄时，如何更好地用好人工辅助光。

六、实验注意事项

1. 实验拍摄前，首先要选择好摄像机的滤色片以及进行白平衡调整，而且每次改变照明光线，都需要重新调整白平衡。

2. 外拍时，注意实验设备的使用安全，保管好实验设备。

七、实验讨论

1. 采用顺光照明拍摄时，如何根据画面的创作需求进行拍摄时间的选择？

2. 采用斜侧光照明拍摄时，光线处理需要注意什么？

3. 采用逆光照明拍摄时，怎样处理画面的亮暗的光比？

4. 晴天背阴处散射光的画面拍摄时，如何进行色温校正？

八、实验报告

1. 实验名称、实验内容、实验目的、实验设备要填写正确，实验步骤要填写详细，字迹清楚，书写工整。

2. 认真填写实验分析结果，并作实验总结。

3. 分析和总结实验过程中所遇到的问题及解决方法。

实验六　演播室照明布光

（设计性实验）

一、实验目的

演播室是电视节目制作的重要地方，人们越来越重视演播室照明，它的用光复杂，需求高，需要我们掌握和了解演播室照明的方式和特点。本实验主要在实验指导老师的指导下，参观演播室及了解演播室照明设备及其基本使用方法，并应用固定场景布光方法的理论，在演播室完成自定节目内容的固定场景布光实验操作，达到以下实验目的。

1. 掌握演播室照明设备的基本操作方法。
2. 掌握演播室的照明设计方法。
3. 掌握固定场景动态人物布光的基本方法。
4. 掌握演播室布光的基本操作程序和方法。

二、实验要求

1. 实验前认真阅读实验教材，熟悉实验内容，认真学习实验相关的理论知识。
2. 实验前，根据实验内容初步画出布光设计图，并了解实验布光的方法。
3. 严格遵守实验室各项规定，注意安全用电。
4. 认真做好实验记录，并按要求完成实验报告。

三、实验场地与器材

1. 实验场地：演播室。
2. 实验主要设备：演播室灯光系统、摄像机、监视器、摄像机和监视器的电源线、BNC视频线等。

四、实验基础理论

本实验涉及的理论知识主要包括人工光线的造型原理；人物光线的处理形式；动态人物光线的处理；演播室照明系统的构成及其照明设计等。

重点：1. 演播室灯光系统的构成。2. 演播室照明的设计。

（一）演播室照明系统的构成

演播室照明系统一般由三大部分组成：吊挂系统、演播室灯具、调光控制系统。

（1）吊挂系统，由电机和吊杆组成，电机控制吊杆的升降，吊杆上可悬挂各种灯具。

（2）演播室照明灯具，包括普通灯具和效果灯具（常称为电脑灯）。

（3）调光控制系统，由调光台与调光立柜组成，通过调光台控制立柜内的可控硅的导通。

（二）演播室照明的设计

1．基本照度设计的要求

演播室照明的照度设计主要是结合演播室所采用的摄像机技术要求来设计，目前电视演播室内的摄像机对照度的要求已降低，仅需600～1500勒克斯，就可以保证摄像机对场景内物像记录的基本效果。使演播室保持最佳的照度的照明方法，通常有以下三种。

（1）使用散光型灯具自上而下照明整个场景，形成柔和均匀的底子光。

（2）使用高亮度的硬质光灯具，在灯前加用磨砂玻璃、柔光纸或金属网纱。

（3）集中一批灯具置于场景上方，将灯光投射在大块磨砂玻璃、塑料或多向反射的百叶窗上，造成一种柔和的“天窗”效果。

2．演播室照明的光色再现

演播室照明的光色处理比较复杂，摄像机对光源的色温变化十分敏感，其变化会直接影响画面的色彩构成。为确保演播室照明的光色再现，需做好以下三个方面的工作。

（1）确保演播室内光源色温与摄像机需求色温一致，达到色温平衡。演播室内光源的色温需与摄像机需要的色温一致，当两者不一致时，可采取用灯光滤色纸提高或降低光源的色温，或者靠摄像机自身的滤色片以及白平衡调整，实现色温的平衡。

（2）确保演播室布景时形成一种和谐的色彩基调。演播室大多数的节目制作，需要形成一种色彩上的总的构成趋势，也就是需要形成色彩基调。最好做到色彩和谐、简单、统一，使演播室的色彩基础同整个节目的内容融为一体，观众视觉心理和感受正常，画面视觉语言具有可读性，便于观众理解和接受。

（3）合理用好演播室的色光混合。在灯光前加上各种各样的色片，造成一种静态的或动态的五彩缤纷的色光效果，可有效地增加现场气氛。色光的丰富变化能有效地引起观众的视觉兴奋，形成一种光色变化的节奏。但在布光设计时，要考虑观众的视觉承受能力，时间不宜太长和变化不宜过于复杂，争取在现场的主要区域内始终保留一种主色调，一切复杂的光色变化都建立在这种色调基础上。

3．演播室的照明程序

演播室照明程序因制作条件、制作时间、节目内容、照明设计人员、环境的不同而不尽相同，各有特点。但一般的照明工作程序主要包括照明构思与设计、现场布光、节目彩排、照明修正、节目正式摄制等工作，如图6-1所示。

（1）照明构思与设计

演播室节目照明工作第一步就是通过阅读节目稿本内容或了解导演的创作意图，领会节目的主题内容和意图，把握节目照明的创作风格，初步对照明进行构思与设计。节目的初

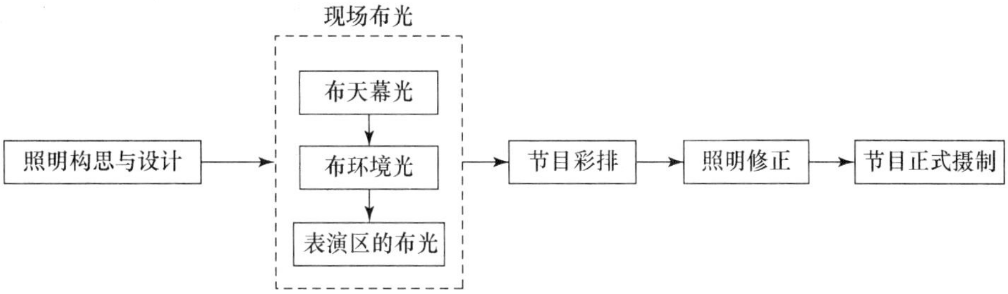

图 6-1　演播室一般的照明工作程序

步照明设计是在同导演、美工及有关创作人员反复的讨论、协商、论证中逐步明确和清晰起来的。了解场景内美工设计的整体思路和对场景造型形式以及光、形、色的要求，也是照明设计的依据。

(2) 现场布光

演播室内实施现场布光，是照明创作的第二步。先阐述照明设计构思，与节目制作相关人员进行勾通，以获取照明设计的初步修改意见或补充，并对照明设计进行修正。然后根据照明设计图说明各灯具的位置、作用、色彩和线路的配置，灯光人员明确设计意图后，就分别实施布光。

实施现场布光一般采取由面到点、从远到近的布光顺序。

首先是天幕光的照明。演播室布光通常都是从天幕光开始。天幕光常用散光灯从正面进行均匀照明，其亮度应该是整个场景综合亮度的最高部分，这种亮度分布是模拟自然光的照明效果。天幕光要符合人们的视觉印象及习惯，同时也符合场景视觉透视的要求。

其次是布环境光。环境光通常指场景四周及人物活动区域以外的背景光照明。环境光可准确交代环境的具体特征，表现各种时间状态、即晨、夕、夜、昼等。

最后是表演区的布光。表演区的布光是演播室布光的重点。同是一个表演区，依据节目内容与形式的不同，布光也有很大的不同。

(3) 节目彩排

节目彩排是正式演出前按导演的意思和要求进行的实地走位，寻找演员的最佳动作和确定良好的配合等。节目彩排过程也是演播室照明设计的检验过程，照明人员可以通过监视器了解现场灯光效果是否符合设计要求，对不符合要求的部分记录下来，以便彩排后进行修正。

(4) 照明修正

照明修正是根据节目彩排时发现的照明设计存在的问题，对演播室的照明进行调整，包括调整灯具的投射方向、改动灯位，以及临时增加其他的照明器材等。只有通过布光—调整—修正这样三步的布光过程，才能使电视节目的照明效果达到预想的效果。

(5) 节目正式摄制

电视节目的正式摄制，也是照明工作的关键工序。在正式摄制节目时，照明设计者在灯光控制室提示灯光工作人员进行照明变化，其他工作人员则按照分工进行跟光操作和管理地面流动灯，同时注意现场照明设备是否正常，并考虑好在异常出现情况时采取的相应补救措施，以及防火安全工作等。

五、实验内容与步骤

（一）实验的操作内容

1. 认识了解演播照明设备及其基本操作方法

参观电视演播室，认识了解演播室照明设备的名称、作用及其基本使用方法。

2. 演播室布光实验

实验以小组形式进行，每组5～6人，在动态人物光线处理的理论知识指导下，参照固定场景动态人物布光的方法，自拟节目主题，以演播室舞台为固定表演区，设计并完成一场以固定场景动态人物表演的节目布光实验。布光方法主要参照固定场景动态人物布光常用三种布光方法的其中一种进行设计，并可根据实验设计节目内容实际需求，增加恰当的人物造型照明灯具。动态人物布光常用三种布光方式即全面的底子光加逆光组合方法、平调照明加逆光组合方法和斜侧光立体照明方法。

（二）实验操作步骤提示

1. 参观演播

在实验指导老师的指导下，参观演播室，了解演播室灯光系统，如图6-2所示，了解其构成以及认识了解演播室照明设备的名称、作用及其基本使用方法。

(1) 认识了解演播室系统的构成。

(2) 认识了解演播室各系统及其基本操作方法，包括灯光吊挂装置、调光控制系统，信号控制系统。

图6-2　演播室灯光系统

① 对演播室灯光吊挂装置的认识

灯具吊装设备是电视演播室灯光系统的重要组成部分。其棚顶一般采用金属框架结构，以便悬吊灯具。灯具的悬吊有两种形式。

● 固定式悬挂装置

固定式悬挂装置包括网格架式灯架、水平吊杆、组合吊杆等。一般采用“满天星”式布置灯位。使用时哪里需要灯，就开哪个位置的灯具。

采用固定式悬挂装置悬吊的灯具，在演播室安装后，灯具只能实现上下移动，而其水平方向的调整必须通过人工在吊装设备允许的范围内进行。照明布光时按具体情况控制任一盏灯的开与关，不必移动灯的位置，如图 6-3 所示。这种灯架装置布光速度快，但装灯数量多，有些灯的利用率较低。

图 6-3　固定式悬挂装置

● 移动式悬挂装置

移动式悬挂装置是在它上面设置一定数量的滑动支架，灯具可沿滑动支架移动，悬吊杆又可以升降，所以，灯具的方位和高度在一定范围内可以调整，如图 6-4 所示。这种灯架用灯数量较少，移动灵活，适合各种复杂节目制作，但成本较高、维修量较大。

图 6-4　移动式悬挂装置

● 悬挂装置的操作方法

安装在演播室悬挂装置上的照明灯具，在节目制作布光时要按照明设计进行调整，其调整方式有两种：人工手动调整和电动装置机械调整。

人工手动调整的方法是靠人工架梯子爬上、爬下对灯具进行调整，包括位置移动、灯具的升降等操作。

电动装置机械调整方法是悬挂装置已安装电动控制设备，灯具的调整可以通过其控制按钮来操作，如图 6-5 为灯具升降的操纵盘。

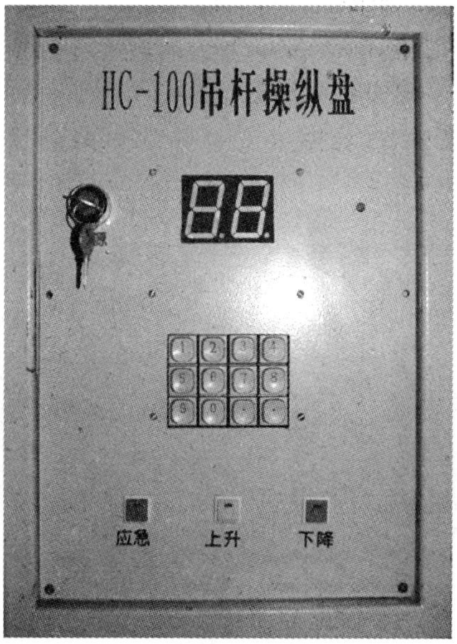

图 6-5　灯具升降的操纵盘

② 了解演播室常用照明灯具及其照明特点

演播室照明灯具以聚光型灯具为主，泛光型灯具为铺。

● 聚光型灯具

聚光型灯具包括聚光灯、回光灯、追光灯等。这类灯具发光强度大，亮度高，能形成物体表面明显的阴影，在演播室照明中担任“主角”，常作人物或场景的主光、轮廓光使用。

这类灯具属硬光型灯具，其特点体现在以下几方面：

一是，光线投射距离较远，具有日光的某些特点。

二是，可以作“面上”照明，交代人物或场面数量、规模。也可以作“点上”照明，体现照明的重点，突出强调场景或人物的局部。

三是，光线色温正常，物体表面色彩纯正，能获得良好的画面色彩效果。

四是，在灯前加柔光纸或磨砂玻璃后可当做散射光灯使用，能一灯多用。

● 泛光型灯具

泛光型灯具包括散光灯、天幕灯、地排灯等。这种灯具属软光型灯具，光线细腻柔和，正好与聚光型灯具形成互为补充的关系，组成了起码的物体表面造型结构。

泛光灯灯具在照明中有以下几个特点：

一是，减弱主光给予物体表面造成的暗部压力，在不影响主光造型的基础上，再现暗部应有的层次与质感。

二是，使场景或物体表面有渐变型过渡层次，能协调亮暗关系，控制亮暗反差。

三是，使现场照明的光比更适合于电视技术与艺术的要求，最大限度地发挥摄像机的色彩再现和宽容度的有效容纳能力。

四是，保证现场最暗部分的最低亮度层次，达到摄像机对亮度的起码要求。

五是，泛光灯的光源性质是散射光，在进行描绘和造型的过程中，不会留下过于明显的投影。

● 演播室灯具的操作方法

演播室灯具的调整包括灯光的方向和遮扉叶开合角度的控制，其控制方法主要有以下两种方式：

一是，利用电器设备进行自动控制，即通过灯光控制台上的按钮控制灯具上的马达调节灯具照明方向和遮扉开合角度。

二是，利用手动控制，通过一个长杆，直接用手调节灯具投射方向和遮扉叶开合角度。

③ 认识演播室的灯光控制系统

在实验老师的指导下，认识演播室的灯光控制系统及其基本操作方法。演播室调光控制是分为模拟灯光控制系统和数字灯光控制系统，模拟灯光控制系统为早期的演播室调光控制系统，现在的演播室一般都是采用数字灯光控制系统，即 DMX 灯光控制系统，如图 6-6 所示。

图 6-6 DMX 灯光控制系统

2. 演播室布光实验的操作

(1) 演播室布光的节目设计

在动态人物光线处理的理论知识指导下，按照固定场景动态人物布光的方法，通过小组讨论，设计与确定布光实验场景的表演节目内容，明确节目场景布光需求，确定采用的固定场景动态人物布光方法。

固定场景也即是固定表演区，主要指舞台或演播室内的表演区域，这些区域限定了演员的活动范围，照明所考虑的区域是限定的，始终需要一种最基本的照明设计。固定场景动态人物布光适用于表演区内节目内容变化复杂、人物动作和活动范围较大、某些节目内容不详等类型的节目。按照固定场景布光适用的节目类型，结合校园生活，可以拟定为一场校园文艺表演或颁奖过程等类型节目的布光需求。

(2) 演播室照明的设计

照明设计是演播室照明工作的第一步，小组确定节目表演内容后，领会节目的主题内容和意图，然后到演播室实地考察舞台环境，了解舞台大小及形状，演员可能活动的位置和区域、摄像机的拍摄位置，对表演场地进行三维空间全面的了解，并记录相关数据。然后根据固定场景动态人物布光的方法以及实验拟定布光场景需求，结合节目表演人物画面造型的需求及演播室照明系统灯具的实际情况，确定灯光配置及灯位，并根据记录数据绘制布光设计图。

● 固定场景动态人物布光常用的三种方法

一是，全面的底子光加逆光组合的布光方法。如图 6-7 所示为全面的底子光加逆光组合的布光设计图，用全面的底子光提高整个场景的最低照明亮度，保持场景内每一角度和每一区域均匀照明，在此基础上，在摄像机主角度所正对的背景处上方加用几盏照明灯，均匀地给予场景内较大面积的逆光照明，以避免由于底子光照明带来的平淡，影调缺乏变化。

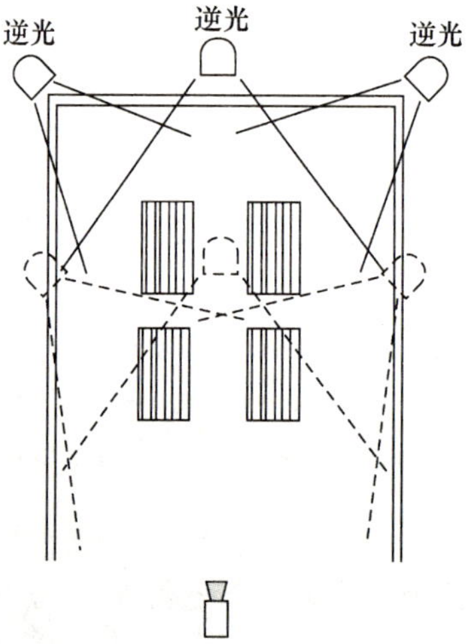

图 6-7　全面的底子光加逆光组合的布光方法

二是，平调照明加逆光组合的布光方法。如图 6-8 所示为平调照明加逆光组合的布光设计图。逆光灯从天幕上方处照明而来，每盏逆光灯负责场景的一个区域。在场景的前区使用柔和的亮度高的散射光灯。这种布光方式较简单，没有过多的光线投影，但也难免带来了画面较平淡，缺乏光线应有的变化等弊端。

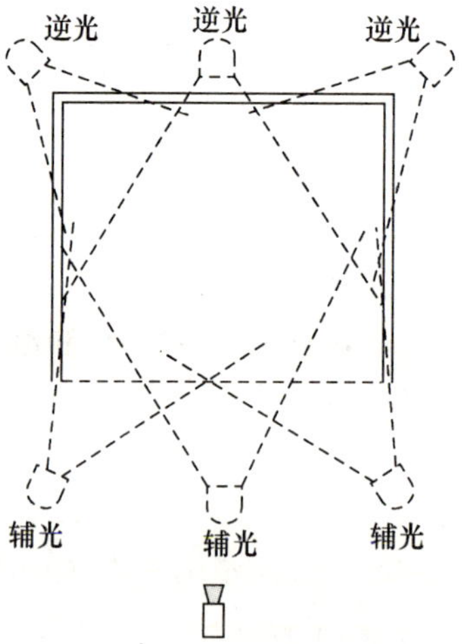

图 6-8　平调照明加逆光组合的布光方法

三是，斜侧光立体照明的布光方法。如图 6-9 所示，斜侧光立体照明布光主要从静态人物侧光照明效果演变而来。这种方法用得较多，但是布光有难度，对光线衔接、光比、光线角度要求较高。

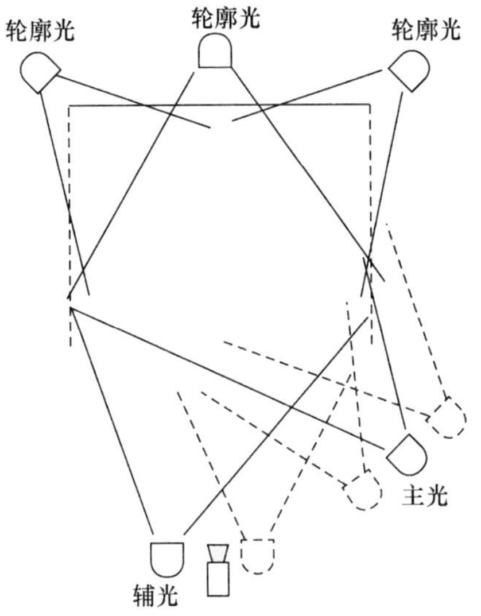

图 6-9 斜侧光立体照明的布光方法

主光来自场景左侧的前侧方向(也可右侧),根据需要主光可以是一个,也可以是几个,但要注意最好出现在场景的同一个方向,给观众一个明确的主光印象。辅光放置在摄像机的视点或接近视点的位置上,给场景以均匀的辅光照明。轮廓光放置在被摄体正逆光或侧逆光的位置上。这种布光方式,摄像机的主角度和分切角度不能过斜,以保证最佳光线造型效果。

3. 演播室布光的实施

(1) 布光的操作流程

布光操作主要是按如图 6-10 所示的布光流程,并依据实验节目设计的布光设计图进行布光。

图 6-10 演播室的布光流程

(2) 具体布光的操作

把实验布光设计图中所需的各种灯具,在演播室中选定好。并按布光设计图中说明的各灯具的位置、作用、色彩和线路配置进行分工实施布光。

① 灯具的安装与调整

● 灯具的安装。按照布光设计图中说明的灯具的配置及其位置,把各灯具安装好。如需安装在吊杆上的,把吊杆降到能安装灯具的高度,按布光设计图把灯具装上吊杆,并大致调整好灯的照射方向和角度,并将吊杆回升到适当高度。如果是安装在移动式悬吊装置上的灯具,把灯具移动到设计位置上。

● 灯具的调整。按布光设计的要求,用梯子或灯控杆调整灯具的投射方向、遮扉叶开合角度、灯具的高度,有升降装置的灯具可以通过其操纵盘进行操作。通过以上调整进行光线控制。

● 对线路进行分组编排。按布光设计的要求，对控制线路的编排必须要注意负荷之间的均衡，选择最容易实施照明操作的方式。

② 表演区人物的布光方法

表演区的布光是演播室布光的重点。在表演区布光时，要了解现场的一切情况，包括节目中人物的行动路线、方向以及起止点，还要了解镜头的拍摄方法，是固定拍摄还是运动拍摄等。下面是表演区人物基本用光的方法。

● 处于运动之中的全景、中景人物的用光，采用几盏主光灯同时照明人物，人物与人物之间采取灯光互相衔接的方法进行造型处理，与此同时几盏辅光也采取这种方法分别进行辅助照明。

● 对于采用全面的底子光加逆光组合的布光方法，可根据人物多少选用双边轮廓光或多边轮廓光分区域照明。

● 对于采用平调照明加逆光组合的布光方法，可适当分小区域单独组织主光、辅光和轮廓光照明。对于镜头的起止画面和人物的相对静止点可给予细腻的用光处理。

● 拍摄静止的近景和特写镜头时，可以充分发挥光线的造型作用，通过合理的光线组合，提示人物的内容世界和感情的细微变化。

4. 节目彩排与灯光的修正

演播布光完成后，按照节目设计，组织同学模拟节目内容进行实地走位。节目彩排与灯光的修正主要操作步骤如下：

(1) 按节目设计，摆好摄像机机位，连接好摄录系统线路。

(2) 通过演播灯光控制系统，开启灯光，按节目设计要求调节好各灯光的亮度。

(3) 开启摄录系统，调节摄像机的白平衡。

(4) 开始模拟节目表演，摄像按节目设计要求进行拍摄，灯光设计人员通过监视观看灯光的效果，找出是否符合设计要求及存在不满意的地方，并把它记录下来。

(5) 根据彩排过程中记录的所存在的问题，对灯光进行修正。

5. 布光效果拍摄记录

实验小组部分成员模拟实验设计节目内容在表演区活动，其他成员负责拍摄记录一段录像，作为布光实验作品提交。

6. 实验结束

结束实验，按规范关闭电源并整理好实验设备。

六、实验注意事项

1. 参观演播室时，必须听从实验指导老师的指挥，认真听实验指导老师的讲解，并做好记录。

2. 演播室照明设计时，必须先明确节目内容，了解节目照明需求及创作意图，才能进行照明设计。

3. 演播室灯光系统运行的注意事项。

① 在调光系统运动时，应首先启动调光立柜，然后启动调光控制台，这样可以防止带负荷启动设备。开启控制台的时候，应该注意“总控”的电位器要置于“零”的位置上。

② 推动总控杆或各集控杆时,要注意慢起慢落,以避免灯光负荷突然增大。

③ 检查调光柜的排风系统是否工作正常。

④ 检查灯具的容量是否与调光回路的额定容量相符合,切勿使调光回路超负荷运动。

⑤ 调光系统运行时,应尽量不将集控或总控的电位器置于50%处,以减少灯光系统对外界及电源的干扰。

4. 实验时必须严格遵守演播室的规定,注意安全用电。

七、实验讨论

1. 演播室照明设计包括哪些内容?实验中你是如何进行设计的?

2. 固定场景布光适合于哪些类型节目制作?如何选用其布光方法?

3. 你认为演播室动态布光的难点在哪里,如何解决?

八、实验报告

1. 实验名称、实验内容、实验目的、实验设备要填写正确,实验步骤要填写详细,字迹清楚,书写工整。

2. 认真做好实验记录,并进行分析与总结。

3. 分析和总结实验过程中所遇到的问题及解决方法。

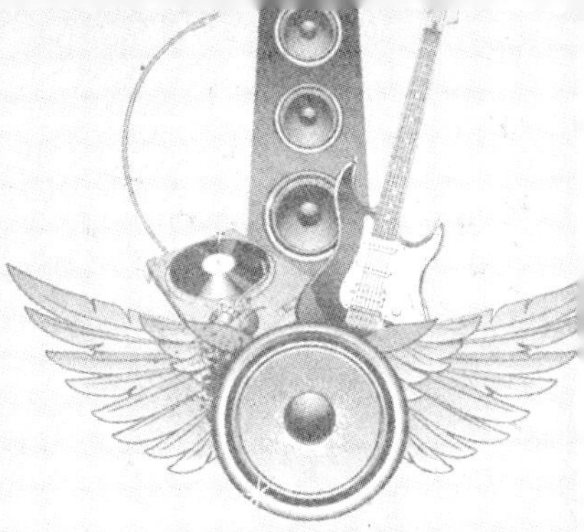

第二部分

电视音乐音响

实验一　传声器拾音技术

（验证性实验）

一、实验目的

本实验从对声音传播特性的介绍导入，继而介绍了传声器的拾音技术工作原理与分类，并结合不同种类传声器的拾音方式、拾音技术操作与拾音效果对比，提出在不同声源、不同环境中，传声器的选择、拾音技术以及相关的注意事项。

通过使用 BETACAM 编辑录像机进行声音的录制，掌握 BETACAM 编辑录像机的录音操作技术。

二、实验要求

1. 了解声音的传播特性。
2. 掌握各种常见类型传声器的拾音技术的工作原理。
3. 掌握在电视录音室中利用传声器进行拾音的技术。
4. 掌握常见类型传声器的拾音方式，通过对比实验得出各种传声器的拾音效果并进行分析，掌握灵活选用传声器的技术。
5. 掌握 BETACAM 编辑录像机的录音操作技术。
6. 认真填写验证性实验报告。

三、实验场地与设备

1. 实验场地

本实验为验证性实验，需要使用录音室进行实验。

2. 实验设备

本实验为验证性实验，有关的设备主要分为：

（1）全指向性、单指向性、多声入口单指向性、锐指向性动圈传声器各一只及其放大器。

（2）全指向性、单指向性、可变指向性电容传声器各一只及其放大器与电池等附属设备。

（3）监听音箱与监听耳机，耳机放大器。

（4）SONY 的 BETACAM 编辑录像机与 BETA 录像带。

（5）监视器一台。

（6）相关设备的连接线。

（7）防喷罩、防震架等附属设备。

3. 设备连接

(1) 传声器(AUDIO-OUT)与 BETACAM 编辑录像机(AUDIO-IN)相连接。

(2) BETACAM 编辑录像机(AUDIO-OUT)与监视器(AUDIO-IN)相连接。

四、实验基本理论

(一) 声波的传播特性

声音除了在声场中的传播具有一定的可塑性—空间感以外,还具有三个基本特征是影视艺术广泛加以运用的:音量、音高、音色。人们在生活中对这三者结合在一起的特性如此熟悉,以致往往忽视它们在影视艺术中的表现可能性。

波是传递能量的一种运动形式。

可见光是电磁波的频谱中的可见波段。

声音是机械波。我们所研究的声音频谱中人耳可以感知的频段为:20～20000 赫兹。

声音由物体振动产生。物体围绕它的平均位置的往复运动叫振动。物体发生振动时使与它相接触的周围空气质点受到振动,由于空气是弹性媒质,受振动的空气质点又会使与它们相邻的空气质点受到振动,于是在空气质点的相互作用下,振动物体周围的空气相继产生与物体振动相应的压缩与稀疏的交替变化(如图 1-1 所示)。

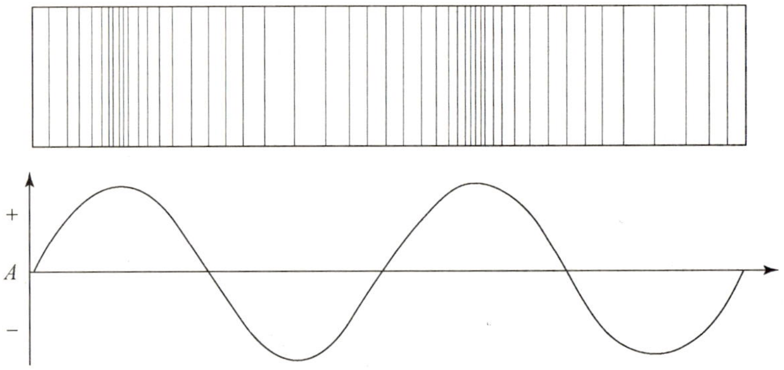

图 1-1　声波分子的压缩与松弛与围绕正常大气压"A"点的压力增减

这种疏密相间的状态由声源向外传播,形成声波。两个相邻的密部中央或疏部中央的距离为一周,也就是波长(如图 1-2 所示)。每秒钟振动的周数为频率。声波在空气中的传播速度(0 摄氏度)时约为每秒 331 米。当声波传到人的耳朵,使之产生感觉,这就是人们平时所说的声音。

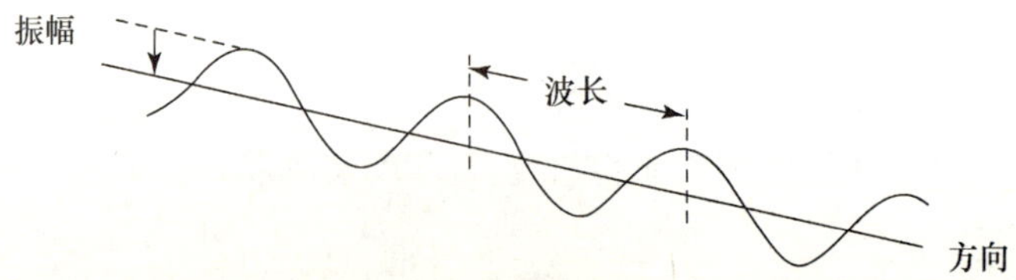

图 1-2　基本波形

声波的振幅大小使人们对声音产生强弱的感觉，就是人们一般说的“响”和“轻”，也称为音量的大小。音量是具有表现力的。在影视作品中常常运用音量的大小变化，吸引观众的注意力，继而呈现许多动人的精彩界面。

声波是能量传递的一种形式，在传播过程中，它的振幅会逐渐衰减。人们在生活中往往会把振幅同声源的距离联系在一起，认为比较响的就在近处，比较轻的就在远处。但是，响度和声源的远近关系是相对的。因为声音在传播过程中，会遇到声场等其他的条件改变它的质量，如反射、折射和衍射等。在影视艺术中的音响往往能运用观众生活经验中所熟悉的音量与距离的关系，特意创作出与观众生活经历不相同的音响，从而达到其艺术表现的目的。

音高是物体在振动时发出声音的频率。每个人由于发声肌体的差异而产生不同的发声音域。影视作品中不同人物的发声音域也需要有区别，而且也能突出其个性特点。

音色能使我们辨别出音量与音高相同的不同的发音体。不同的人由于发声肌体的不同，其音色也有区别。影视作品中，同一位配音演员往往会利用音色的变化扮演出两个年龄、性格特征不同的角色。

不同的乐器，根据其不同的构造、制作材料，其音色也各有差异。由于乐器发出的声波是由频率和振幅不同的许多简谐波组成。这些频率成整数倍，其中频率最低的声音叫基音，其余频率的声音叫泛音。音色是由泛音的多少，泛音频率和振幅决定的。

影视艺术中，声音是一个复杂的声波系统。它提供了各不相同的音量、音高、音色的声音甚至噪音，这些特点使观众可以区别声源，并利用相互作用来诉诸情感，最终构成一部影视作品的音响织体。

（二）传声器的工作原理与分类

传声器俗称话筒，也可按译音称为麦克风。它是将声音信号转换为相应电信号的电声换能器，即通过声波作用到电声元件上产生电压，再转为电能。其转换过程是：以声波形式表现的声音信号被传声器接收后，使换能机构产生机械振动，由换能机械机构输出电平。根据传声器换能方式与声波接收方式的不同，它可以有各种分类。传声器按换能方式来分类，可以分为电动式（振速式）和电容式（位移式）两大类。目前应用最多的是电动式中的动圈传声器和电容式传声器。传声器根据声波的接收方式来分类，可以分为：心形指向性、8 字形指向性、锐心形指向性、全指向性等传声器（如图 1-3 所示）。

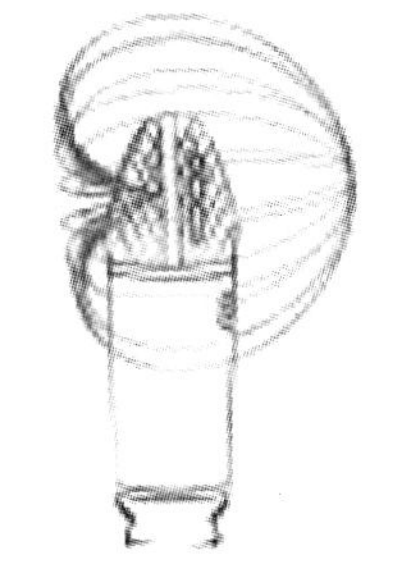

心形指向性传声器

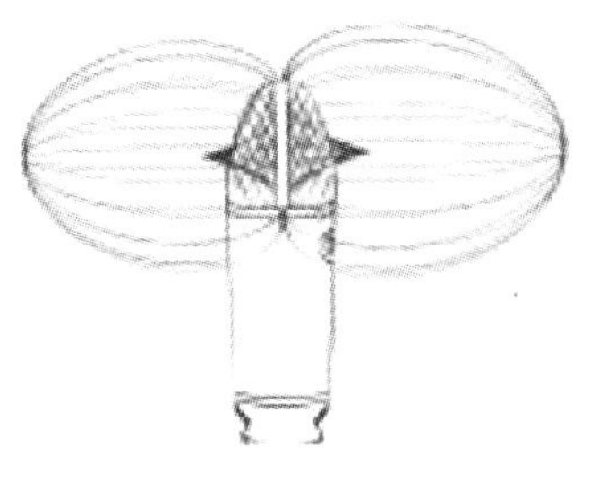

8 字形指向性传声器

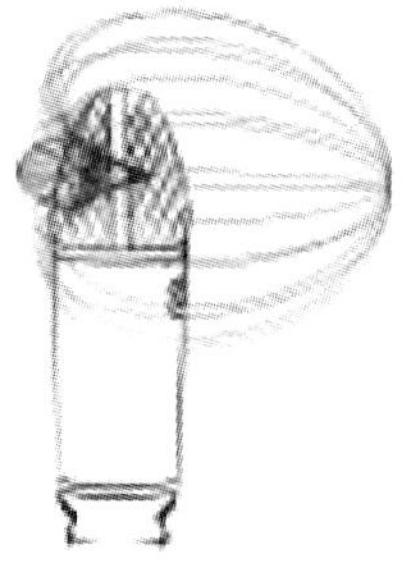

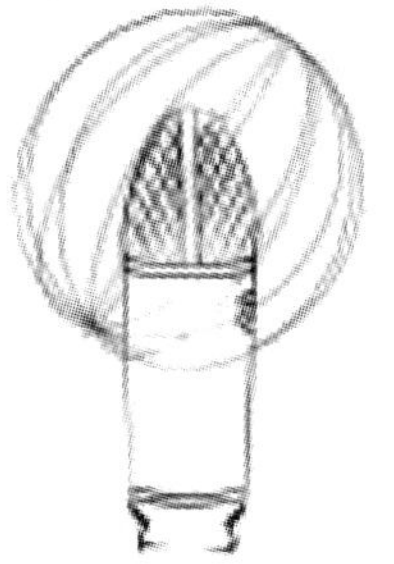

锐心形指向性传声器	全指向性传声器

图 1-3　传声器的指向性

指向性指的是传声器对不同方向声源的响应程度。每一种指向的传声器在录音中都有其特有的位置与用途。传统的定义是声源正对传声器的轴线，简单地说就是与振膜处于垂直的状态，高频明显增加，这就是明显的指向性特征。如果将声源放到反面，高频的灵敏度明显减少。这种现象大振膜传声器要比中型振膜传声器表现得明显。

1. 心形指向性传声器

心形指向只有一侧的灵敏度高。这是最常见的指向特性。它的名字是因为指向性图谱看上去和人的心脏差不多。心形传声器是单向的，这就意味着必须用传声器的正面拾取音源，反面的灵敏度要低很多。它的这种特性适合被拾取的音源与其他舞台声音保持隔离性。很多大振膜电容传声器都是这种指向性。心形指向传声器具有近讲特性，人们常称之为“近讲效应”，也就是离传声器近的时候中低频得到提升。

2. 8 字形指向性传声器

8 字形或双向形传声器两边具有相同的灵敏度，对于偏离轴线 90 度的声音具有很好的隔离作用。这种指向的传声器，在振膜的正反两个方向具有相同的灵敏度，对侧面的声音具有很强的隔离。8 字形传声器的近讲效应和心形差不多。

一支 8 字形传声器拾取二重奏和面对面的访谈效果特别优秀。－40 dB 的侧面灵敏度对于乐器之间的隔离非常有用。8 字形传声器是 M/S(mid-side)立体声拾音的关键部分。

3. 锐心形指向性传声器

它的指向性比心形还要强，锐心形传声器的指向性比心形更窄，特别适合近距离拾音。它特别适合鼓组和钢琴的定点录音，其指向特性非常适合需要隔离(有的时候是隔离乐器之间的干扰，有的时候是隔离噪音之间的干扰)的现场录音。对于自弹自唱的演奏录音，锐指向传声器的相互串扰是最小的。

4. 全指向性传声器

全指向性是指所有方向的灵敏度都差不多。全指向性传声器对于来自各个方向的声音具有相同的灵敏度与频响。相对于心形传声器，全指向性传声器的所拾取的声场更为宽阔，特别适合录合唱，环境音效，以及声学乐器，因此它的空间感特别出色。

全指向性传声器还有一个重要的特征，就是相对于心形传声器来说它的近讲效应比较少，这就带来一个好处，对音源远近的稍微移动不敏感。全指向性还有一个特点就是不需要太多的均衡。然而全指向性传声器拾取 360 度音源的时候不可能达到完全的相等，实际情况也就是传声器头的后方还是会有那么一点的凹陷状态，而且频率响应也不会完全一样的。随着振膜的增大，这一点就更加突出。

五、实验方法与步骤

(一) 设备的连接与安置

1. 传声器(AUDIO-OUT)与 BETACAM 编辑录像机(AUDIO-IN)相连接

2. BETACAM 编辑录像机(AUDIO-OUT)与监视器(AUDIO-IN)相连接

3. 安装传声器防喷罩

选择好传声器以后，安装传声器防喷罩(如图 1-4 所示)。在录语音或近距离录语音时，发声时经常会有气流喷到传声器上，这样录出来的声音就会带有明显的喷音音头，给后期处理增添了麻烦。因此，在录语音的传声器前面，摆放一个专业的防喷罩，可以有效地避免有气流喷到传声器上现象的发生。防喷罩为双层网膜设计，能有效避免喷音，同时能对传声器防潮起到一定的保护作用。

4. 安装防震架

传声器防震架可套在传声器上(如图 1-5 所示)，使传声器处于平稳的状态，使拾音更为准确。

图 1-4　防喷罩

图 1-5　防震架

5. 设定传声器与声源的距离

传声器与声源的距离因录音技术与环境的不同而要求不同。近距离的拾音一般在 1 厘米到 1 米左右的位置不等。远距离的拾音在 0.5 米到十几米的位置不等。但传声器与声源的距离不得超过 17 米。一旦超过，则会产生 50 毫秒的延时。

进行近距离拾音，一般距离在几厘米到几十厘米处，更有超近距离录音，可在 1 厘米左右。

如果传声器的主轴偏离声源的发声点，将使中高频和高频大大减少，而低频就相对加重。传声器要放在声场中直达声与反射声辐射频率均衡、声源比例平衡之处。录音室一般都做了吸声处理，所以一般情况下不需考虑自然混响的问题，而是在后期混音时再人工加上自然混响。

需避免传声器正对人的唇部，以免出现发声时“扑扑”的响声以及嘴唇开合时的响声。

使用压差式传声器，应注意传声器的近讲效应。

(二) 实验操作步骤

1. 打开电源开关

(1) 打开 BETACAM 编辑录像机(如图 1-6 所示)的电源总开关。

(2) 放入 BETA 录像带,并搜索到录音的位置。

(3) 打开传声器开关。

(4) 连接好监听耳机。

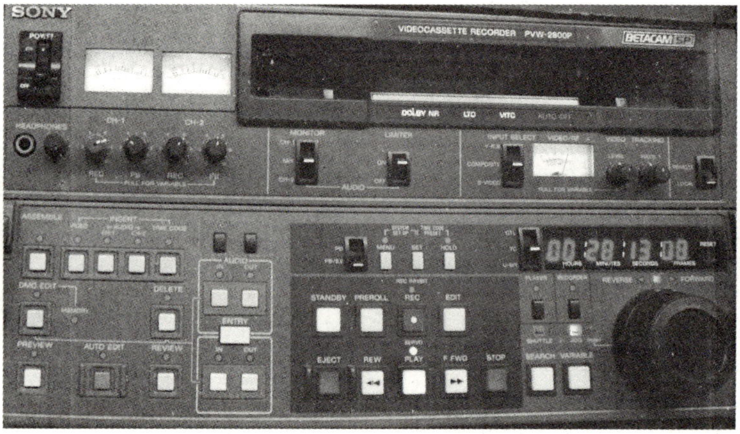

图 1-6　SONY 的 BETACAM 编辑录像机

2. 设定录音通道

(1) 在操作设备面板中选择 INSERT 下面的 AUDIO。

(2) 选择并设定录音的通道。

一般在电影、电视配音中,解说词被录制在 CH-1(一声道),音乐音响被录制到 CH-2(二声道)。

因此,我们选用 CH-1(一声道)录制语音;选用 CH-2(二声道)录制声乐作品。

3. 调整拾音效果

(1) 声源位置调整

① 按照录音要求,设定音源的位置。播音员或演唱者要进行第一次预录试音。

② 播音员或演唱者在预录试音时注意调整心情,保持心情的平稳。

③ 预录试音内容为作品的一般音量、最大音量、最小音量等几个部分的片段。

④ 播音员或演唱者在预录试音时需记录前后几次发声的方法、位置以及音量大小,避免出现预录试音与正式录音前后的声音出现较大的差别。

(2) 传声器拾音效果调整

在检查所有设备运作正常的情况下,播音员或演唱者使用正常的录音语调与音量进行试音。在预录试音期间,录音师通过调整传声器的位置,以达到最佳的拾音效果。

① 前移或后拉传声器,调整声源辐射频率的均衡。

② 高低或俯仰地移动传声器位置,解决纵向的平衡比例。

③ 左右移动传声器位置,解决声源横向的平衡比例。

4. 监听输出音量

在 BETACAM 编辑录像机操作面板上的 HEADPHONE(如图 1-7 所示)插孔上插入监听耳机的连接线,通过耳机监听录音效果,并通过调节旋钮调节监听音量。

图 1-7 HEADPHONE 插孔和调节旋钮

5. 调整录音电平

如图 1-8 所示,左右旋转 BETACAM 编辑录像机操作面板上的 CH-1/CH-2 下方的 REC 旋钮,以调整传声器的录音输出电平。调整电平时,须上提 REC 旋钮,电平调整才有效。调整完以后,记住把旋钮下推回原位。

图 1-8 录音电平控制面板

(1) 通过耳机监听的效果,调整录音电平。

(2) 监视电平表的指针摆动,并注意摆动的幅度是否在正常值范围。

① 电平表的指针摆动位置在"－10～0"之间,属于正常电平。

② 电平表的指针摆动位置在"0～3"之间,表示电平过高,需要降低电平。

③ 电平表的指针摆动位置在"－20～－10"之间,表示电平过低,需要升高电平。

6. 录音操作

(1) 开始编辑

如图 1-9 所示,按下 BETACAM 编辑录像机操作面板上的 ASSEMBLE 组合编辑键,指示灯亮,表示进入编辑状态。

图 1-9　组合编辑控制面板

（2）搜索录音入点

当录像带在播放时，在时间显示器（如图 1-10 所示）上会显示 HOURS（时）、MINUTES（分）、SECONDS（秒）、FRAMES（帧）等四个单位的时间。通过时间显示器可准确找寻录音入点时间。

图 1-10　时间显示器

① 利用旋转 PUSH（搜索盘）（如图 1-11 所示）快速地 REVERSE（向前）、FORWARD（向后）查找录音入点位置，并按下时间显示器旁的 RESET 键，把时间显示器读数调整为“0”。

图 1-11　搜索盘

② 按下 PUSH 一帧一帧地精细查找录音入点位置。并按下时间显示器旁的 RESET 键，把时间显示器读数调整为“0”。

(3) 编辑入点

确定入点后，按编辑键 ENTRY+IN 编辑入点，指示灯亮，表示入点已经编辑完毕。

(4) 搜索出点

① 旋转 PUSH 快速地 REVERSE、FORWARD 查找录音出点位置，

② 按下 PUSH 一帧一帧地精细查找录音出点位置。

(5) 编辑出点

确定出点位置后，按编辑键 ENTRY+OUT 编辑出点，指示灯亮，表示出点已经编辑完毕。

(6) 预演

按下 BETACAM 编辑录像机操作面板上 PREVIEW 键，BETACAM 编辑录像机会自动预演。

这时，编辑录像机并不会真正录制音频，只是按照原定的入点与出点进行预演录音。通过观看预演可判断入点与出点是否正确无误。

(7) 正式录音

按下 BETACAM 编辑录像机操作面板上的 AUTO EDIT 键，正式开始录音，录音开始时编辑录像机会预转 5 秒，然后进入入点进行录音。系统会在出点处自动停止音频的录制，记录并自动倒回入点处自动回放。

(8) 按以下 11 种要求选择传声器依次进行拾音。拾音要求：每段音频时间在 2～3 分钟以内。

① 使用动圈传声器进行拾音(6 种)

动圈传声器(如图 1-12 所示)由磁场中运动的导体产生电信号的传声器。是由振膜带动线圈振动，从而使在磁场中的线圈感应出电压。动圈传声器的灵敏度比电容传声器下降不少，因此不容易清晰地录入相对远一点的噪音，这样便于后期的混音效果处理。此外，如果音频信号很强或非平衡线很短，可能不会听到噪声。当然，高阻抗的动圈传声器也有，但是主要在需要录制高灵敏度的声音作品时才使用。

图 1-12　动圈传声器

- 全指向性动圈传声器采用单点式拾音。声源(语音)分别在传声器的正前方、左侧面、右侧面与背面四个方位发声。

全指向性动圈传声器属于电动传声器的一种。当声波传到振膜时，其振膜相应产生振动，带动音圈切割磁力线，在音圈中产生相应的感应电动势。

为了消除音圈受杂散磁场感应的交流声信号，有的传声器内设置了交流声补偿线圈。这个线圈与音圈的大小、圈数完全一样，但不放在磁系统中，也不受声波推动，它与音圈反相串联，从而将两者感应的交流声信号互相抵消。

为了抗击传声器受强冲击时产生的噪音，有的传声器内设置了另一个相同的磁系统。该系统内安置了一个与音圈的大小、圈数完全相同的抗冲击声线圈。这个线圈不连接振膜，不受声波推动。当传声器受到机械冲击时，音圈和抗冲击线圈同时产生感应电动势，将两个线圈反相串联，两个感应电动势就会互相抵消，从而没有噪音输出。

● 单指向性动圈传声器采用单点式拾音。声源(语音)分别在传声器的正前方、左侧面、右侧面与背面四个方位发声。

单指向性动圈传声器在传声器外壳的侧面开了入声口，声波进入传声器，经音圈和磁隙缝的间隙到达振膜的内表面，并经制动阻尼后与后气室相通。它的相移是由隙缝与阻尼后与后气室形成的。适当地控制它们的数值，就形成单指向性。

单指向性动圈传声器在人声嘈杂的环境中使用，可以获得比较清晰的拾音效果。

● 多声入口单指向性动圈传声器采用单点式拾音。声源(语音)分别在传声器的正前方、左侧面、右侧面与背面四个方位发声。

多声入口单指向性动圈传声器在传声器后部靠近外壳处有一长圆管，沿管的长度方向在靠近外壳处开有一条较宽的槽。槽上覆盖着阻尼材料，形成连续分布的声阻尼，管末端填充有丝棉状阻尼材料以控制空气柱的共振。在传声器外壳上沿管槽均匀地开有许多与管槽方向相垂直的许多狭缝，作为一连串的声波入口。因此，多声入口单指向性动圈传声器无近讲效应，频率响应较为平直。

● 锐指向性动圈传声器采用单点式拾音。声源(语音)分别在传声器的正前方、左侧面、右侧面与背面四个方位发声。

锐指向性动圈传声器也称枪式传声器(如图 1-13 所示)，它在全指向性或单指向性动圈传声器的振膜前面安置了一个长管，长管的侧面均等间隔地开有与管前端开口面积相等的许多开缝。因此，与远离振膜的开缝入射的声波相比，靠近振膜的开缝入射的声波到达振膜时，相位要超前，因此可获得锐指向性。当声波频率变高，声波入射角不变时，各入射声波到达振膜的相位差会增大，振膜处总声压将减少得更多，指向性会更尖锐。锐指向性动感传声器多为影视广播专用传声器。

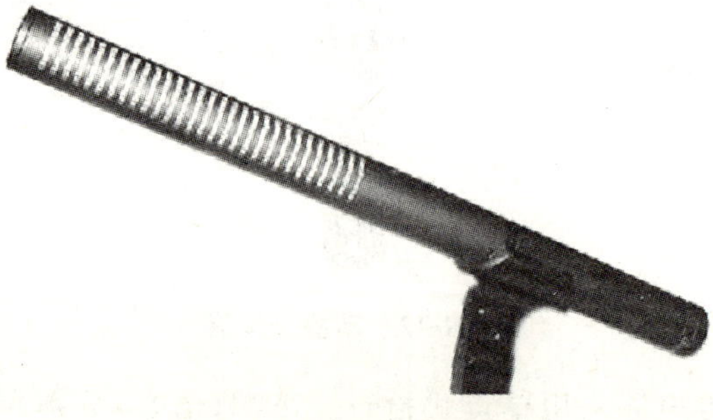

图 1-13 锐指向性动感传声器

以下情况，比较适合选用动圈传声器进行录音：

第一，录制电影、电视、VIDEO 语音、音响。

第二，录制较大编制乐队的器乐作品，同时需要随时突出某个乐器的演奏。

第三，家庭式工作室录音，其周围环境嘈杂。

第四，录制户外语音、音响。

● 单指向性动圈传声器采用单点式拾音。声源（声乐）在传声器的正前方。录制声乐独唱作品。

● 全指向性动圈传声器采用单点式拾音。声源（声乐）在传声器的正前方。录制声乐独唱作品。

以下情况，比较适合选用动圈传声器进行录音：

第一，录制器乐作品，如独奏、需要良好合奏效果的较大编制乐队的器乐作品；

第二，录制声乐作品，如独唱、合唱队的合唱作品。

② 使用电容传声器进行拾音（5 种）

电容传声器（如图 1-14 所示）是目前技术量指标最高的一种传声器，它被广泛应用于广播电台和电视台。电容传声器是将接收声波的薄金属膜片（几微米到几十微米厚）作为电容器的一个极板，将对着膜片的一个有圆沟的固定厚金属板作为传声器的另一个极板，两极板相距 20～50 微米，电容量均为 50～200 皮法。当声波作用到金属膜片时，膜片产生相应的振动，改变了固定极板间的距离，使电容量发生变化，产生了可变电容量。此可变电容量输入传声器本身所带的前置放大器一起产生了信号电压。

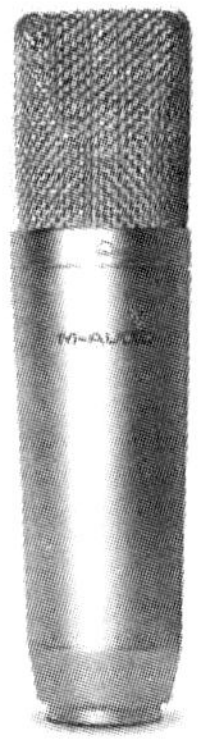

图 1-14　电容传声器

电容传声器中有前置放大器，还有一个电源，由于体积关系，电源一般是放在传声器之外的。除了供给电容器振膜的极化电压外，也为前置放大器的电子管或晶体管供给必要的电压，称为幻象电源。由于有了前置放大器，电容传声器相对动圈传声器要灵敏一些。使用电容传声器需要注意电池的容量，如果电池电量不足，电容传声器录制出来的音质效果会变差。而且由于电容传声器具有频率宽广、响应曲线平直、输出功率高、非线性失真小以及瞬间响应好等十分突出的优点，所以在现今的专业录音等音像制作中，占有很多的优势。

● 全指向性电容传声器采用单点式拾音。声源（声乐）分别在传声器的正前方、左侧面、右侧面与背面四个方位发声。

当电容传声器振膜只由一面接收声压时，就形成全指向性电容传声器。全指向性电容传声器与全指向性动圈传声器相同,即低声频时为全指向性,中、高声频时有一定的指向性。

● 单指向性电容传声器采用单点式拾音。声源(声乐)分别在传声器的正前方、左侧面、右侧面与背面四个方位发声。

单指向性电容传声器是利用振膜后面也接收声波来实现的。因此,要求在固定极板上开洞,使后面入口的声波能够到达振膜后面。

单指向性电容传声器是由力阻控制的。力阻由振膜与后极板间的薄流体层的黏滞阻力形成。这一黏滞阻力远远大于振膜的质量抗和力顺的弹性抗。

● 可变指向性电容传声器采用单点式拾音。声源(声乐)分别在传声器的正前方、左侧面、右侧面与背面四个方位发声。

在全指向性电容传声器(如图 1-15 所示)的固定极板的另一侧再加一膜片,并在固定极板上开出两模片相连通的孔,就形成了可变指向性电容传声器。膜片极化电压的改变,可通过按动传声器上相应的按钮来实现。

图 1-15 可变指向性电容传声器

可变指向性电容传声器改变指向性的原理如下:

第一,左膜片与固定极板间加有电压,而右膜片与固定极板相连,双膜片单极化的电容传声器具有心形指向性。

第二,两膜片对固定极板都有电压输出,输出应为两者之和。这时传声器输出电压与声波入射方向无关,为一固定值,呈全指向性。

第三,两膜片对固定极板加有数值相等、极性相反的电压,这时传声器输出电压与声波方向呈 8 字形指向性,即双指向性。

● 单指向性电容传声器采用单点式拾音。声源(语音)在传声器的正前方。录制人声朗诵作品。

● 全指向性电容传声器采用单点式拾音。声源(语音)在传声器的正前方。录制人声朗诵作品。

(9) 记录每次音频录音在编辑带上的准确时间。

(三) 效果特点分析

在整个录音过程结束以后,通过显示器重新播放并聆听录音作品,分析每段音频在不同传声器、不同方位、不同作品的拾音效果与拾音技术。并根据录音预设题目对录音效果作出效果分析与评价。

六、实验注意事项

1. 设备连接时注意输入与输出的匹配，在接音箱线时一定要细心，以正接正、以负接负来进行连接，避免出现正负线接错，出现声音反相的情况。

2. 设备使用前必须加电检查。注意音量控制，防止电平过高造成设备损伤。

3. 实验时要注意安全，要安静，不得喧哗。做好实验前可预知性问题的准备工作。

4. 录音师在录音前，要与播音员进行沟通，了解录音内容与相关要求。

5. 录语音时，需防止传声器可能引起的中高频和高频的共振，从而加重"呲呲"声与"咝咝"声。

6. 尽力在前期录音时得到接近理想效果的声音，否则会增加后期处理不必要的麻烦。而且，后期做出来的声音和前期录出来的效果是有区别的，也就是说后期很难做出前期录出来的声音效果。

七、实验讨论

1. 讨论动圈传声器与电容传声器拾音技术的异同。

2. 讨论在相同环境下，使用同一动圈传声器，人声朗诵声源在传声器正前方、左侧面、右侧面与背面等不同方位的拾音效果的区别。

3. 讨论在相同环境下，四种不同指向的动圈传声器对正前方人声朗诵作品的拾音效果的区别。

4. 讨论在相同环境下，使用同一电容传声器，声乐独唱声源在传声器正前方、左侧面、右侧面与背面等不同方位的拾音效果的区别。

5. 讨论在相同环境下，三种不同指向的电容传声器对正前方声乐独唱作品的拾音效果的区别。

6. 讨论在相同环境下，使用相同指向的动圈传声器与电容传声器所录制出来的人声朗诵作品的拾音效果区别。

7. 讨论在相同环境下，使用相同指向的动圈传声器与电容传声器所录制出来的声乐独唱作品的拾音效果区别。

八、实验报告

结合动圈传声器与电容传声器的拾音技术，采用动圈传声器与电容传声器在不同方位、不同音源进行单点拾音，使用 BETACAM 编辑录像机进行录音与音频编辑。

结合整个实验过程，填写包括设备安置与连接、操作步骤、效果特点、实验评价等内容的验证性实验报告。

实验二　声乐与器乐拾音技术

（综合设计性实验）

一、实验目的

本实验通过对立体声拾音技术的常用制式与基本理论的介绍，结合声乐与器乐拾音技术的基本操作方法与步骤，提出在声乐与器乐拾音技术的操作中常见问题的处理方案以及相关技术的注意事项，让读者掌握声乐与器乐拾音技术的操作要领，并掌握常见问题的处理方法。

二、实验要求

1. 了解立体声拾音技术的常用制式与基本理论。
2. 掌握声乐拾音技术的基本操作方法、步骤与操作要领。
3. 对于在声乐拾音操作中出现的问题，提出可行的、合理的处理方案。
4. 了解器乐拾音技术基础原理。
5. 掌握器乐拾音技术的基本操作方法、步骤与操作要领。
6. 对于在器乐拾音操作中出现的问题，提出可行的、合理的处理方案。
7. 认真填写声乐与器乐的拾音实验报告。

三、实验场地与设备

1. 实验场地

本实验需要使用录音室或录音棚进行实验。

2. 实验设备

本实验为综合设计性实验，相关的拾音设备主要具有拾音、监听、调音、录音、放音等功能。

（1）2～4 只动圈传声器、1 只传声器放大器。

（2）2～4 只电容传声器、1 只传声器放大器及其电池。

（3）传声器附属设备。

① 防震架

传声器防震架可套在传声器上，使传声器处于平稳的状态，便于在不同的拾音方式下，传声器接收到更为准确、更好的声音信号。

② 防喷罩

防喷罩可有效地防止歌唱呼吸时的气流直接喷到传声器上，减少噪音。

(4) BETACAM 编辑录像机与 BETA 录像带。

(5) 监听音箱、监听耳机与耳机放大器。

(6) 多轨调音台。

(7) 非线性编辑系统(两台显示器、非线性编辑软件)。

(8) 视音频采集卡。

(9) 数据光盘刻录软件。

(10) 相关设备的连接线。

3. 设备连接

(1) 传声器(AUDIO-OUT)与多轨调音台(AUDIO-IN)CH1 相连接。

(2) 多轨调音台(AUDIO-OUT)与 BETACAM 编辑录像机(AUDIO-IN)相连接。

(3) BETACAM 编辑录像机(AUDIO-OUT)与监视器(AUDIO-IN)相连接。

(4) BETACAM 编辑录像机(AUDIO-OUT)与非线性编辑系统(AUDIO-IN)相连接。

四、实验基本理论

立体声拾音是以两个通道的声音记录与再现声场的录音和重放。为了利用传声器拾取高保真的声音信号,设计师们创立了许多拾音制式。这些拾音制式大都是根据人耳的双耳听觉效应原理,并结合人们各自的美学观点和不同类型的音响要求,经过反复实践逐步形成的。但是从技术原理上来讲,目前使用的拾音技术都是根据人耳对声源定位的基本因素——声级差、时间差创立起来的。在各种拾音技术中,传声器通过拾取具有声级差的声源信号,或者拾取既有声级差,又有时间差的声源信号,来获得效果。因此,拾音技术也常以这三种工作原理来分类。应该说,所有这些拾音制式都各有优点和缺点,不存在一种十全十美的拾音制式,每种拾音制式都有其最适合的场所,即不同的录音场地;各种不同的音乐节目形式都有其最适合的拾音制式。为了录制好不同形式的音乐节目,就应当全面了解和熟悉拾音制式,并在大量的实践中加以总结,这样才能在复杂的录音工作中,选择正确的拾音制式,设计最佳的录音方案,获得理想的录音效果。

在进行立体声拾音技术实验之前,首先需要注意的是立体声拾音时的有效拾音角。所谓立体声拾音的有效拾音角,即重放听音时最大声像角所对应的拾音时的声源方位角,也就是传声器对将声源均匀再现于扬声器间的拾音角度。由于每种拾音技术中传声器之间的轴向夹角和距离等设置的不同,所以它们的有效拾音角也各不相同。在选择拾音方式和设置传声器时,其有效拾音角要适合于声源的宽度,即使声源的宽度尽可能接近从传声器到声源俯视所得到的有效拾音角。有效拾音角太小,声源被设置在有效拾音角以外,在这种情况下,声源重放再现于两扬声器时,将造成立体声声像的失真。

由于传声器的膜片是基本重合的,所以立体声拾音方式具有准确、清晰的声像定位。

当然,比较多样化和灵活化的拾音,还需要采用不同的制式在不同的录音场所、录音器材和录音要求进行声音的技术拾取,而在录音室分期、分轨录音中,主要采用单个传声器拾音技术。

录音工作是一项非常讲究的技术,同时又非常具有灵活多变性。它不能以某一个拾音技术与技巧标准应用到众多的录音当中。它要求在不同录音场所和录音要求的拾音技术中，必须加入艺术的分析、鉴赏与艺术技巧的创新及创作。

在现场音乐录音中，采用立体声传声器拾音方式是最普遍的。一般说来，立体声包括声音的水平方向感、深度感（或距离感）及高度感。在形成空间印象的临场感中，首先是水平方向感与深度感。立体声传声器拾音方式主要解决某一水平面内的方向感与深度感问题，而不考虑高度感。所以又称为平面环绕声系统。

立体声按照其制式的不同可以分为以下几类制式：

（1）A/B 制式；

（2）X/Y 制式；

（3）M/S 制式；

（4）主-辅传声器拾音；

（5）多传声器拾音技术。

五、实验方法与步骤

（一）立体声拾音制式实验

1. A/B 制式立体声拾音

（1）A/B 制式的拾音方式

A/B 制式是最早采用的录制立体声的方法，使用两只传声器在舞台上或者录音室里拉开几十厘米至几米的距离，传声器可以是全指向性的也可以是心形指向性的，它们平行地对准乐队，也可以稍微向左右两侧张开一些。使得传声器能够拾取到反映临场感的信息。因此在双声道立体放声时，可以得到非常满意的效果。使用 A/B 制式，对录音室混响时间特性的要求不是那么严格，录音时，乐队很容易布置，灵活性很大。如果使用 A/B 制式来录制古典音乐，因为强度差和时间差同时对立体感起作用，能产生更加温暖的声音效果。录音师可以充分运用时间差，拾取更多的音乐厅初次反射声波，这对重现音乐厅现场感方面起很重要的作用。

（2）A/B 制式的拾音技巧

对 A/B 制式来说，每一件乐器（声源）到达两只传声器处的声音信号之间，既存在强度差也存在时间差。强度差是由传声器的指向性图形以及声源到达两只传声器的距离不同所形成的。在这种录音制式中，强度差和时间差对定向的作用叠加在一起。很明显，对于不在中轴线上的声源，前导的声道始终是声级较高的声道。这种拾音制式存在中间稀疏的现象。即重放音乐的时候，听众往往感到中间部位的乐器变得稀疏，声像变弱；而更多的乐器声像向左右扬声器方向靠拢，使得两端乐器声像密集起来。有时，也使听众感到中间部位的声像向舞台后部退去。这种相位抵消现象的不足，在两只传声器拉开 30 厘米时已经出现，当两只传声器拉开 2.5～3.5 米时将变得相当明显。

另外，A/B 制式拾音后使用单声道兼容重放时，其兼容性很差，同时由于左、右声道内同一声音信号中又存在强度差和时间差，因而在叠加时，必然会使某些频率的信号抵消或者部分抵消，从而使重放音质变差，得不到满意的音响效果。由于目前中国的很多电视音响录制、重放都是采用单声道的，在一般实况转播中没有时间进行细致的调整，所以在对单声道兼容重放效果的把握不大的情况下，实况转播中都不使用 A/B 制式来拾音。这种制式在电视音乐录音中，已经很少用。但是，也可以借助以下方法来改善其录音效果：

① 在录音的时候增加一个中间传声器，把它的信号放大，再分别分配到左、右声道中去。

② 在重放时增加一个中置扬声器，将左、右声道信号各分一部分给此扬声器放声。

③ 放声时如果将两只扬声器朝向稍微向听音室中间偏转一点，中间稀疏现象也能有些改善。

对于独唱、独奏乐器或者重点乐器（如首席小提琴、竖琴、钢琴、某些木管、定音鼓等），在 A/B 制式拾音技术上，可加上单声道加强传声器，而加强传声器拾取的信号在后期混音时用混音软件分别加入左、右声道中去。但要注意，加强传声器离被加重的声源很近，所以它拾取的声音信号较 A/B 制式传声器拾取的信号领先了 20～30 毫秒。如果强度太高，会使听众感到这些乐器从乐队中分离出来了。因此，在后期混音时，不可把加强传声器信号加入太多，但可以使用混响效果器对加强传声器拾取的信号进行一些延时，如 5～10 毫秒，这样则无上述分离的感觉。

2. X/Y 制式立体声拾音

(1) X/Y 制式的拾音方式

X/Y 制式采用两只性能、技术指标、音质十分接近甚至完全相同的电容式或动圈传声器，以一上一下垂直紧靠在一起同轴放置。与 A/B 制式不同，X/Y 制式立体声声像的建立借助于两个通道的时间差。由于两只传声器基本上是放置在一个点上，所以任何声源传输来的声音信息，将同时到达两只传声器，因而不存在时间差和相位差。但对于两只传声器来说，由于入射角的不同，而传声器又具有一定的指向性，所以拾取的两声道声音信息存在着强度差。因此，X/Y 制式是一种强度差立体声拾音制式，又称做无相位差立体声制式。X/Y 制式的兼容性极好，两声道信号间不存在相位差，在作单声道兼容听音时，没有相位干涉现象，所以最适用于实况转播。

(2) X/Y 制式的拾音技巧

对于大的舞台或音乐录音室，可以采用多对重合 X/Y 传声器对子。重合 X/Y 传声器对子效果极好，重放真实性好。但它的间距和相对位置需要妥善确定。当它们相距 10～15 米时，主轴方向基本平行，则可采用 2、3、4 对心形或 8 字形 X/Y 传声器，最终可得到十分真实的立体声场。目前的生产厂家还推出了分离式的传声器以满足市场的需要，例如，如图 2-1 所示的小振膜指向性分离式电容传声器。

图 2-1　小振膜指向性分离式电容传声器

X/Y 制式所使用的两只传声器的主轴之间通常要求保持 90～100 度的夹角，如图 2-2 所示，传声器可采用心形和锐心形指向图形，也可以使用 8 字形指向图形。但对于不同的指向性图形，传声器主轴的夹角也不相同。

① 如果 X/Y 制式采用两只完全相同的心形指向性传声器，一上一下紧靠在一起同轴放置，传声器主轴的夹角一般采用 100 度或者 200～270 度。此方式对声音拾取的角度宽广，在传声器前面很大一段圆弧范围内都能有效工作。

② 如果 X/Y 制式采用两只完全相同的锐心形指向性传声器，一上一下紧靠在一起同轴放置，传声器主轴的夹角一般采用 100 度或者 130～140 度。

③ 如果 X/Y 制式采用两只完全相同 8 字形指向性传声器，一上一下紧靠在一起同轴放置，传声器主轴的夹角必须是准确的 90 度。这是因为 8 字形指向性传声器前(0 度)、后(180 度)拾取的信号是反向的。如果一对 8 字形指向性传声器主轴不是准确的 90 度，则在某些方向上将产生相位抵消现象。此方式拾取的声音深度感非常好，真实感也好。但是 8 字形指向性传声器的背面具有等同于正面的灵敏度，所以容积很大、混响时间很长的音乐厅或者有声源绕此传声组移动时被拾取的声源，必须局限在 90 度的象限内。

图 2-2　小振膜电容 X/Y 制式立体声录音传声器

由于电容传声器的频率响应和指向图形比较圆滑，同型号产品之间的一致性好，所以，电容传声器较容易满足上述严格配对的要求，当然，也可以选用高档的动圈传声器。

X/Y 制式还有几种演变成为左、右 X/Y 制式。两个面对面坐着的播音员的声音拾取，可选用：

① 一个全指向性传声器与一个横放的 8 字形指向性传声器结合起来，可以组成两个新的主轴朝左、右的 L、R 心形指向图形。

② 一只对准前方的 8 字形指向性传声器和一只横放的 8 字形指向性传声器组合起来，可以得到两个朝着±45 度方向的 8 字形指向图形，这种布局可以得到最为均衡的混响声拾取。

3. M/S 制式立体声拾音

(1) M/S 制式的拾音方式

M/S 制式也是一种使用重合传声对子的制式。与 X/Y 制式类似，它是由一组重叠式传声器组装而成的双单元传声器。不同的是，组成立体声传声器的这两个传声器性能不同，一般具有不同的指向性。其中一个是以接收声源中央信号为主的传声器，即所谓 M 传声器，通常使用心形、全指向性或 8 字形指向性的传声器。另一个传声器的信号主要拾取左、右两侧信号，即所谓 S 传声器，通常使用 8 字形指向性传声器。将两个拾取信号通过加法器和减法器进行加减，得出和、差两个信号。

M 可以说是基本信号。M 传声器中的字母 M 有双重含义。一是中间(Middle)传声器的意思，表达它所对准的方向；另一个是单声道(Mono)的意思，因为 M/S 制式所拾取的信号在作单声道兼容重放时，实际上只重放 M 信号，而抛弃掉 S 信号。在 M/S 拾音制式中，M 信号就是借助 S 信号而分布到空间里去。

因此 M/S 式兼容性极好，人们称这种制式为“真实的立体声，同时也是真实的单声道”。

S 是立体声编码信号。S 传声器的字母 S 也有双重含义。一是旁边(Side)传声器的意思，表达其对准的方向；另一个是立体声(Stereo)的意思，表明只要把此信号加入 M 信号中去，即可形成完整的立体声信号。

M/S 制式存在着一个明显的缺点。由于左声道信号和右声道信号中都包含一个相同的中间信号，所以，在正前方±45 度夹角的区域内，左、右声道的分隔度不好，造成 M/S 制式存在中间声像加重的现象。

（2）M/S 制式的拾音技巧

因为 M/S 制式也是采用一对位置重合的传声器，它与 X/Y 制式一样，左、右声道信号之间只存在强度差，而不存在相位差和时间差；还因为两只传声器靠得极近，两者拾取的混响信息具有相同的基本功率频谱分布，所以 M/S 制式的真实感极好。但由于两只传声器指向性不同，在它们的输出端相位、振幅不重合。所以，在重放时，两种传声器之间的混响声是全方向性的，而且十分均匀。

但是 M/S 制式在实际运用中，也受到一定的限制。这时因为为了覆盖所有的音源，要求 M/S 传声器对子离声源一个特定的距离，也就是说，传声器与乐队的距离，不能由录音室混响时间特性来确定，而要由覆盖声源的要求来确定。在拾音过程中，乐队的几何尺寸一经确定，传声器的距离也就确定了，这样，所拾取的声音信号就被“锁入”固定的直达声/混响声比例之中。这就必然形成对录音室声学条件要求十分临界的局面。因此，M/S 制式较难同时使用多对传声器进行拾音。但对于数码录音，则可以使用无混响录音室，用后期来控制乐音的混响以及声场。

4. 主-辅传声器拾音

（1）主-辅传声器的拾音方式

在现场音乐录音中，主-辅传声器拾音是比较常用的。主-辅传声器拾音技术多用于直接混录成单声道、双声道、四声道立体声节目制作。

主-辅传声器拾音技术的优点在于能很好地反映室内声学条件，录制声音效果真实、自然。它适合在录制声源的总体音色效果良好、声场条件满足良好音质要求的实时录音场合，如交响乐录音。

（2）主-辅传声器的拾音技巧

主-辅传声器拾音技术主要根据传声器拾取的信号在整个录音作品中的作用进行分工。一般情况，主传声器只设置一个，有时也会根据实际需要设置两到三个的，其主要拾取的声音效果为录音作品的主要信息。辅助传声器数量根据实际需要而定，可以在每个音源组或每个声源分别设置一个传声器，其主要拾取的是局部的声音，起到辅助作用，对主传声器拾取的总信号作补充。辅助传声器通常设置在离需要补充的声源附近，而且使用很低的电平，以保证不会破坏主从关系。

5. 多传声器拾音

（1）多传声器的拾音方式

在现场音乐录音中，多传声器拾音技术是比较常用的。多传声器拾音技术中各传声器拾取的信号没有明显的主次之分，它们都作为一种声音信号独立存在。这种拾音技术需要在录音室中通过一定的录音制作技术（多轨录音技术）与技巧制作完成。

（2）多传声器的拾音技巧

电视音乐录音，首先考虑的是目前电视的配音信号主要以单声道为主，所以录音时声场尽量不要放得太宽。采用多传声器拾音技术拾音，应选择锐心形指向性或心形指向性的传声器，并尽量避免使用太多的传声器，以避免合成声道时出现声部的抵消现象。

合成戏曲类的前期录音时应注意混响量的控制，以保证音乐前期录音与现场对白拾音等的统一及声画同步，产生声音的立体感和距离感。

（二）近距离拾音与远距离拾音实验

传声器的方位设置是一门很讲究的学问。传声器的选择与方位设置带有一点主观色彩。有的时候拾音还要根据演奏家、声场、录音设备和创作思想来综合考虑。拾音技术没有绝对的对与错，都是根据特定的场合来考虑。尽管如此，为了获得好的声音，我们还是要知道一些常用的拾音技术。

所有录音声场都有其独特性，主要取决于反射声。在拾音的时候，反射声会或多或少地与直达声混合。传声器的选择，指向性与设置方位就是根据声源与声场之间的一种平衡关系来确定。还有一个关键的考虑因素就是隔离别的声源。

1. 近距离拾音

一般来说，近距离拾音技术（传声器放置在离声源特别近的地方）是为了在捕捉声源的同时回避不想要的空间感觉。一般使用心形指向性传声器（有些特殊场合使用锐心形指向性传声器）来避免声音串扰。尽量让传声器接近声源，同时要注意避免呼吸声、摩擦、琴锤、鼓腔这些不想得到的声音。近距离拾音，一般通过后期的电子效果器或延时器来模拟空间的感觉。

2. 远距离拾音

远距离拾音会得到很多的房间反射声。这种拾音方法就是为了要拾取房间的声学反射。全指向性传声器可以得到从四面八方反射过来的声音，得到完整的环境声音特性。不管使用什么指向的传声器，首先要考虑的都是声源与环境声的平衡问题。如果传声器足够多，经常会将上面两种拾音方式结合到一起，这样可以更好地控制直达声与环境声的平衡。

较远的传声器放置位置，将拾取很小的声音。这种距离与灵敏度的衰减关系不是线性的，传声器的灵敏度变化遵循反平方定律。传声器拾取到的声能与距离是一种反平方关系。例如，当距离增加 1 倍（×2）时，传声器的声能变为原来的 1/4。

（三）声乐拾音实验

1. 拾取美声唱法

录制美声唱法，不需要什么亲切感，最关键是要使人声流畅、干净，并且尽量减少呼吸的声音。那么，录制美声唱法时，嘴与传声器的距离在 40～50 厘米处就可以，只要传声器有足够的拾取能力，并且录音环境足够好。

唱歌的时候离传声器越近，所听到声音的低频就越丰满。

2. 拾取领唱

要想拾取到一种流行的、非常具有亲切感的领唱声音，可将一只心形指向性传声器放置在距离演唱者 15～30 厘米处，并打开低频衰减滤波器。海绵状的防风罩能够有效地抑制住爆破音。最适宜的噪声抑制方法是使用一个单独的防噗屏。

3. 拾取伴唱

伴唱一般有最少 3 个人同时发出声音，每人使用一个传声器拾音最理想。但是，要求录音室有寂静端分割处理，否则，很大可能会产生相位抵消。

在尽可能的情况下，用一只传声器拾取伴唱各声部的人声，也可把传声器调整至全指向性，录清楚每一个人的声音。这样可以保证伴唱歌手之间有交流，具有高度默契感的和声。

在拾取伴唱的时候，伴唱歌手与传声器的距离最重要的不是每个人相同，而是每个人的声音在拾取之后的音量比例要均衡。那么，录音师在控制室中根据自己的耳朵作出判断，并且，借助对讲传声器给录音室内的伴唱歌手下达指令，调整他们之间每一个人与传声器不同的距离，以获得均衡并且浑然一体的伴唱声音。

4. 拾取伴唱/合唱

方式 1：如果有足够数量的可用轨道，可以分别录制各演唱者的声音，传声器的放置方式与录制领唱时所使用的放置方式相同。

方式 2：当同时对多位分别使用单独传声器的演唱者进行拾音时，应该使用锐心形指向性传声器来防止相互之间的干扰，尤其是在传声器之间的距离较近的情况下。

方式 3：当使用单只传声器对多位演唱者进行拾音时，应该将传声器的指向性设置为全向或心形指向性，并将演唱者排列成为一个开阔的半圆形来围绕在传声器的周围。如果是对大合唱进行拾音，那么应该对每个声部使用一只单独的传声器，也可以考虑使用一只额外的立体声传声器。

5. 声乐拾取的技巧

(1) 叮嘱歌手，唱歌的时候不要左右或前后晃动，可以保证他们在唱整首歌曲时音质的统一。

(2) 嘴离开传声器大概 20 厘米左右，避免录入明显的呼吸声音，也可保护传声器不受潮。

(3) 使用乐队伴奏，必须先录好乐队伴奏声。

(4) 歌手需要带着耳机听着伴奏声唱歌。

(5) 分离式拾音可以很好地控制室内声学对声音的影响。

(6) 可以用软件对歌声的声乐音频作品进行某些修饰。

(四) 器乐拾音实验

器乐的拾音需要根据录制的方式来选择传声器的类型与数量。不同的乐器有着不同的发音方法与共鸣腔体，因此，针对不同的乐器，传声器的摆放都不尽相同。以下，我们将通过实验，对乐器的拾音技术提出传声器的选择与放置方案。

图 2-3 小振膜电容传声器

1. 录制钢琴与吉他

录制钢琴与吉他都可以选用心形振膜电容传声器，并根据实际需要选择电子管大振膜电容传声器或小振膜电容传声器(如图 2-3 所示)。

(1) 录制三角钢琴。将两只心形大振膜电容传声器放置在弦上方大约 20～40 厘米，以及踏板后面大约 15 厘米处。一只对准高音区域，而另一只对准低音区域。也可在三角钢琴的后端来拾取低音区域，以得到比较丰满的低音。

(2) 录制立式钢琴。首先除去钢琴前盖，将两只心形大振膜电容传声器放置在弦上方大约 20～40 厘米处。一只对准高音区域，而另一只对准低音区域。

(3) 录制吉他。在音孔附近放置一只大振膜电容传声器,在琴桥附近或琴体的后下方放置一只小振膜电容传声器。并且通过调整两只电容传声器的电平比例来获取优质的声音。

2. 录制长笛

长笛的声音来自于其吹口处和第一个开孔处。

录制方式1:放置电容传声器一只,放置位置距离乐器2米,距离地面高2.5米。

录制方式2:放置电容传声器两只,放置位置距离乐器2米,距离地面高2.5米。其中一只电容传声器对准演奏者的嘴部,另外一只电容传声器放置在和演奏者的右侧大约成90度夹角的位置上。

3. 录制提琴与二胡

小提琴与二胡都属于弓弦乐器,此类乐器的发音主要来源于琴弦与琴箱。可使用一只到两只高品质的心形电容传声器进行录音,拾音时要使传声器方向与共鸣板成直角。

(1) 录制小提琴。使用高品质的心形电容式传声器。传声器从侧面对准琴箱以及琴弦的方向,大约距离30~40厘米。或者传声器方向与共鸣板成直角,大约80~150厘米的高度对准"f"孔。

(2) 录制中提琴。使用高品质的心形电容式传声器。传声器从侧面对准琴箱以及琴弦的方向,大约距离60~100厘米。或者传声器方向与共鸣板成直角,大约100~180厘米的距离对准"f"孔。

(3) 录制低音提琴。传声器在大约40厘米的距离对准其中一个"f"孔。如果所录制的低音提琴是和其他的乐器一起进行合奏,那么就使用一只锐心形指向性传声器在更短的距离之内进行拾音,以免受到来自于其他乐器的干扰。

(4) 录制大提琴。使用两只高品质的心形电容式传声器,一只传声器从大约40厘米的距离对准其中一个"f"孔,另一只传声器放置在较远处,并调整该传声器电平比较近传声器的电平约低20分贝。

(5) 录制二胡。传声器直接对准发音腔体,距离约为50厘米。

4. 录制长号与小号

长号和小号都能够产生高达130分贝的极高声压级,在录音时,应选用心形电容传声器,同时必须打开传声器上面的预衰减开关。某些吹奏技巧会在传声器上产生涡流,有效地使用防喷罩,可以将其产生的噪音削减掉。

录制时,传声器放置在喇叭口的正中间稍侧面的10~60厘米处。必要时,可以在传声器侧面的合适位置吹奏。

5. 录制单簧管

录音环境最佳的是具有反射性的地板的录音室。单簧管在大力吹奏时,所产生的频率(5000赫兹以上)只从喇叭口处发声并一直射向地面。因此,具有反射性的地板的录音室会拾取到更加明亮、辉煌的声音。

单簧管的低中音区到中音区(800赫兹到3000赫兹)的声音只从按键区域发出。随着音高的上升(高中音区到高音区),更多的声音将从喇叭口发出。

在录音时,选用一只心形指向性传声器,并放置在乐器的一侧,这样的放置可以有效地减少按键的噪音,高度调整至与最下面的按键平行。

6. 录制萨克斯管

萨克斯管的声音来自于其喇叭口处和所有被打开的按键处，辐射方向会经常产生变化。大部分的低频是通过其喇叭口产生的，因为此时几乎所有的按键都处于关闭状态。而大部分的高频则来自于靠近吹口处。拾音时，传声器的放置要便于拾取到整个声音频谱，而又不会过分强调某些特别的频率。

录音时，选用一只心形指向性传声器，并放置在对准乐器中部的按键区域，并距离乐器大约 50～100 厘米处。

7. 录制电吉他、电贝司与套鼓

(1) 录制电吉他

使用一只心形指向性传声器，打开传声器上面的预衰减开关，使其从稍微偏离正中的方向大约 8～15 厘米处对准扬声器的隔膜。

(2) 录制电贝司

使用一只心形指向性传声器，使其从稍微偏离正中的方向大约 8～15 厘米处对准扬声器的隔膜。打开传声器上面的预衰减开关。同时使用 DI 盒或贝司放大器上面的线路输出，将直接信号添加到贝司轨上。如果使用不平衡的连接方式(TS 接插件和电缆)，那么必须保证电缆的长度不超过 200 厘米，以避免产生交流声干扰。

(3) 录制套鼓

对套鼓进行拾音需要相当丰富的知识和经验。想得到理想的效果则是一项比较艰难的工作。

方法一：放置两只心形电容传声器在鼓手头部上方 80～120 厘米处。拾取全部打击乐的声音。

方法二：

① 录制吊镲。放置两只心形电容传声器在鼓手头部上方 80～120 厘米处，用于对吊镲进行拾音，并使用均衡器将 1000 赫兹以下的频率切掉。

② 录制悬挂式和落地式的嗵嗵鼓。将一只传声器放置在非常靠近嗵嗵鼓顶部圆圈边缘的位置上。

③ 录制军鼓。将一只传声器放置在顶部上方 3～5 厘米处的位置上。同时可以使用另一只传声器，颠倒它的极性后，从底部对准军鼓。

④ 录制踩镲。使用一只锐心形小振膜的传声器，并放置在远离军鼓的位置。

⑤ 录制大鼓。避免将传声器放置在正对踩锤敲击鼓面的位置，以防拾取到缺乏低频的、干瘪的拍打声。大鼓敲打时，声压级可能会高达 160 分贝，因此，录音时必须打开传声器上的预衰减开关，拆掉大鼓前面的鼓面，将传声器放入鼓腔中，并调整传声器放置的位置，以获得丰满的鼓声。

8. 录制乐队

进行乐队音乐录制可参考以下传声器选择与安置方案：

① 把传声器吊起在离指挥头顶两米多的地方，使整个乐队处于传声器的包容角(大约 120 度左右)内。

② 通过调整 M 传声器和 S 传声器的信号比例，调整声场的宽度。

③ 在需要的地方补充传声器，并使之经过延时器加入适当的延时，以消除补充传声器与主信号之间的时间差。

④ 对比主传声器所拾取的信号，用调音台上的声像电位器调节补充传声器所拾取声部的声像，使之与主传声器所拾取的声音信号达到完美的统一。

（五）录音设备操作

1. 打开电源开关

（1）打开 BETACAM 编辑录像机的电源总开关。

（2）放入 BETA 录像带，并搜索到录音的位置。

（3）打开传声器开关。

（4）连接好监听耳机。

2. 设定录音通道

（1）在操作设备面板中选择 INSERT 下面的 AUDIO。

（2）选择并设定录音的通道。

如果录制声乐作品，可将声乐录制在 CH-1（一声道），伴奏音乐与伴唱合成录制在 CH-2（二声道）。

3. 调整拾音效果

（1）声源位置调整

① 按照录音要求，设定音源的位置。演唱者、乐手要进行第一次预录试音。

② 演唱者、乐手在预录试音时注意调整心情，保持心情的平稳。

③ 预录试音内容为作品的一般音量、最大音量、最小音量等几个部分的片段。

④ 演唱者、乐手在预录试音时需记录前后几次发声的方法、位置以及音量大小，避免出现预录试音与正式录音的前后声音出现较大的差别。

（2）传声器拾音效果调整

在检查所有设备运作正常的情况下，演唱者、乐手使用正常的音量进行试音。在预录试音期间，录音师通过调整传声器的位置以及拾音方式，以达到最佳的拾音效果。

① 前移或后拉传声器，调整声源辐射频率的均衡。

② 高低或俯仰的移动传声器位置，解决纵向的平衡比例。

③ 左右移动传声器位置，解决声源横向的平衡比例。

4. 监听输出音量

在 BETACAM 编辑录像机操作面板上的 HEADPHONE 插孔上插入监听耳机的连接线，通过耳机监听录音效果，并通过调节旋钮调节监听音量。

5. 调整录音电平

利用 BETACAM 编辑录像机操作面板上的 CH-1/CH-2 下方的 REC 旋钮，左右旋转以调整传声器的录音输出电平。调整电平时，需上提 REC（红色）旋钮，电平调整才有效。调整完以后，记住把旋钮下推回原位。

（1）通过耳机监听的效果，调整录音电平。

（2）通过监视电平表的指针摆动，并注意摆动的幅度大小是否在正常值范围。

① 电平表的指针摆动位置在"－10～0"之间，属于正常电平。

② 电平表的指针摆动位置在"0～3"之间，那就表示电平过高，需要降低电平。

③ 电平表的指针摆动位置在"－20～－10"之间，那就表示电平过低，需要升高电平。

需要特别留意声乐与器乐唱奏过程中的高频和低频的声音拾取时的电平。

(3) 采用多个传声器拾音，则需要采用多轨调音台(如图 2-4 所示)对各个音轨的音频分别进行电平与音效的处理。

图 2-4　多轨调音台

6. 录音步骤

(1) 开始编辑

按下 BETACAM 编辑录像机操作面板上的 ASSEMBLE 组合编辑键，指示灯亮，表示进入编辑状态。

(2) 搜索录音入点

当录像带在播放时，时间显示器上会显示 HOURS(时)、MINUTES(分)、SECONDS(秒)、FRAMES(帧)等四个单位的时间。通过时间显示器可准确找寻录音入点时间。

① 旋转 PUSH(搜索盘)快速地 REVERSE(向前)、FORWARD(向后)查找录音入点位置，并按下时间显示器旁的 RESET 键，把时间显示器的读数调整为"0"。

② 按下 PUSH 一帧一帧地精细查找录音入点位置。并按下时间显示器旁的 RESET 键，把时间显示器的读数调整为"0"。

(3) 编辑入点

确定入点后，按 ENTRY＋IN 编辑键编辑入点，指示灯亮，表示入点已经编辑完毕。

(4) 搜索出点

① 旋转 PUSH 快速地 REVERSE、FORWARD 查找录音出点位置，

② 按下 PUSH 一帧一帧地精细查找录音出点位置。

(5) 编辑出点

确定出点位置后,按 ENTRY+OUT 编辑键编辑出点,指示灯亮,表示出点已经编辑完毕。

(6) 预演

按下 BETACAM 编辑录像机操作面板上的 PREVIEW 键,BETACAM 编辑录像机会自动预演。

这时,编辑录像机并不会真正录制音频,只是按照原定的入点与出点进行预演录音。通过观看预演可判断入点与出点是否正确无误。

(7) 正式录音

按下 BETACAM 编辑录像机操作面板上的 AUTO EDIT 键,正式开始录音,录音开始时编辑录像机会预转 5 秒,然后进入入点进行录音。系统会在出点处自动停止音频的录制记录并自动倒回入点处自动回放。

(8) 回放录音效果

仔细监听录音回放效果,发现不尽如人意的地方,需要马上重新录制。

在声乐或者器乐的录音中,尽量在一个时间段之内把一部完整的作品录制完成。因为二次录音时,前后两次的录音效果会产生差异。虽然现在的很多录音软件都能修改录音的效果,但是会给后期处理带来麻烦。

录音效果满意后,记录好录音的准确位置。

(9) 导出并刻录

由于在 BETACAM 编辑录像机中记录的音频是模拟音频,为了更加方便地保存与进行后期的音频处理,需要对其进行模拟-数字格式的转换。

① 打开非线性编辑软件,选择"素材采集"。

② 选择好非线性编辑软件的声音采集模式。

③ 设定采集音频的保存目录与文件名。

④ 在录音作品的记录位置前面 10 秒的地方,按下 BETACAM 编辑录像机播放按钮,使之开始播放。

⑤ 单击非线性编辑软件的素材选项,开始音频的采集。

⑥ 采集完毕后,单击结束。

⑦ 打开计算机中的 CD 光盘刻录软件,完成音频作品的刻录。

六、实验注意事项

1. 录音房间的声学条件是各式各样的,是一个很大的不确定因素,因而由房间各个部分反射声引起的相位关系也是很复杂的,它们往往干扰了立体声系统原有的双声道节目中相位差的运用。

2. 用高通滤波器可显著减少次声和低频噪音的干扰。

3. 录制乐器时需要注意手指按键发出的噪音。

4. 不同期的声乐与器乐录制会产生声音的差异,要是一部音乐作品,必须在同一时间段完成,切忌分期制作。

5. 在一个声学环境不好的房子录音,可先作一些声学处理。采用正当合理的吸声可得到我们想要的隔离效果,但过度的吸声将导致消声室效果,将录音中充满活力的成分带走。

6. 在现有的录音棚里面,我们考虑用一些临时的声学处理措施。可以考虑用吸音布或者可移动的反射板(一面反射,另一面吸收)。这些材料可以根据录音的需要临时移动和摆位。还有就是做一面挂有吸音棉的移动墙或搭一个临时的隔离棚来衰减噪音。

7. 为了防止乐谱架的反射,可用一条毛巾覆盖在乐谱架上面。

8. 一些人声的录音可在充满瓷砖的浴室中进行。利用这种瓷砖的反射可以将普通的人声变得很好。

9. 在一个声学环境不好的房子里,使用一个全指向性的传声器可能会录下设备的风扇声,或者一个传声器里面串进几个演员的声音。

10. 室内驻波会为录音增加额外的低频,75 赫兹左右的室内声学处理非常难,这种处理必须非常小心,因为男声的频率包含这个频段。当声学吉他录音出现"嗡嗡声"的时候,需要使用低切。首先要仔细地听声音,然后再判断低切是否对声音有益。很多传声器上面带有低切功能,对 75 赫兹以下的低频做衰减。

七、实验讨论

1. 讨论声乐拾音技术的操作方式与使用范围。
2. 讨论不同声乐拾音技术的特点及效果差异分析。
3. 讨论器乐拾音技术的操作方式与使用范围。
4. 讨论不同器乐拾音技术的特点及效果差异分析。
5. 讨论不同期的声乐、器乐录音对作品整体效果的影响。
6. 讨论混响声和延迟声的区别是什么?什么样的环境下录音需要加入人工混响?试举例说明。
7. 讨论几种立体声录音制式在应用上的效果差异。

八、实验报告

选择各种传声器并采用多种不同的拾音方式进行声乐与器乐的拾音实验。根据声乐与器乐的拾音过程、拾音方法以及拾音技术,详细填写利用 BETACAM 编辑录像机进行拾音操作、音频效果特点分析、实验评价等内容的声乐与器乐拾音技术实验报告。

实验三　电视节目的音频录制

（综合设计性实验）

一、实验目的

电视节目音频制作是在电视音频录制、编辑系统上，结合电视界面制作完成的。

本实验通过对单点拾音技术的基础原理的介绍，结合单点拾音技术的基本操作方法与步骤，提出在单点拾音技术的操作中常见问题的处理方案，让学生掌握单点拾音技术的操作要领，并掌握相关技术的注意事项。

通过采用 BETACAM 编辑录像机进行实践操作，掌握 BETACAM 编辑录像机的电视音频的录制与编辑技术。

通过对电视节目音频的创作、设计与制作实践，掌握独立完成电视节目音频制作的艺术设计、操作方法与步骤。

二、实验要求

1. 了解单点拾音技术的基础原理。

2. 掌握单点拾音技术的基本操作方法、步骤与操作要领。对于在单点拾音操作中出现的问题，提出可行的、合理的处理方案。

3. 掌握 BETACAM 编辑录像机的音频录制操作与编辑技术。

4. 完成一部长度为 10 分钟左右的电视音频作品的制作。

（1）利用语音录音技术，录制好电视作品的解说词或配音。

（2）录制或采集一至三个音响素材，音响素材的时间不限。

（3）录制或采集三段音乐素材，每段长度约为 2 分钟。

（4）利用编辑系统导入配音、配乐素材，并进行综合艺术设计与音频效果的编辑处理。

5. 认真填写综合设计性实验报告。

根据电视音频作品的创作、设计与编辑，详细填写包括设计构思、操作技术、效果特点、实验评价等内容的综合设计性实验报告。

三、实验场地与设备

1. 实验场地

本实验需要在电视录音编辑室进行实验，如图 3-1 所示。

图 3-1　电视录音编辑室

2. 实验设备

本实验为综合设计性实验，有关的实验设备主要分为：

(1) 拾音部分：单指向性或指向性可变的动圈传声器两只，及其放大器、防喷罩、传声器架、防震架等附属设备。

(2) 监视/监听部分：监视器一台以及监听音箱与监听耳机，耳机放大器。

(3) 调音部分：多轨调音台。

(4) 录音部分：SONY 的 BETACAM 编辑录像机与 BETA 录像带。

(5) 音乐音响播放与素材：CD 播放机与音乐唱片，MP3 播放器与 MP3 格式的音乐素材。

(6) 相关设备的连接线。

3. 设备的连接

(1) 传声器 1(AUDIO-OUT)与调音台(AUDIO-IN)CH-1 相连接，录制语音 1。

(2) 传声器 2(AUDIO-OUT)与调音台(AUDIO-IN)CH-2 相连接，录制语音 2。

(3) 传声器 3(AUDIO-OUT)与调音台(AUDIO-IN)CH-3 相连接，录制音响。

(4) CD 机(AUDIO-OUT)与调音台(AUDIO-IN)CH-4 相连接，录制音乐 1。

(5) MP3(AUDIO-OUT)与调音台(AUDIO-IN)CH-5 相连接，录制音乐 2。

(6) 调音台(AUDIO-OUT)与 BETACAM 编辑录像机(AUDIO-IN)相连接。

(7) BETACAM 编辑录像机(AUDIO-OUT)与监视器(AUDIO-IN)相连接。

(8) BETACAM 编辑录像机(VIDEO-OUT)与监视器(VIDEO-IN)相连接。

4. 设备安置

(1) 选择合适的传声器放置距离。近距离的单点拾音应选用低灵敏度与动态范围宽的传声器。

(2) 传声器的放置要在声源比例平衡之处。

(3) 传声器的放置要在声源声场中直达声与反射声的辐射频率均衡之处。

(4) 安装好传声器防震架。

(5) 安装好传声器防喷罩。

四、实验基本理论

电视节目的前、后录音中，主要采用单传声器拾音技术，即单点拾音技术，如图 3-2 所示。

图 3-2　单点拾音技术

在电视节目录音中，常常追求发声人语音的准确再现，而不希望出现失真，同时还要表现发声人所在环境及空间位置。利用单点拾音技术能使用一个传声器拾取到声场中点的声信号，产生真实、自然的感觉。单点拾音技术对传声器的灵敏度要求不严格，重要的是传声器的频响和指向性。

专业录音室应使用低阻抗传声器，由于传声器连接线一般都从录音间经传声盒过墙后再进入控制室的调音、录音系统，因此要用到很长的电缆来连接，所以选用低阻抗传声器可减少信号衰减现象。此外，还应使用平衡线。平衡线的优点在于，该线的两根导线拾取不需要的噪声信号的强度相等，因而两者能互相抵消掉。最后，还应使用平衡的插头：XLR（俗称卡农头或公母头）或者是大三芯的 TRS。

在电视节目的语音录制中，可以尝试放置传声器离声源比较近的距离。放置传声器离声源比较近的距离可拾取到较多的低频部分。但是，如果离传声器太近，就会使传声器产生过多的低频谐波共振，从而导致低频的变形、失真。但是，在不使声音失真的前提下，可以有效地利用这种方法，使得拾取的声音更加丰满，并且具有一定的亲切感。

五、实验方法与步骤

（一）电视音乐音响作品的设计

电视音乐音响作品的设计包括以下三个方面：

（1）电视音乐音响作品题材的设计。

（2）电视音乐音响作品解说词文字稿本的设计与编写。

（3）各位配音演员的具体声音、语音节奏、情绪要求以及角色定位的设计。

（二）电视音乐音响作品配音演员选择与训练

1. 配音演员的选择

在为电视节目配音时，选择配音演员的实质就是为电视节目选择具有特点的声音。由于个人生理条件的不同和接受语音发音训练的不同，每个人的声音都有各自的特点，对发音的控制能力也有很大的差异。一般来说，受过专业语言训练的人士，对声音的控制能力比较强，对声音造型的可塑性就比较大。

选择配音演员的最基本要求是吐字清晰、发音准确，音色要好（要公开发行的作品，按国家的有关要求，解说员的普通话水平测试等级应达到一级甲等）。

2. 配音的基本步骤

（1）准备好声音工作状态

如果没有受过专业发声训练，一般人对自己的声音很难作出合适的控制与调整，所以，在正式配音前的过度用声可能造成声音嘶哑，休息不充分或饮食不当也会对声音状态产生影响。在正式录音前，配音员最好要有比较充分的休息，调整好自己的生理状态。

（2）配音前充分熟悉稿件

由于配音演员自身的专业知识基础有限，所以，对于稿件中出现的专有名词、专业词汇、古汉语等的读法不一定能读准，所以要虚心请教专家或作者，对多音字或是一些较生僻的词语要认真地查阅字典，标注字音，以免出错。在基本了解稿件内容的基础上，正确把握播读时的停连关系，必要时做好标记，以免在正式录音时要多次暂停工作或影响播读效果。开口读一读稿件，练习一下发音，不但能帮助配音演员熟悉稿件，还能找到容易读错的地方，甚至找到播读、配音时的感觉。

配音用的稿件要求是已经完成的脚本，最简单的也应该在稿件中完整体现出界面形象和解说词、配音内容两部分。如果能按以上要求准备好稿件，稍有电视配音经验的人在正式配音前浏览一遍界面，就能比较轻松地找到声音“进入”界面的位置。

3. 配音演员之间的配合训练

电视节目的配音，如同真正意义上的表演。因此，配音演员之间的配合训练尤为重要。在把自己所要配音部分的内容熟悉以后，可以与其他配音演员一起联合排演。对对脚本、模拟录音表演训练，这能为配音演员之间找到配合与默契的感觉。在排演中可以及时地发现问题，如角色定位、情绪酝酿、时间配合等。应尽快寻找解决的方案，调整相互的默契，为正式的录音做好前期的准备工作。

4. 正式录音时的注意事项

（1）避免产生噪音

① 配音演员最好不要处于过饱或过饥的状态，否则会影响录音效果。

② 在录音间内工作时，要注意避免配音演员的着装和身上佩带的饰物发出响声。

③ 工作时应关闭手机或其他通信工具，以免造成工作时的信号干扰。

④ 稿件最好复印成 A4 纸大小但无需装订，以免播读时翻页的声音被传声器拾入。

⑤ 如果纸张太薄，也可能会带来翻页时的困难或产生明显的噪音。

⑥ 在念完一张稿纸后，可以轻轻把它放在桌面上一边或让其轻轻滑落在桌上，等工作完毕后再收拾整齐。

（2）稿件字迹清楚

稿件要书写或打印清楚，字体不要太小，要清晰，易于辨认，假如播音员一边读还要一边找下一句在哪里，无疑会影响工作状态和工作效果。

（3）声画同步

为电视片配音时，最好避免采用单纯播读解说词的录音方式，假如能看着界面进行配音，能比较容易地和界面上的段落层次相配合，播读时也能照顾对准界面的要求。

（4）语言的逻辑关系

熟悉内容，用正确的停连处理反映解说词内容的逻辑关系。不要一口气地往下读，到需要换气的地方才急忙停顿，这样做，往往让观众听不出"标点符号"，也不容易听明白解说的内容。

（5）控制语速和读音

录音时注意控制语速和准确读音。播读时语速不要太快，一般用正常的音量，要注意吐字清晰、饱满，读准声、韵、调，同时注意在语流中音调的正常变化。

（6）及时修正错误

正式录音时，最好能安排有人从旁监听（最好是作者），所以，录音稿应该多复印几份，以备工作需要。有时，播音员在念稿时没能及时发现出错（可能是发音错误或稿件中的错误），监听人员应及时指出，发现错漏应及时修正。作修改时，最好是重读相关的一段，而不是一个或几个字，甚至是一句话。

在录音完成之后又发现其中某处有错漏时，会有些麻烦。因为，录音师要考虑如何保持声音效果的一致。对于没有受过严格专业训练的人来说，在录音的前段时间或后段时间，声音的录音效果是一定有差别的（如声音大小、高低、洪亮或嘶哑等）。如果几天后再来修改，声音差别肯定会更加明显。当今的录音技术足以让我们能做到修改其中的某个字的发音，但当我们把前后录音的效果合起来时，就不难听出其中的差异，让人感到不太舒服。要解决这个问题，成段地重新录音，可以说是一个较好的方法。由于段落之间一般停顿稍长些，这就缓和了人们听觉感受上对两次录音的声音效果的差异感。此外，录音完毕要认真复听，发现问题应及时修改。

（7）记录录音位置

录音完毕后，仔细记录录音磁带的记录时间位置以及磁带摆放的位置，以便下次使用时能方便地找出来。

（三）电视音乐音响作品的视频编辑

电视音乐音响作品的视频编辑包括以下两个步骤：

(1) 在现有的电视作品中选择与主题相关的视频素材。

(2) 对电视作品视频素材进行剪辑与艺术编辑。

（四）电视音乐作品的音乐设计

1. 电视音画关系

电视艺术的声音主要由人物语言、音乐、音响等构成。音乐在表现界面气氛、情绪、意境等方面，比其他的声音有更好的表现力与艺术感染力。那么，如何更恰当、有效地进行电视音乐的设计，我们就要从以下几个方面进行研究。

(1) 电视音乐与界面的关系

电视音乐与界面的关系，对于整部电视作品的艺术表现起到关键的作用。在设计电视音乐之前，首先要深入了解界面内容；然后，再考虑用怎样的音画关系进行艺术的表现。在设计音画关系的时候，需要关注的内容有：从大体上关注，整部电视作品的时代背景、人物个性、时间段落、民族民间特色等；从局部上关注，情绪、气氛、意境、时间长短、节奏快慢等。一般情况，电视音乐与界面的关系大致使用以下两大类。

① 和谐与统一

电视音乐与界面的和谐与统一，指的是音乐与界面在情绪上、气氛上、节奏上、时间上等做到一致，产生和谐的感觉。这种音乐与界面的关系，在电视艺术片中是最常见的。

在理论教学片、风光片、政论片等制作过程中，为了使界面内容表现得更清晰、更易懂，往往使用相应的音乐进行编配。音乐使理论教学片不会太乏味；使风光片更能体现其风景优美和民族特色；使政论片更能体现政治风云、政治历程。

电视音乐与界面的和谐与统一，实际是“依画配声”的一种电视制作的手法，由于其体现方式的直接、明确，因此受到广大电视制作者以及观众的喜欢。

② 并行与对立

所谓并行，指音乐在艺术表现上，不盲目地根据界面的变化而变化，而是采用与界面情绪、意义相同或者相近的相对完整的音乐与界面并行发展。这种方式可有效避免音乐为了迁就界面内容，而机械地服从界面变更，使音乐在变换过程中变得支离破碎。音画并行方式保留了电视音乐的相对完整性。

所谓对立，指音乐与界面成逆反方向发展，使音乐与界面在情绪上、气氛上形成一个鲜明的对比，产生强烈的艺术效果。这种艺术手法在描写悲哀与喜悦、严肃与滑稽等对比性界面时应用最多。

2. 电视(教学)片音乐的设计

在了解电视音乐与界面的关系以后，我们可以尝试进行音乐的设计。音乐的设计主要从以下几个方面考虑。

(1) 根据电视(教学)片的类型设计音乐

在设计音乐之前，首先了解该电视(教学)片是属于什么类型的，如理论课程讲授型的教学片、实验课程或技术示范型的教学片、介绍地理或环境的风光片、政论片、介绍历史或历史事件的纪录片等，要根据其类型设计音乐。

(2) 根据电视(教学)片的风格设计音乐

音乐的风格与界面风格必须一致，这样才能给观众以真实、和谐、统一的感觉。电视(教学)片的风格包括界面的拍摄风格、时代风格、民族风格、艺术表现风格等。

(3) 根据电视(教学)片的情感、节奏设计音乐

电视(教学)片的音乐设计离不开情感、节奏。音乐的情感与节奏只有在与界面一致时，音乐才能调动电视(教学)片的教学气氛，培养良好的学习情绪。

(4) 根据电视(教学)片的内容设计主题音乐

电视(教学)片音乐由片头音乐、片尾音乐以及分散在各个段落的音乐组成。一般电视片都会有主题歌或主题音乐贯穿全片。它对于全片艺术风格的统一，主题的概括、揭示和深化起着重要的作用。

(5) 根据电视(教学)片的内容设计背景音乐

在电视(教学)片里，音乐有很大部分时间都以背景音乐的形式体现。但是，背景音乐的配置不是随便地、由始至终地选用一首曲子就可以完成，而是必须根据界面内容的需要，有目的、有选择地进行音乐的设计。只有这样，我们才能听到优美的音乐，同时又能在电视(教学)片中感受到音乐的艺术作用。

(6) 根据电视(教学)片的内容整体设计音乐

电视(教学)片是根据一定的规律展开、发展的，必定有其开始、发展、高潮、结束，这与音乐中呈现的起、承、转、合是一样的。因此，电视(教学)片中的音乐可以通过重复、对比、对称、变奏、发展等技法，根据电视(教学)片的整体内容，对各界面、各段落环节内容之间的关系，从整体上设计音乐。

只有全面地对电视(教学)片的音乐编配作出定位，才能更好地运用音乐，提高电视作品的艺术(教学)效果。

3. 背景音乐素材选择与整理

根据作品需要，在CD唱片、网络音乐等资源中搜集有用的素材，并选择有用的音频素材进行音频处理与项目整理。

(五) 电视音乐的录制与编辑

1. 制订录音方案和录音计划

制订好在录音室中录制音乐与音响的录音方案与录音计划。

2. 选择好相关的设备与工具

进入录音室之前，需录制的音乐作品要事先选择并编辑、准备好。

(六) 电视音响的设计与素材制作

1. 音响素材选择与整理

根据作品需要，在电影音效、网络音响等资源中搜集有用的素材，并选择有用的音频素材进行音频处理与项目整理。

2. 创作并设计音响的录制内容与录制方案

需要在录音室制作的音响要进行大胆的创作与精心的设计，充分考虑其制作可能与预

想制作效果。准备好录制音响所需的物质材料。

（七）录音操作步骤

1．打开电源开关

(1) 打开 BETACAM 编辑录像机的电源总开关，放入 BETA 录像带。

(2) 打开调音台电源总开关。

(3) 打开所有传声器开关。

(4) 打开监视器电源总开关。

2．设定录音通道

(1) 在操作设备面板中选择 INSERT 下面的 AUDIO。

(2) 选择并设定录音的通道。

一般在电视配音中，配音、解说词被录制在 CH-1（一声道），音乐音响被录制到 CH-2（二声道）。

此实验中，由于使用了多轨调音台，因此音乐与音响的录音可以同时分别录入不同的轨道，并分别进行多个轨道的音频处理，最后混音合成为一个总音频文件输出。

语音可按照录音的人数使用通道，可选用 1～2 通道。

音乐素材可使用 1～2 个通道，可选用 3～4 通道。

音响制作可使用 1 个通道，可选用 5 通道。

3．调整拾音效果

在检查所有设备运作正常的情况下，配音、播音员与音响制作人员需要进行几次的预录试音。在预录试音期间，录音师通过调整传声器的位置，调整录音电平，以达到最佳的拾音效果。

录音师保持清醒的头脑，灵敏的耳朵，随时留意播音员声音、心理的变化，作出敏捷的、及时的录音技术调整方案。尽力在前期录音时得到接近理想效果的声音，否则会增加后期处理时不必要的麻烦。而且后期很难做到前期录出来的声音效果。

(1) 调整音响拾音效果

音响制作人员在进行音响试录的时候，应该了解音响制作的实际效果，以及时调整录音方法与制订进一步的录制方案。

① 前移或后拉传声器，调整声源辐射频率的均衡。

② 高低或俯仰地移动传声器位置，解决声源纵向的平衡比例。

③ 左右移动传声器位置，解决声源横向的平衡比例。

(2) 调整语音拾音效果

① 预录试音内容为作品的一般音量、最大音量、最小音量等几个部分的片段。

② 配音、播音员在预录试音时注意调整心情，保持心情的平稳。

③ 在预录试音时需记录前后几次发声的方法、位置以及音量大小，避免出现预录试音与正式录音的前后声音出现较大的差别。

④ 使用单点拾音方式录制电视节目解说词。

⑤ 尝试安置传声器离声源比较近的距离，以获得不失真但又饱满的音色。

⑥ 录语音时，需防止传声器可能引起的中高频和高频的共振，从而加重“呲呲”声与“咝咝”声。

4. 监听输出音量

(1) 利用耳机监听输出音量

在 BETACAM 录像编辑机操作面板上的 PHONE 插入耳机的连接线，通过耳机监听录音电平与音响效果。

(2) 利用显示器监听输出音量

由于 BETACAM 录像编辑机与显示器的视音频连接线相连接，可以直接通过显示器直接观看到正在编辑的电视界面以及可以监听到录音电平的总输出效果。

5. 调整录音电平

利用 BETACAM 录像编辑机操作面板上的 CH-1/CH-2 下方的 REC 旋钮左右旋转，以调整传声器的录音电平。调整录音电平时，需上提 REC 旋钮，电平调整才有效。调整完以后，记住把旋钮下推回原位，音频电平控制面板如图 3-3 所示。

图 3-3 音频电平控制面板

(1) 通过耳机监听的效果，上下推动调音台上对应音轨的推子，调整录音电平。

(2) 通过监视电平表的指针摆动，并注意摆动的幅度大小是否在正常值范围。

① 电平表的指针摆动位置在“－10～0”之间，属于正常电平。

② 电平表的指针摆动位置在“0～3”之间，那就表示电平过高，需要降低电平。

③ 电平表的指针摆动位置在“－20～－10”之间，那就表示电平过低，需要升高电平。

6. 录音操作

(1) 开始编辑

按下 BETACAM 录像编辑机操作面板上的 ASSEMBLE 组合编辑键，指示灯亮，表示进入编辑状态。

(2) 搜索录音入点

当录像带在播放时，在时间显示器上会显示 HOURS(时)、MINUTES(分)、SECONDS(秒)、FRAMES(帧)等四个单位的时间。通过时间显示器(如图 3-4 所示)可准确找寻录音入点时间。

图 3-4 时间显示器

① 旋转 PUSH(搜索盘)快速地 REVERSE、FORWARD 查找录音入点位置,并按下时间显示器旁的 RESET 键,把时间显示器的读数调整为"0"。

② 按下 PUSH 一帧一帧地精细查找录音入点位置。并按下时间显示器旁的 RESET 键,把时间显示器的读数调整为"0"。

(3) 编辑入点

确定入点后,按 ENTRY+IN 编辑键编辑入点,指示灯亮,表示入点已经编辑完毕。

(4) 搜索出点

① 旋转 PUSH 快速地 REVERSE、FORWARD 查找录音出点位置,

② 按下 PUSH 一帧一帧地精细查找录音出点位置。

(5) 编辑出点

确定出点位置后,按 ENTRY+OUT 编辑键编辑出点,指示灯亮,表示出点已经编辑完毕。

(6) 预演

按下 BETACAM 录像编辑机操作面板上的 PREVIEW 键,BETACAM 编辑录像机会自动预演。

这时,编辑机并不会真正录制音频,只是按照原定的入点与出点进行预演录音。通过观看预演可判断入点与出点是否正确无误。

(7) 正式录音

按下 BETACAM 录像编辑机操作面板上的 AUTO EDIT 键,正式开始录音。录音开始时编辑机会预转 5 秒,然后进入入点进行录音。录音过程中,录音操作面板 REC 与 PLAY 指示灯亮,表示正在录音。录音操作面板如图 3-5 所示。

图 3-5 录音操作面板

系统会在出点处自动停止音频的录制,并自动倒回入点处自动回放。通过回放,可以从监视器上监看视频与音频的结合是否有效,是否符合要求,是否满意。监视器上适合使用中等的音量进行视音频作品的播放,切勿用过小或过大的音量进行播放,以免影响电视作品整体的监听与调整。

7. 录音顺序

(1) 语音

电视录音首先录制解说词或者人物的对话，可以直接记录在 DATE 录像带的一声道。

(2) 背景音乐与音响

DATE 录像带的二声道用以记录背景音乐与音响。一般情况下，音乐与音响是同时或先后录制的。

如果音乐与音响在电视作品中不是同时出现，可以选用先后录制的方法。在操作上就按照一般的录音操作进行，注意设定好录音的出点与入点，以免后面录制的音频覆盖了前面的音频。

如果音乐与音响在电视作品中是同时出现，则需要选用同时录制的方法。方法如下：

① 背景音乐采用线路输入，音乐直接由 CD 播放机或者 MP3 播放器输出到调音台。

② 音响要是采用现有音频素材的话，也可以采用线路输入，音响直接由 CD 播放机或者 MP3 播放器输出到调音台。

③ 通过调音台的不同轨道，同时调节音乐与音响的电平，以达到所要的声音效果。

由于 CD 唱片以及 MP3 音频文件都可以多次、反复地播放，而且也有着比较良好的音频效果与稳定的电平，因此，当音乐与音响资料合成操作时还比较简单，只需要通过监听当时的音频效果就可以比较便捷地进行音量的调整。

如果需要在录音室中录制音响、拟音，录音操作上与一般的录音操作相同，同样需要注意设定好录音的出点、入点与录音电平。拟音需要前期的精心创作与设计。在录制过程中，需要注意音响的方位感、节奏感等音响的感觉。

在录音室中录制音响、拟音与音乐需要同时完成时，其音响比例、音响效果需要在正式录音前反复地试录与调试。录制时需要细心调整录制音响的传声器拾音音量，以及音乐播放的输出音量，最后达到两个音量的均衡，同时也能达到预想的音响效果。同时还要讲求团队的合作与默契的配合。

由于此次实验还使用了多轨调音台（如图 3-6 所示）进行调音，因此每一个通道音频都可以进行个性化的调整，可以根据音频的需要进行混响、回声等音效的调节。

图 3-6 多轨调音台

(八) 效果特点分析

在整个录音过程结束以后，通过显示器观看并聆听整个作品的录音效果是否完美。主要从以下几个方面分析。

(1) 声画是否同步。

(2) 语音是否都保持着一定的平衡，无时大时小的现象。语音是否清晰、干净、饱满、圆润，有一定的声音个性，能塑造出不同的人物性格。

(3) 音乐的音量是否适中，既能为作品营造氛围，也不失有相对的整体性与目的性。音乐是否有按照设计需要淡入、淡出，或者直接切入。直接切入时电平是否合适，有没有出现声音突兀的现象。

(4) 音响声音是否干净、清脆，音响是否有设计的现场效果，如合适的回声等。

六、实验注意事项

1. 在立体声制作的广播、电视剧、戏剧等节目的语音录音中，根据需要与声音效果要求，选择单点拾音技术或者多传声器拾音技术。

2. 一般的语音录制使用心形指向性或锐心形指向性传声器。

3. 设备连接时注意输入、输出匹配，在连接音箱线时一定要细心，以正接正，以负接负来进行连接，避免出现正负线接错，出现声音反相的情况。

4. 设备使用前必须通电检查。注意音量控制，防止电平过高造成设备损伤。

5. 实验时要注意安全，要安静，不得喧哗。做好实验前可预知性问题的准备工作。

6. 录音师与播音员或演唱者沟通要平和，尽量让播音员以平稳的心态进行播音。

七、实验讨论

1. 讨论单点拾音技术的使用范围与特点分析。

2. 讨论不同期的录音对作品的影响和效果的异同分析。

3. 在电视录音室中，语音的拾音技术要注意哪些?

4. 电视作品的配音、解说词设计要注意哪些方面?

5. 电视配音录制过程中要注意哪些问题?

6. 电视音乐的选择与编配要遵循什么原则?

7. 如何配合团队进行电视音乐音响的创作与排演?

八、实验报告

1. 采用单点拾音的方式，使用动圈传声器进行拾音，使用 SONY 的 BETACAM 编辑录像机进行电视音频录音实验。根据录制过程以及录制技术详细填写设备安置与连接、实验内容与步骤等内容的实验报告。

2. 通过综合性艺术设计，提出在电视录音室中，录制语音与音乐所选用的录音设备与录音技术的整体设计方案。

3. 以实验小组为单位，通过综合性艺术设计，创作并编辑完成一部时间长为10分钟左右的电视音乐音响作品。根据创作与制作过程，详细填写电视音乐与音响创作、制作的综合设计性实验报告。

实验四　非线性编辑系统音频技术

（综合设计性实验）

一、实验目的

本实验通过对非线性编辑系统音频技术基础原理的介绍，结合非线性编辑系统音频编辑的基本操作方法与步骤，提出在非线性编辑系统中，数字音频的编辑与特技处理的技术方案。

熟练掌握非线性编辑系统数字音频编辑的艺术与技术，为一个长度约8分钟左右的电视作品进行音频的选配与编辑处理。

二、实验要求

1. 了解非线性编辑系统音频技术基础原理。

2. 掌握非线性编辑系统中，数字音频编辑与音频特技处理的操作方法、步骤与操作要领。

3. 为一个长度约8分钟左右的电视作品进行音频的选配与编辑处理。

4. 根据电视作品的音频设计、选配与编辑，详细填写包括设计构思、操作技术、效果特点、实验评价等内容的综合设计性实验报告。

三、实验场地与设备

1. 实验场地

本实验需要在安装有非线性编辑系统的电视编辑室进行实验，如图4-1所示。

图 4-1　非线性编辑系统

2. 实验设备

本实验为综合设计性实验，需要使用多媒体计算机(已安装非线性编辑系统与视音频采集卡)、显示器(两台)、监视器、监听音箱、监听耳机、相关设备连接线、音乐CD素材与刻录光盘进行实验。

四、实验基本理论

非线性编辑系统将传统的电视节目后期制作系统中的切换机、数字特技、录像机、录音机、编辑机、调音台、字幕机、图形创作系统等设备集成于一台计算机内。非线性编辑系统包括软件与硬件。一个非线性编辑系统从硬件上看，可由计算机、视频卡、声卡、高速AV硬盘、专用板卡(如特技加卡)以及外围设备构成。为了直接处理高档数字录像机来的信号，有的非线性编辑系统还带有SDI标准文字的数字接口，以充分保证数字视频的输入、输出质量。其中视频卡用以采集和输出模拟视频，也就是承担A/D(模/数)和D/A的实时转换。从软件上看，非线性编辑系统主要由非线性编辑软件以及二维动画软件、三维动画软件、图像处理软件和音频处理软件等外围软件构成。随着计算机硬件性能的提高，视频编辑处理对专用器件的依赖越来越小，软件的作用则更加突出。专业级的非线性编辑系统处理速度高，对数据的压缩小，因此视音频的质量高。此外，高处理速度还使得专业级的特技处理功能更强。

非线性编辑系统没有采用磁带而是用硬盘作为存储介质，记录数字化的视音频信号，硬盘可以满足在1/25秒内任意一帧界面的随机读取和存储，非线性编辑系统是把输入的各种视音频信号进行A/D转换，采用数字压缩技术存入计算机硬盘，从而实现视音频编辑的非线性。非线性编辑的巨大推动在于视频码率压缩，码率压缩技术的进步使低码率下仍有很高质量的图像，这样就使光盘或硬盘的容量不再是制约使用的瓶颈。而且码率压缩可以很容易实现时间轴上的压扩。对于存储于光盘或磁盘中的素材，进行非线性编辑时，只需要定下素材的长短并按连接的顺序编一个节目表，即可完成对所有节目的编辑。

非线性视频编辑系统在对数字视音频文件的采集时，系统使用实时视音频采集回放卡来记录素材，可使编辑具有实时性。在计算机的软件编辑环境中，可以随时多次反复地、准确而快速地寻址、编辑和处理。在实际编辑过程中只是编辑点和特技效果的记录，录放时没有磁头与盘片的接触，不产生磨损。因此任意的剪辑、修改、复制、调动界面前后顺序，都不会引起素材质量的下降，克服了传统设备的弱点。非线性编辑系统建立在计算机基础上，可以通过网络，实现资源共享。编辑好的视频、音频信号通过录像机录制在磁带上，或者直接使用计算机的刻录软件刻录到数据光盘上。

五、实验方法与步骤

(一) 设备的配置与连接

1. 设备的配置

(1) 多媒体计算机(安装非线性编辑系统、相关编辑软件以及光盘刻录软件)。

(2) 与计算机主机相连接的两台显示器。

(3) 与计算机相连接的监视器。

(4) 与计算机相连接的监听音箱、监听耳机。

(5) DVD 刻录机。

(6) 设备相关的连接线。

2. 设备的连接

(1) 多媒体计算机(安装非线性编辑系统、相关编辑软件以及光盘刻录软件)与监听音箱相连接,计算机的音频信号输出到监听音箱。

(2) 多媒体计算机(安装非线性编辑系统、相关编辑软件以及光盘刻录软件)与监视器相连接,计算机的视频信号输出到监视器。

(3) 两台显示器与计算机主机相连接,计算机的信号输出到显示器。

(4) 多媒体计算机(安装非线性编辑系统、相关编辑软件以及光盘刻录软件)与 DVD 刻录机相连接,计算机的视音频信号输出到 DVD 刻录机。

(二) 实验方法与步骤

1. 音频的艺术设计

(1) 预览视频

一般的电视制作中,都是先完成好视频,再编配音频。由于视频基本上都已经完成了,其主要内容、段落与界面节奏都基本不变,时间长短也基本定型,可以看到这个电视作品的完整的视频结构。在编配音频之前,预览整个视频,对电视作品的内容有一个整体的印象,了解其内容的陈述方式、陈述对象、陈述结构,对后期音频的设计与编辑会有很大的帮助。

(2) 阅读制作脚本

制作脚本是整个电视节目的主要内容的文字呈现。制作脚本中有关于界面与音乐的相关信息,从阅读制作脚本的过程中,了解作品的开始、发展、变化、高潮与结尾,能清楚地了解作品的创作脉络以及段落层次。

(3) 添加解说词

对应界面添加解说词是音频制作的第一步。电视解说词能把观众的想象活动与界面上呈现出的直接感受结合起来,把间接信息与直接信息结合起来,通过界面形象和有声语言的碰撞和交流,产生新的效果,大大扩展了界面的外延,深化了界面的内涵,使界面表现力有很大的扩张。

电视解说词可以引起注意、引导观察。

电视解说词可以揭示主题、阐明意义、强化本质、抽象概括。

电视解说词可以作为镜头组接的因素。

电视解说词可以补充说明,以弥补界面形象的不足。补充说明界面表达不出来,观众又需要了解的内容;补充说明界面表达不完整而又是表达主题不可缺少的内容;补充说明只从界面看不明白或者不容易看明白的内容;以及补充说明帮助观众对界面加深了解和扩大知识面的有关内容。

因此,在界面中添加解说词,需要选择好入点与出点,能在合适的位置上对界面进行同步的说明与描述,并注意声画内容的情绪一致,使解说词与界面一起完成事件的阐述和形象的整体塑造。

完成解说词的添加以后，我们可以开始进行音乐的设计。

(4) 音乐设计

音乐作为一种心灵的艺术，在我们精神生活中起到了巨大的作用。电视音乐犹如电视艺术呼吸空气一样，以其独特的艺术表现力感染着观众。

电视音乐的设计需要有一个整体的布局，并对应电视界面与解说词进行音乐的设计与编配。

① 主题音乐的设计

每一部电视作品都有其主题，为电视主题选择与创作主题音乐是十分必要的。主题音乐的创作与选择要注意以下几个方面：

第一，主题音乐的旋律个性要鲜明突出。

第二，主题音乐的风格要与界面的风格一致。

第三，主题音乐要能体现时代性与民族性。

② 片头音乐的设计

片头音乐的使用是在电视作品的开始，它对整部作品给观众的第一印象至关重要。

片头音乐的设计要根据电视界面的主题内容、片头界面的节奏、特技、动画运用等方面进行设计。力求在音乐的配合下，使界面内容更加具体、明确，主题更加形象、突出。在音乐与界面的共同影响下，达到表意目的，与观众形成一定的心理效应，使观众产生共鸣。

③ 过渡段落音乐的设计

所有电视界面都是一帧一帧的界面组合而成，而每一组界面镜头的内容、所表达的气氛不尽相同。在界面转换过程中，镜头之间的过渡往往通过一些特技手法，使界面过渡得更加顺畅、自然。

在界面段落转换的位置选用音乐进行过渡，经过音乐设计可以达到以下的效果：

第一，让不同的界面内容随着音乐的连接而自然过渡。

第二，通过音乐情绪的变化，向观众预告了接下来要展开的界面镜头或冲突。

第三，通过固定的音乐，明确地表明段落的标题。

④ 背景音乐的设计

背景音乐主要运用观众的听觉与视觉等感觉器官之间的“通感”，引起人们的联想，为界面开拓更为广阔的、形象的、气氛的、情感的空间，使界面具有一种真切的直观性与生动的情感性色彩。背景音乐的使用，主要为了烘托与渲染界面气氛，以声表情，声情并茂。

背景音乐的设计力求在音乐与界面的共同影响下，与观众形成一定的心理效应，达到表意目的。

背景音乐的创作与选择需要注意以下几点：

第一，配器不要太复杂、浓重，宜用轻、淡、薄的配器。

第二，背景音乐的出现需注意其目的性与相对完整性。

第三，背景音乐的曲式相对一般的音乐曲式比较随意，以单段体为主。

第四，背景音乐的编配要注意突出界面与解说词的内容，切忌喧宾夺主。

第五，背景音乐的编配要注意淡进、淡出的艺术处理。

⑤ 片尾音乐的设计

片尾部分是电视作品整体内容的总结与高潮部分，因此，片尾音乐的运用与片头音乐的运用同等讲究。片尾音乐要起到整体概括、带动高潮、再现主题等作用。精心的音乐设计，能为整部电视作品画上一个圆满的句号。

2. 音频的编辑技术

本实验以中映非线性编辑系统（如图 4-2 所示）为例，作非线性编辑系统数字音频的编辑与特技处理的操作方法、操作步骤的说明。

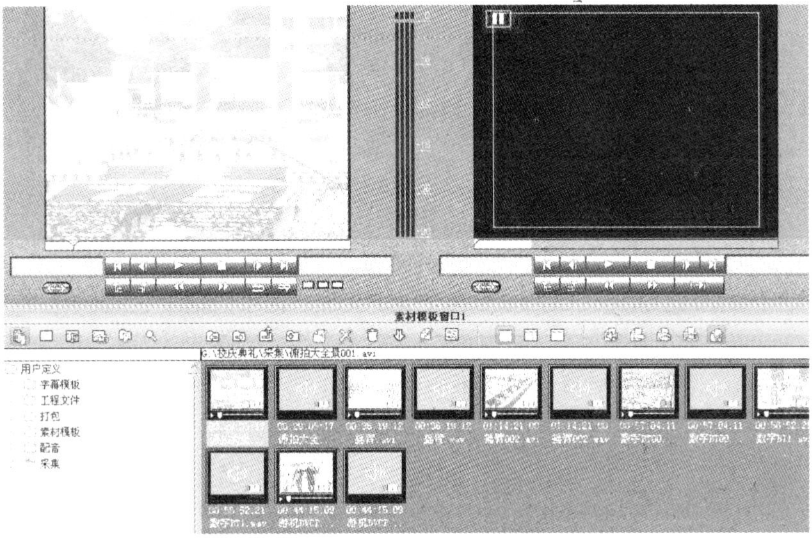

图 4-2　中映非线性编辑系统的操作界面

（1）内部音频素材的导入

① 双击显示器桌面图标，进入非线性编辑系统操作主界面。

② 在主界面的“用户定义”下拉菜单中选择“采集”选项。

③ 在“采集”选项中，单击右键，弹出下拉菜单，并选择“导入”。

④ 在弹出的“浏览文件夹” 操作对话框中（如图 4-3 所示）选择计算机中的音乐音响素材或素材文件夹，并单击“确定”按钮。

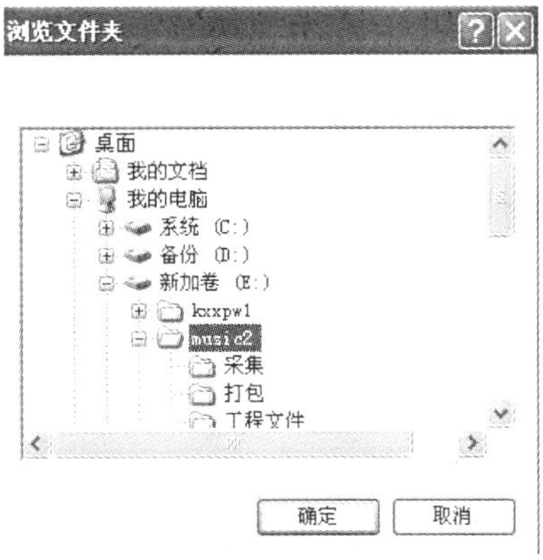

图 4-3　“浏览文件夹”操作对话框

(2) CD 光盘中音频素材的引入

① 双击显示器桌面图标,进入非线性编辑系统。

② 在主界面的"素材模板框"中单击右键。

③ 在弹出的选项中,把鼠标移动到"引入"选项,并在其弹出的选项中选择"音乐 CD 导入"(如图 4-4 所示)。

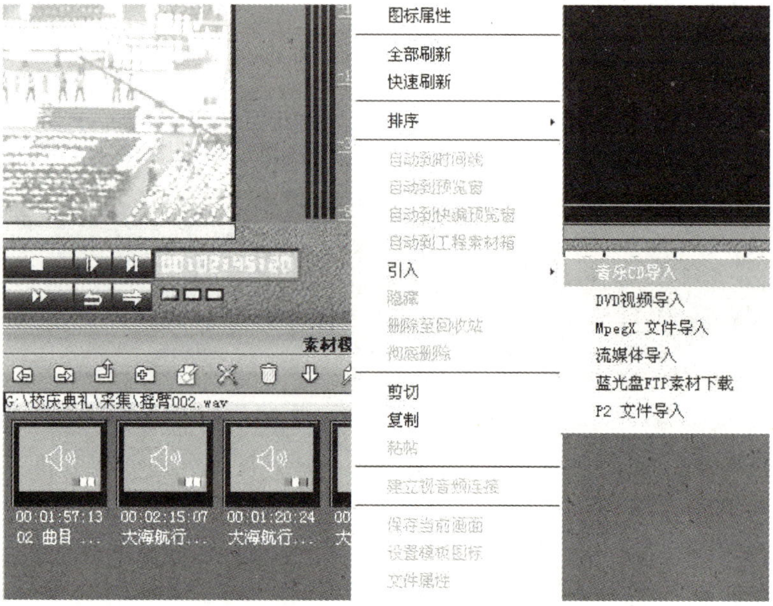

图 4-4 "音乐 CD 导入"选项

④ 单击右键,弹出下拉菜单,并选择"导入"。

⑤ 在弹出的"音频 CD 数字导入"窗口(如图 4-5 所示)选择需要导入的音频,并单击"抓轨"。

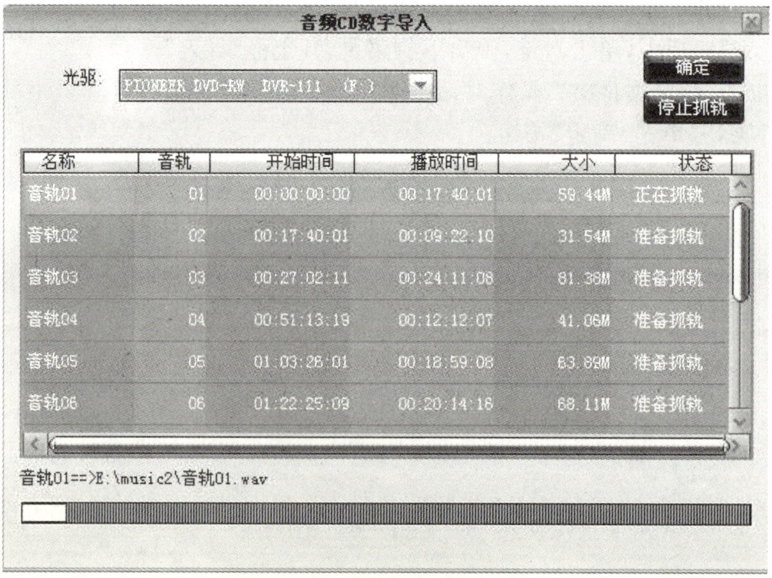

图 4-5 "音频 CD 数字导入"窗口

⑥ 如果不需要抓取全部音轨，则在开始抓轨后，到所需音轨结束时，直接单击“停止抓轨”，就可抓取一部分所需音轨。

⑦ 每次抓轨完成后，会显示“抓轨完成”，表示已经完成了整个音频的抓取。

⑧ 单击“确定”退出“音频 CD 数字导入”窗口。

⑨ 在主界面的“素材模板”窗口，可看见已经抓取成功的音频文件，如图 4-6 所示。

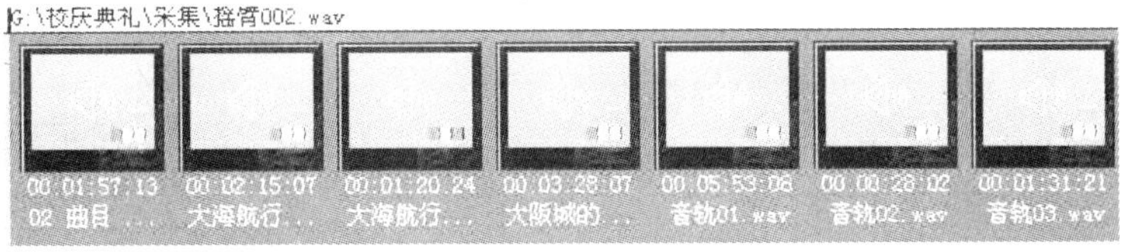

图 4-6 “素材模板”窗口显示的音频文件

⑩ 单击音频图标，并在“预监窗口”（如图 4-7 所示）选择该音频的图标，双击即可试听该音频效果。在“预监窗口”中可以通过“音量显示表”监视音频的电平是否正常，监听音频效果，并通过时间显示器准确地了解音频的总时间以及目前播放的时间，可帮助我们快速、准确地找到需要处理的音频位置。

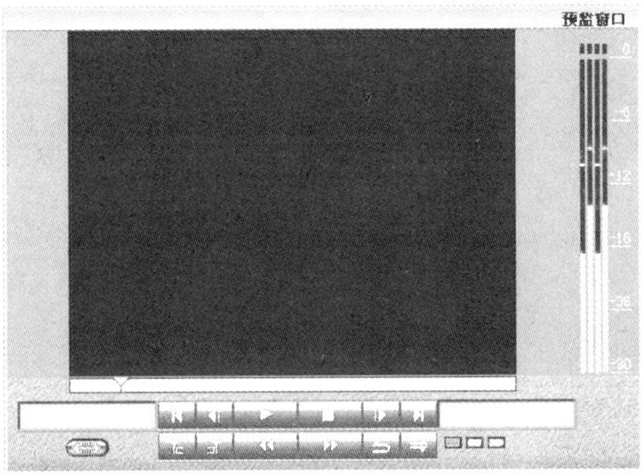

图 4-7 预监窗口

“预监窗口”的控制按钮功能如下：

- 左边时码条显示素材原始长度，右边时码条显示素材当前帧处时码。
- 表示到素材开头；表示到素材结尾。
- 表示播放；表示停止。
- 表示前进一帧；表示后退一帧。
- 表示设定入点；表示设定出点。
- 表示后退五帧；表示前进五帧。
- 表示将音频添加到素材库；表示将音频添加到时间线。
- 为视音频指示灯，分别为一路视频“红色”和两路音频“绿色”指示灯。当有素材加入时，相应的指示灯亮，否则指示灯灭。对于一个视音频组合的文件，当熄灭视频指示灯，就表示不选择视频，只对音频进行操作。如果需要把素材添加到时间线，时间线上就只

会添加该素材的音频。

3. 音频特技

音频特技编辑(如图 4-8 所示)包括音频调整和音频混音两类特技的编辑。其中,音频调整主要包括调整音量、左右平衡、左音量和右音量,这 4 种特技均为素材自身特技。音频混音包括音频增益、合唱、压缩器、失真、回声、除雪器、漱口、环境音效、ParamEQ、波形回响、DirectX 特效、VST 混音等 12 种特技。

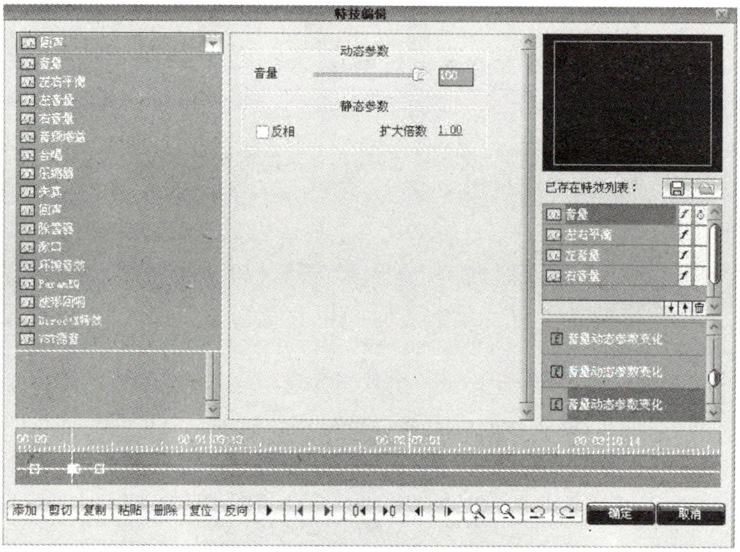

图 4-8 "音频特技编辑"窗口

(1) 特技效果关键帧、时间线的设置

① 在时间线上选择一个需要做特技效果的位置,单击添加,即可添加需要作特技编辑的关键帧。

② 在时间线上选择一个需要删除特技效果的关键帧,单击删除,即可删除该处的特技效果。

(2) 剪切、复制与粘贴特技效果关键帧

① 选择一个特技效果关键帧,单击剪切,即可剪切该处的特技效果。

② 选择一个特技效果关键帧,单击复制,即可复制该处的特技效果。

③ 另选一个特技效果关键帧,单击粘贴,即可在时间线上粘贴之前所"剪切"或"复制"的特技效果。

(3) 放大或缩小时间线

为了便于进行特技编辑,很多时候需要放大或缩小时间线以获得更快捷、更精细的技术处理。这时,只需直接单击或按钮,即可按需要放大或缩小时间线。

(4) 撤销或重做特技效果

① 需要撤销之前的特技编辑,单击,即可一步一步地撤销之前所设计的特技编辑。

② 需要重做之前的特技编辑,单击,即可重新显示出之前被撤销的特技编辑。

除了以上介绍的在时间线音频素材上选择关键帧进行音频特技的编辑与调节，还可以在特技列表中直接选择特技编辑项目进行编辑与调节。

(5) 音频特技——音量设置

通过在“音量设置”窗口的编辑，可实现音频的淡入和淡出效果。

① 双击“时间线” 上的音频轨，弹出“音频特技编辑”对话框。

② 在下拉菜单中选择“音量”，进入“音量”的特技编辑窗口。

③ 在参数面板上左右拖动推子，或者在参数面板上直接修改参数值，可直接修改音量参数。参数“100”表示原始最大的音量，100 以下的调节均为减少音量的调节。

④ 如果遇到动态参数在“100”时，音频音量还不够大的情况，可以直接改变音频的静态参数。在静态参数的“扩大倍数”中键入需要扩大音量的倍数即可。

⑤ 不进入“音频特技编辑”窗口，直接在“时间线”窗口上也能修改音量(如图 4-9 所示)。

图 4-9　显示音量变化的“时间线”窗口

⑥ 在“时间线”窗口上直接修改音量参数，系统会默认为音量的变化是由第一个关键帧朝第二个关键帧进行过渡。因此，音量也是由前一个关键帧的设置音量向后一个关键帧设置的音量进行淡变。如果，设置的音频效果是一段音频从“淡入”—“合适音量”—“淡出”的音量效果的话，则需要记住在音乐的开头、淡入完毕、淡出之前、淡出完毕等四个地方选取关键帧。否则，前后两个不同的音量设置将会从前一个关键帧向下一个关键帧的音量进行淡变。

⑦ 反相：可以让立体声素材的第一通道输出到右声道，第二通道输出到左声道。

⑧ 单击“确定”以确定音量特技编辑，并退出“音频特技编辑”窗口对话框。

(6) 音频特技——左右平衡设置

“左右平衡”窗口的编辑主要用来控制该通道输送到左、右输出通道上的电平，用于左右两个声像的变化。左右平衡的默认值为“0”，旋转动态参数中的小圆球(如图 4-10 所示)，可变化音频的左右声道的输出信号量。当平衡旋钮至全左或全右时，信号将被分别输送到左声道或右声道上，通常这一旋钮置于中心位置上。

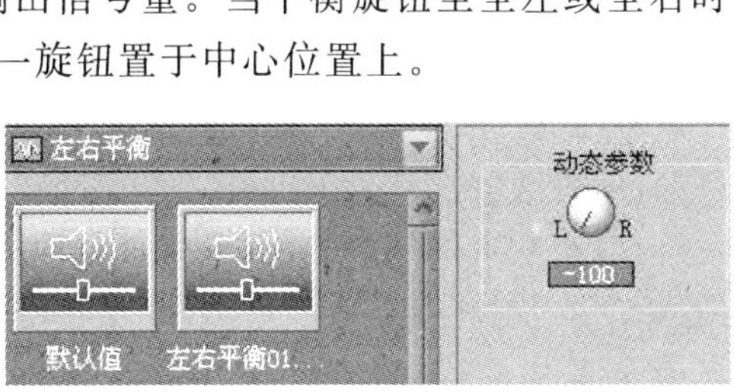

图 4-10　“左右平衡”的特技编辑窗口

通过对音频左右平衡的设置，我们可以对音频的通道信号进行定位。在立体声场中，可通过左右平衡的设置实现音频声像变化，产生平滑移动的音频特技效果。

① 双击“时间线”上的音频轨，弹出“音频特技编辑”窗口对话框。

② 在下拉菜单中选择“左右平衡”，进入“左右平衡”的特技编辑窗口。

③ 在“音频特技编辑”窗口的时间线上选取关键帧。

④ 旋转“动态参数”的小球，调整左右声道的输出信号。设置参数为“－100”，则全部从左声道发声；设置参数为“100”，则全部从右声道发声。

⑤ 单击“确定”以确定左右平衡特技编辑，并退出“音频特技编辑”窗口。

(7) 音频特技——左、右声道音量设置

通过对音频左、右声道设置，我们可以对音频的左、右声道的输出音量大小进行调节，产生设计所需要的左、右声道合适音量。当动态参数设置到“100”时，将会听到最大的音频音量；而要是将其中一个声道的动态参数设置为“0”时，则这一通道完全不发音，只能听到另外一个通道的发音。通过此调节，可以设计出声音单独从左边或右边发声的特技效果。

① 双击“时间线”上的音频轨，弹出“音频特技编辑”窗口对话框。

② 在下拉菜单中选择“左音量”或“右音量”，进入“左音量”或“右音量”的特技编辑窗口。

③ 在“音频特技编辑”窗口的时间线上选取关键帧。

④ 通过动态参数以及静态参数的调整，调整左、右声道的音量变化(如图 4-11 所示)。

⑤ 单击“确定”以确定左、右声道音量的特技编辑，并退出“音频特技编辑”窗口。

图 4-11 “左音量”的特技编辑窗口

(8) 音频特技——音频增益效果设置

增益设置用以设置输入信号电平，当设定得太高时，信号将产生过载失真，信号会被削波。当设定得太低时，背景噪音电平会比较明显，信号会被噪音掩盖，而不能输出足够大的信号。

① 双击“时间线”上的音频轨，弹出“音频特技编辑”窗口对话框。

② 在下拉菜单中选择“音频增益”，进入“音频增益”的特技编辑窗口(如图 4-12 所示)。音频增益的参数为 100～300。

③ 在“音频特技编辑”窗口的时间线上选取关键帧。

④ 通过“音频增益”的特技编辑窗口的动态参数设置音频增益效果。

⑤ 单击“确定”以确定音频增益特技编辑，并退出“音频特技编辑”窗口。

图 4-12 “音频增益”的特技编辑窗口

(9) 音频特技——合唱设置

音频文件的合唱设置可以对音频文件进行修饰,通过对音频不同波形的相位、延迟、反馈、干湿度以及深度的调整设置,可使声音获得理想的效果。

① 双击"时间线"上的音频轨,弹出"音频特技编辑"窗口对话框。

② 在下拉菜单中选择"合唱",进入"合唱"的特技编辑窗口(如图 4-13 所示)。

③ 在"音频特技编辑"窗口的时间线上选取关键帧。

④ 通过"合唱"的特技编辑窗口的参数调整合唱效果。

参数如下:

干湿混合为 0~100;

深度为 0~100;

反馈为-99~+99;

频率为-0~10;

延迟为 0~20;

相位为 0~4。

⑤ 单击"确定"以确定合唱特技编辑,并退出"音频特技编辑"窗口。

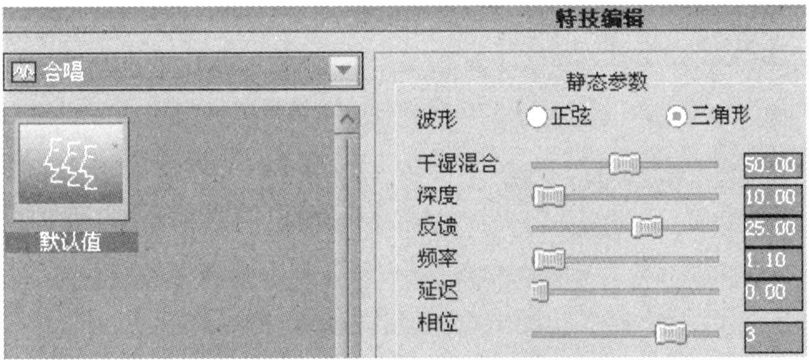

图 4-13 "合唱"的特技编辑窗口

(10) 音频特技——压缩器设置

压缩器可提供一种自动电平控制的方式,通过对高电平进行衰减,从而有效地减少动态范围。压缩器使控制信号和设定适当的衰减器电平的工作变得更为简单。减少动态范围也意味着录音电平可设定得更高,从而改善信号噪音比性能。

设置增益,压缩通常会降低平均信号电平,设定压缩器的输出信号电平可控制这种电平降低,并为音频路径的下一步设定适当的电平。

设置阈值,可决定启动压缩器所需的输入信号的电平。电平低于阈值的信号可通过且不受影响。电平等于或高于阈值的信号将按照规定的参数进行压缩。

设置释放,可决定启动信号电平一旦降到阈值以下后,压缩器在多长时间内返回到正常增益。如果释放时间太短,则增益恢复将会太快,从而引起电平脉动,即明显的增益波动。如果释放时间太长,则压缩器来不及增益恢复,下一个高电平信号就可能会出现。从而使该信号不能正确压缩。

设置比率,可控制压缩量,即输出信号电平的变化相对于输入信号电平的变化。

① 双击"时间线"上的音频轨,弹出"音频特技编辑"窗口对话框。

② 在下拉菜单中选择"压缩器",进入"压缩器"的特技编辑窗口(如图 4-14 所示)。

③ 在“音频特技编辑”窗口的时间线上选取关键帧。

④ 通过“压缩器”的特技编辑窗口的参数调整压缩器效果。

参数如下：

增益为－60～60；

进攻为 0.01～500；

释放为 50～3000；

阈值为－60～0；

比率为 1～100；

预延迟为 0～4。

⑤ 单击“确定”以确定压缩器特技编辑，并退出“音频特技编辑”窗口。

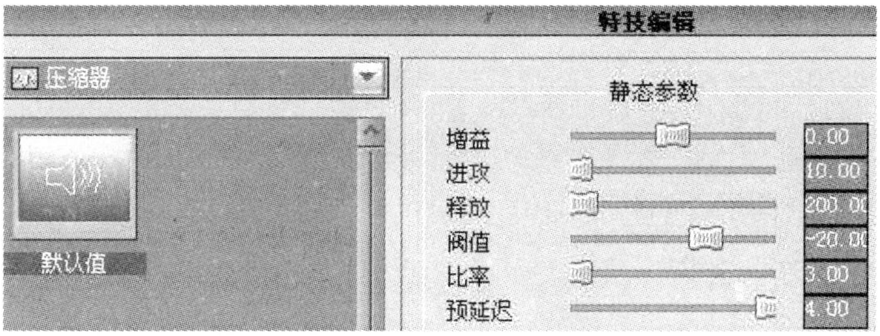

图 4-14 “压缩器”的特技编辑窗口

(11) 音频特技——失真效果设置

失真效果的设置可处理音频在放音中出现原来所没有的新频率的成分，这会造成声音中混杂有呼啸、振动、炸裂等不悦耳的声音，特别是在大音量时尤为明显。

① 双击“时间线”上的音频轨，弹出“音频特技编辑”窗口对话框。

② 在下拉菜单中选择“失真”，进入“失真”的特技编辑窗口(如图 4-15 所示)。

③ 在“音频特技编辑”窗口的时间线上选取关键帧。

④ 通过“失真”的特技编辑窗口的参数调整失真特技效果。

参数如下：

增益为－60～0；

边缘为 0～100；

PostEQ 中心频率为 100～8000；

PostEQ 带宽为 100～8000；

PreLowPass 截止为 100～8000。

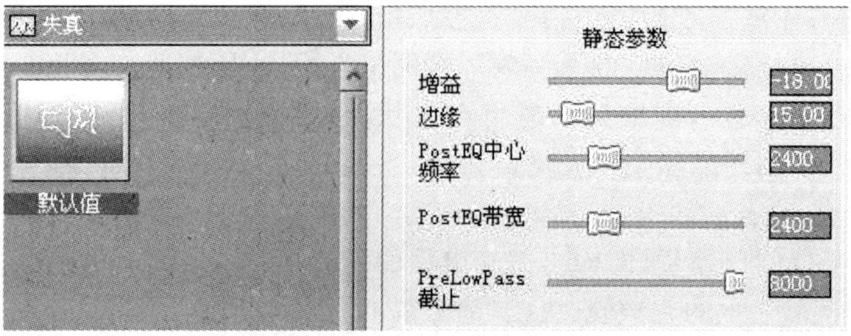

图 4-15 “失真”的特技编辑窗口

⑤ 单击“确定”以确定失真特技编辑，并退出“失真”的特技编辑窗口。失真效果调整好以后，在非线性编辑时间线上，能清晰地看到音频轨上失真特技编辑效果的位置，如图 4-16 所示。

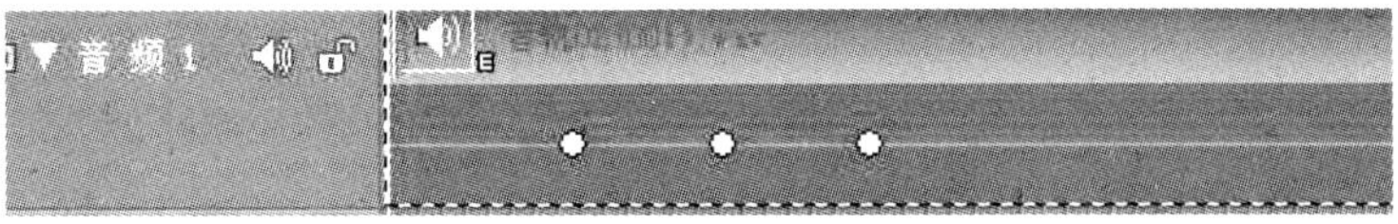

图 4-16　失真效果处理后的时间线

(12) 音频特技——回声设置

设置回声特技效果，是通过对音频的延迟效果以及音频的干湿度的调整，以获得理想的回声。

① 双击“时间线”上的音频轨，弹出“音频特技编辑”窗口对话框。

② 在下拉菜单中选择“回声”，进入“回声”的特技编辑窗口(如图 4-17 所示)。

③ 在“音频特技编辑”窗口的时间线上选取关键帧。

④ 通过“回声”的特技编辑窗口的参数调整回声特技效果。

参数如下：

干湿混合为 0～100；

反馈为 0～100；

左延迟为 0～2000；

右延迟为 0～2000。

⑤ 单击“确定”以确定回声特技编辑，并退出“音频特技编辑”窗口。

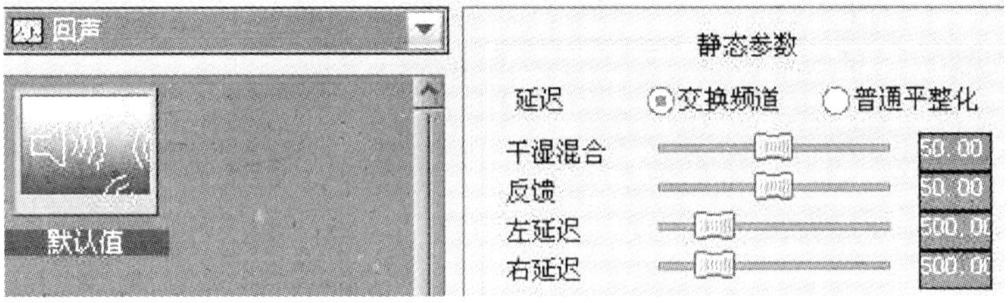

图 4-17　“回声”的特技编辑窗口

(13) 音频特技——除雪器设置

设置除雪器特技效果，是通过对音频的反馈、延迟效果、音频的干湿度以及相位变化的调整，以获得理想的声效。

① 双击“时间线”上的音频轨，弹出“音频特技编辑”窗口对话框。

② 在下拉菜单中选择“除雪器”，进入“除雪器”的特技编辑窗口(如图 4-18 所示)。

③ 在“音频特技编辑”窗口的时间线上选取关键帧。

④ 通过“除雪器”的特技编辑窗口的参数调整特技效果。

参数如下：

干湿混合为 0～100；

深度为 0～100；

反馈为-99～99；
频率为0.25～10；
延迟为0～4；
相位为0～4。
⑤ 单击“确定”以确定除雪器特技编辑，并退出“音频特技编辑”窗口。

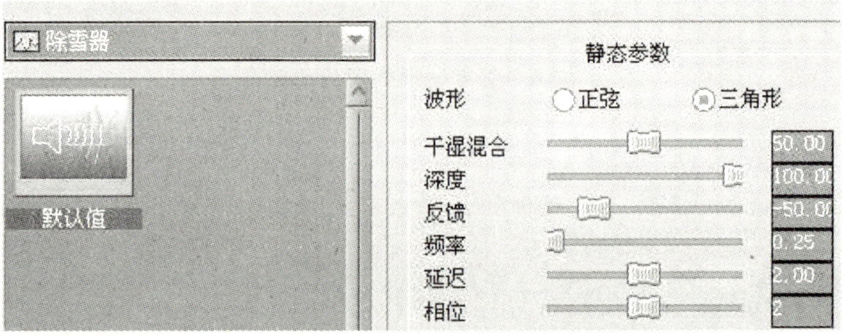

图 4-18 “除雪器”的特技编辑窗口

(14) 音频特技——漱口设置
设置漱口特技效果，是通过对音频的波形变化频率的调整，以获得理想的声音。
① 双击“时间线”上的音频轨，弹出“音频特技编辑”窗口对话框。
② 在下拉菜单中选择“漱口”，进入“漱口”的特技编辑窗口(如图 4-19 所示)。
③ 在“音频特技编辑”窗口的时间线上选取关键帧。
④ 通过“漱口”的特技编辑窗口的参数调整特技效果。
漱口特技的参数分为方形与三角形两种波形，可设波形频率参数为1～1000。
⑤ 单击“确定”以确定漱口特技编辑，并退出“音频特技编辑”窗口。

图 4-19 “漱口”的特技编辑窗口

(15) 音频特技——环境音效设置
在不同的环境下，由于环境结构、建筑特色、建筑材料、容积、形状等方面的区别，因此不同环境对各种声音频率的反射和吸收的状态也不同。某些频率的声音反射多、吸收少，听起来感觉较强；某些频率的声音反射小，吸收多，听起来感觉较弱。这样所造成的频率传输特性可以通过环境音效设置让输出的声音更有空间真实感。
① 双击“时间线” 上的音频轨，弹出“音频特技编辑”窗口对话框。
② 在下拉菜单中选择“环境音效”，进入“环境音效”的特技编辑窗口(如图 4-20 所示)。
③ 在“音频特技编辑”窗口的时间线上选取关键帧。
④ 通过“环境音效”的特技编辑窗口的参数调整回声特技效果。

预设环境包括平原、音乐厅、浴室、铺地毯的走廊、竞技场等。

参数如下：

空间为－10000～0；

空间 HF 为－10000～0；

空间卷绕为 0～10；

衰减时间为 0.1～20；

衰减 HF 为 0.1～2；

反射为－10000～1000；

反射延迟为 0～0.3；

回响为－10000～2000；

回响延迟为 0～0.1；

分散为 0～100；

密度为 0～100；

HF 引用为 20～20000。

⑤ 单击“确定”以确定环境音效特技编辑，并退出“音频特技编辑”窗口。

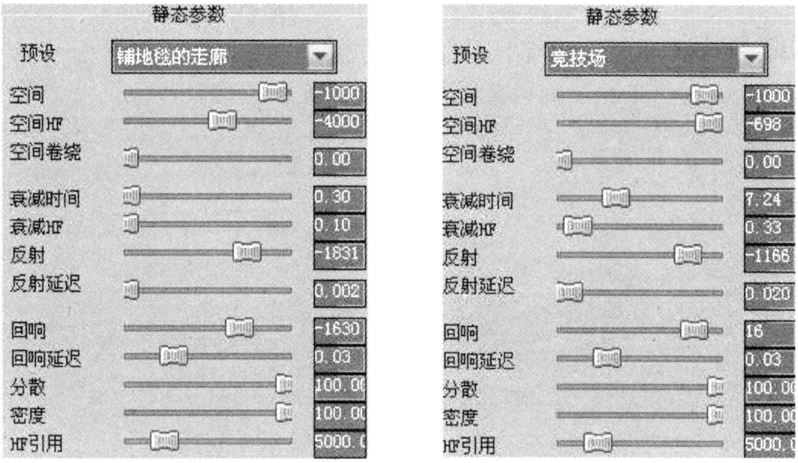

图 4-20　不同预设环境下“环境音效”的特技编辑窗口

(16) 音频特技——ParamEQ 设置

EQ 也就是均衡器，是一种将音频信号分为多个不同频段，然后通过不同频段中心频率对各频段信号电平按需要进行提升或衰减，以期达到听觉上的频率平衡。在中映非线性编辑系统当中，通过修改 ParamEQ 可以对音乐的音色加以修饰。同时也可以对音频进行有意识地提供或衰减某些频率的信号，以取得满意的听觉效果。

① 双击“时间线” 上的音频轨，弹出“音频特技编辑”窗口对话框。

② 在下拉菜单中选择“ParamEQ”，进入“ParamEQ”的特技编辑窗口(如图 4-21 所示)。

③ 在“音频特技编辑”窗口的时间线上选取关键帧。

④ 通过“ParamEQ”的特技编辑窗口的参数调整回声特技效果。

参数如下：

增益为－15～15；

带宽为 1～36；

中心为 60～16000。

⑤ 单击“确定”以确定 ParamEQ 特技编辑，并退出“音频特技编辑”窗口。

图 4-21 “ParamEQ”的特技编辑窗口

(17) 音频特技——波形回响设置

通过修改增益、回响混合、回响时间、HF 频率等参数，可按照需要设计音频的延迟与振幅、扩散分布特性，以达到理想的波形回响效果。

① 双击“时间线”上的音频轨，弹出“音频特技编辑”窗口对话框。

② 在下拉菜单中选择“波形回响”，进入“波形回响”的特技编辑窗口(如图 4-22 所示)。

③ 在“音频特技编辑”窗口的时间线上选取关键帧。

④ 通过“波形回响”的特技编辑窗口的参数调整回声特技效果。

参数如下：

输入增益为－96～0；

回响混合为－96～0；

回响时间为 0～3000；

HF 频率为 0.001～0.999。

⑤ 单击“确定”以确定波形回响特技编辑，并退出“音频特技编辑”窗口。

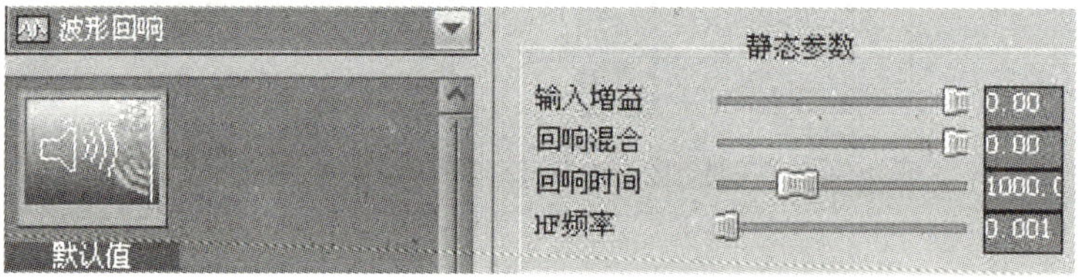

图 4-22 “波形回响”的特技编辑窗口

4. 文件导出与刻录

非线性编辑系统的工程文件为 LXC 文件，文件可以打包成常用的视音频文件并刻录成 VCD/DVD 光盘。

(1) 使用 DVD 刻录机进行视音频文件的刻录

① 非线性编辑系统通过数据线与外部 DVD 刻录机连接。非线性编辑系统中的文件输出到 DVD 刻录机。

② 按下 DVD 刻录机的 REC 键，并在非线性编辑系统中开始播放视频、音频。

③ 播放完成后，按 STOP 键。

(2) 在非线性编辑系统中打包文件并通过刻录软件刻录

① 在非线性编辑系统中点击“主菜单”。

② 在弹出的下拉菜单中选择“上下载”—“打包”。

③ 设定打包的文件格式(AVI/WMV/MPEG)。

④ 打包成功后,打开计算机中的刻录软件,根据指示一步一步完成 VCD/DVD 光盘的刻录。

(三) 效果分析

电视作品的音频编辑全部完成后,从头到尾再次观看一遍。根据开头、段落、中间、高潮与结尾几个部分的音乐设计与音乐效果的需求,看看在整个作品的音乐运用上有什么优点与缺点,认真进行电视作品的音频效果分析。

六、实验注意事项

1. 计算机中非线性编辑系统是否安装好、是否运作正常。
2. 计算机中所需要的音频素材位置是否清楚,CD 光盘素材是否准备好。
3. 数字音频编辑特技处理的综合设计方案是否完整、明确。
4. 在进行音频编辑时,注意细心聆听,避免出现电平过高或过低的现象。
5. 在素材的采集之前,注意单独点亮“音频”的输入指示灯(绿色),否则会把素材中的视频内容也一起采集,以致浪费硬盘空间。
6. 在素材的采集中,要注意采集素材时的电平不能过高,要在正常的范围内选择最大的采集音量。
7. 音频特技的使用要有设计,不适宜在一部电视作品中采用过多的音频特技效果。
8. 设备连接是否正确,使用前必须通电检查。
9. 设备连接时注意输入、输出匹配。

七、实验讨论

1. 讨论数字音频编辑技术与模拟音频编辑技术的区别与特点分析。
2. 讨论非线性编辑系统中,常用素材处理的引入的操作方法与步骤。
3. 非线性编辑系统中,常用的特技处理有哪些? 其操作上要注意什么问题?
4. 电视音乐的设计要从哪些方面进行设计?
5. 电视音乐的运用要注意哪些内容?

八、实验报告

利用非线性编辑系统进行一部 8 分钟左右的电视作品的音频导入与设计制作。根据电视音乐的设计原则与实际音乐设计与制作,认真填写包括电视音乐设计构思、操作技术、效果分析、实验评价等内容的非线性编辑系统中音频设计与编辑的综合设计性实验报告。

实验五　MIDI 音乐的创作与制作

（综合设计性实验）

一、实验目的

本实验通过对 MIDI 技术概况与 MIDI 乐音记录的介绍，结合“TT 作曲家”作曲软件的操作步骤与 MIDI 音乐的制作技法，让学生掌握利用“TT 作曲家”作曲软件进行 MIDI 音乐创作、制作以及进行 MIDI 音乐效果处理的方法，最后能独立创作、制作完成一部 MIDI 音乐作品。

二、实验要求

1. 了解 MIDI 音乐的相关概况与基础理论。
2. 掌握“TT 作曲家”作曲软件的基本操作方法、步骤与技术要领。
3. 掌握 MIDI 音乐创作、制作的方法与步骤。
4. 掌握 MIDI 音乐效果处理的技巧。
5. 独立完成一部 MIDI 音乐作品的创作与编辑，并完成一份综合设计性实验报告。

三、实验场地与设备

1. 实验场地

本实验需要在数字/多媒体实验室进行实验。

2. 实验设备

本实验为综合设计性实验，MIDI 音乐创作与编辑系统的设备主要分为以下几个部分。

（1）多媒体计算机、鼠标、键盘

（2）PCI 音频卡

音频卡是处理各类数字化声音信息的硬件，多以插件的形式安装在计算机的扩展槽上，也有的与主板合成在一起。音频卡的功能包括录制与播放、编辑与合成处理、MIDI 接口三部分。

① 录制与播放

通过音频卡可将外部的声音信号录入计算机，并以文件形式保存，需要时只需调出相应的声音播放即可。使用不同的音频卡和软件录制的声音文件格式可能不同，但它们之间可以相互转换。

② 编辑与合成

音频卡可以对声音文件进行多种特殊效果处理，如倒播、静噪、淡入与淡出、往返放音、交换声音（如由左向右移位）等。

③ MIDI 接口

MIDI 接口用于外部电子乐器与计算机之间的通信，实现对多台 MIDI 接口的电子乐器的控制与操作。MIDI 音乐存放成 MIDI 文件，比以 WAV 格式存放的文件更节省空间。

（3）“TT 作曲家”作曲软件

“TT 作曲家”作曲软件是进行 MIDI 音乐创作与制作的软件，它能实现乐谱的写入与编辑。同时又因为是简谱软件，给大多音乐业余爱好者进行音乐创作提供了便利。

（4）监听系统

① 监听音箱（带功放）

② 监听耳机（带耳机放大器）

（5）乐谱打印系统

① 打印机

② 打印纸

四、实验基本理论

（一）MIDI 技术概况

MIDI 是 Musical Instrucment Digital Interface 的缩写，是一种音乐演奏信息的传送规格。MIDI 音乐演奏信息就是指乐器演奏的相关要素以及音色、效果的数值化体现。1982 年 1 月，日本电子乐器制造商和其他国外制造商们在美国举行了协商会，通过共同协商、研讨，制定了最初世界通用的 MIDI 规格，其内容在同年 10 月的 *Keyboard*（USA）上进行了首次发表。

（二）MIDI 乐音记录

音是由发音体振动而产生的。根据其振动频率，发音体振动发出的音分为乐音和噪音。音的性质有四种：音高、音值、音色、音强。所以 MIDI 的基本音乐信息包括音高、音值、音色与音强。

1. 音高

MIDI 的音高用音符号（Note Number）代表，MIDI 对音高的量化表示以我们最常用的律制——12 平均律为基准，用数字符号来表示每一个半音。例如，中央 C 为第 60 号。每升高一个半音的音高，数值就会“＋1”；每降低一个半音，数值就会“－1”。一般常用的乐器音域不超过钢琴的 88 个音。而 MIDI 规定了 128 个音，上下都超出了钢琴的音域，这样的规定可以满足音乐创作的需要。

在 MIDI 中，音高的发出与停止被设定为“音符的开始和结束”的两种状态，由音符开

NOTE ON 和音符关 NOTE OFF 来实现。音符开、关信息都是随通道发送的。当接收设备接收到某一通道的“音符开”信息时，便驱动其振荡器按“音符开”所制定的频率振荡。也就是发出某一音高，直至其接收到相同通道、相同音符的“音符关”信息。

2. 音值

音值也叫音的时值，指发音时间的长短。当音乐的演奏速度为 60 时，四分音符的时值长度为 1 秒；速度为 120 时，四分音符的时值长度为 0.5 秒。要让 MIDI 设备知道不同速度的四分音符演奏的时间长度，人们采用“等分”的方法：将四分音符分成若干等份，无论速度是多少，每个四分音符都包含这么多等份，再根据速度来决定每个等份的长度，从而就确定了不同速度时四分音符的长度。在 MIDI 音乐制作中，这些等分称为颗粒刻（Click 或 Tick）。每个四分音符包含的颗粒刻数量叫做 PPQ（Pluse Per Quarter）或者 TPQN（Ticks Per Quarter Note）。

当 PPQ＝120 时，四分音符中有 120 个颗粒刻；八分音符就含 60 个颗粒刻；八分音符三连音就包含 40 个颗粒刻；十六分音符包含 30 个颗粒刻……以此类推。但是，在进行 MIDI 音乐制作时，要注意音序器所采用的 PPQ 值，这个值是可以设定的。当 PPQ 值不同时，各音符所包含的颗粒刻数量就不同，不能掌握正确的颗粒刻数就不能按正确时值演奏音乐。

3. 音色

音色由声音的频谱决定，各阶谐波的比例不同，随时间衰减程度不同，音色就不同。

MIDI 将音色变换信息称做“Program Change（程序变换）”，它是随通道发送的。MIDI 规定程序变换的值为 0～127，共有 128 个，每个值与音源中音色程序的序号相对应。目前，大多数音序软件中，程序变换的值用音源中的音色名称来表示。例如，当我们选中了“钢琴”的音色时，音源接收到电脑程序变换信息，音序软件就帮我们将“钢琴”音色名称转换成程序变换信息的值发给音源。

目前的 MIDI 音源都拥有上千种音色，如果要选择其中的某种音色，可以组合使用控制改变进行库号选择，通过音色库的库号选择，就可以选择 128 种以上的音色了。

4. 音强

音强由发音体振动时振幅的大小所决定。

MIDI 硬件实现音强[力度（Velocity）]响应不是通过测量下键时的压力大小，而是通过测量下键时的速度大小来实现的。当我们下键速度快时意味着力度大，下键速度慢时意味着力度小。因此在 MIDI 中用 Velocity（速率）一词来表示力度。常用的力度符号有 ppp、pp、p、mp、f、mf、ff、fff 等，MIDI 将 ppp 至 fff 的力度变化分成了 128 个等份，分别用 0～127 来表示。每个相邻力度等份之间的差别非常小，这样的量化精度使得我们很难用耳朵辨别出相邻两个力度等份的音强差别，在某些音乐创作上，可以满足音乐制作的需要。

（三）“TT 作曲家”

“TT 作曲家”是中音公司设计并开发的一套智能作曲软件（如图 5-1 所示）。它不但能制作 MIDI 文件、写简谱、具备自动伴奏功能，学习起来也非常容易。对于不熟悉五线谱的用户，它是一个很方便的音乐编辑与制作的工具。

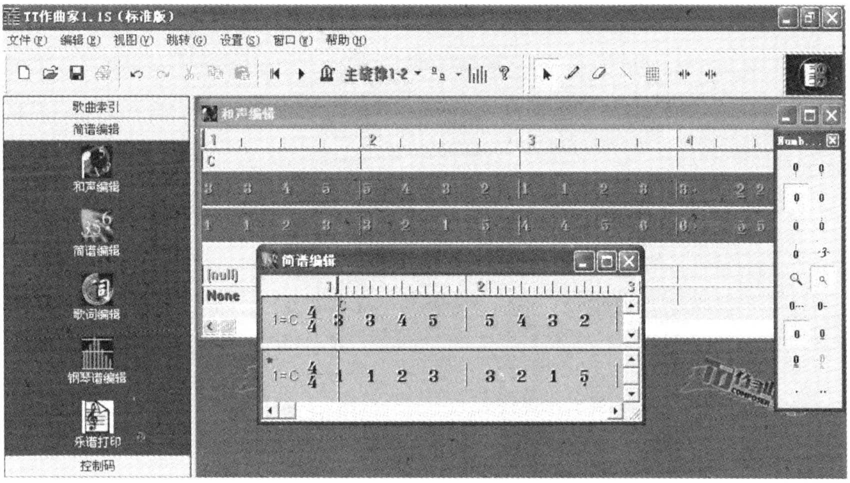

图 5-1 “TT 作曲家”主界面

五、实验方法与步骤

(一) 相关设置

双击计算机桌面上“TT 作曲家”快捷方式，打开“TT 作曲家”作曲软件。

“TT 作曲家”作曲软件的主要功能共分为六大部分，分别是：

(1) 功能编辑：和声编辑、简谱编辑、歌词编辑、钢琴谱编辑、乐谱打印。

(2) 主要设置：MIDI 设备设置、节奏、节拍与调号设置。

(3) 伴奏编辑：伴奏风格、变奏类型。

(4) 输入工具：箭头工具、橡皮工具、铅笔工具。

(5) 控制码设置：速度、音调滑轮、音色。

(6) 视谱方式：主旋律 1、主旋律 2、主旋律 1+2、放大与缩小。

1. 设置 MIDI 设备

在主菜单选择“设置”选项，并在其下拉菜单中选择“MIDI 设备”，弹出“设置 MIDI 设备”对话框(如图 5-2 所示)。在对话框里选择并激活相关 MIDI 设备，如声卡、输出音源等。设置完毕，单击“确定”退出。

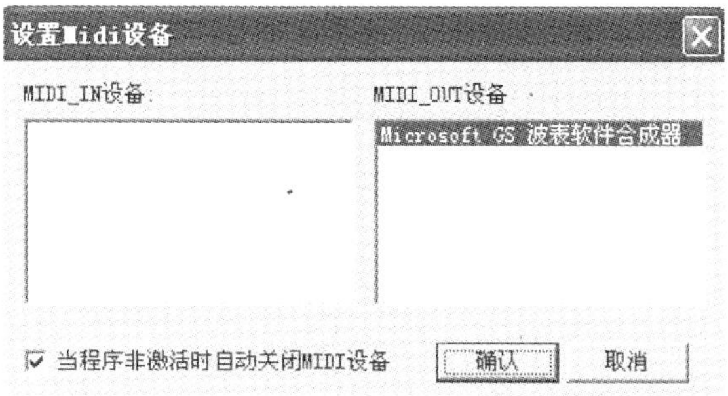

图 5-2 “设置 MIDI 设备”对话框

2. 设置拍号、调号

在主菜单选择“设置”选项，并在其下拉菜单中选择“拍号、调号”，弹出“设置拍号、调号”对话框（如图 5-3 所示）。在对话框里设置作品的拍号与调号，并留意其起始小节。设置完毕，单击“确定”退出。

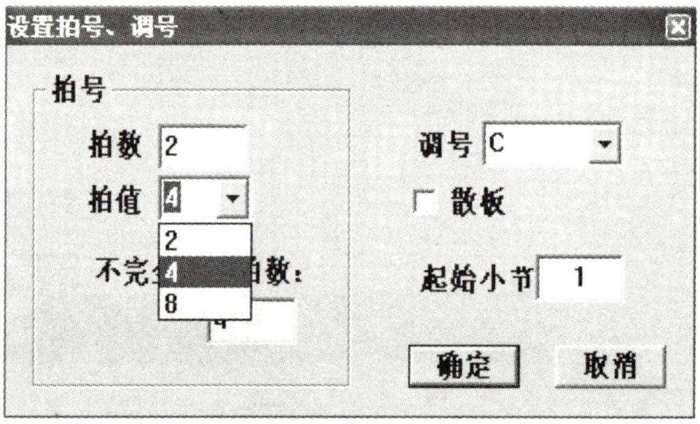

图 5-3 “设置拍号、调号”对话框

（二）简谱输入

1. 打开简谱编辑窗口

单击简谱编辑图标进入主旋律编辑窗口，本窗口打开时屏幕右边的时值选择窗也同时打开。如果不小心把它关闭了，可到“视图”菜单下选“简谱编辑”让它重新出现。

2. 音符输入

屏幕左上方工具条中的箭头、铅笔和橡皮代表了三种工作状态，输入音符应该选用铅笔工具。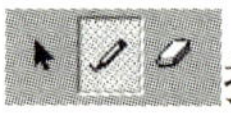把光标移到谱面上来，它就变成一只小手。把小手移到需要写音符的地方，上下拖动时就会显现绿色的 1234…当需要的音高出现时，单击鼠标左键，音符就可写进乐谱。乐谱上方有一尺子一样的刻度，刻度代表了拍子和小节，写音符时必须按照刻度的位置写入音符。

（1）键盘输入

在简谱编辑窗口中，数字键“1～7”对应简谱的“DO—SI”。单击数字键时，在对应光标处输入音符，然后光标自动移动到下一个时值。单击数字键“0”对应“休止符”，光标也会移动到下一个时值。输入音符时，需要对音高进行调整，可在简谱编辑窗口右侧的“简谱”编辑选项中选择相应的音符位置以及音符时值。如果该窗口隐藏了，则单击主菜单中的“视图”，弹出下拉菜单，并选择“简谱”，简谱输入选项框就会弹出（如图 5-4 所示）。

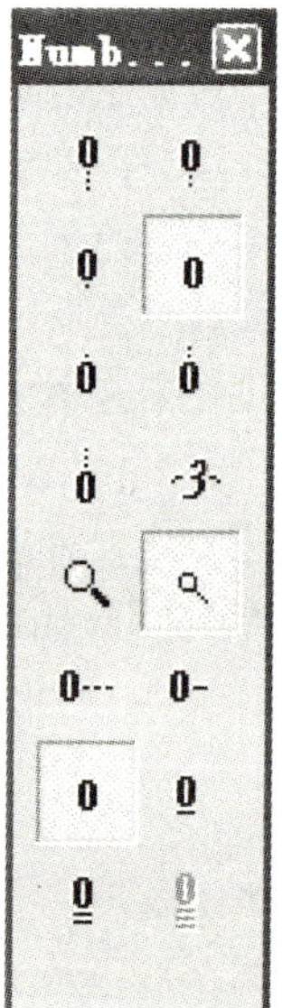

图 5-4 简谱输入选项框

（2）对应键输入

单击音符时值对应键（见表 5-1），可输入音符的时值。

表 5-1 音符时值对应键

H 键	音符长度设置为全音符
G 键	音符长度设置为 1/2 音符
F 键	音符长度设置为 1/4 音符
D 键	音符长度设置为 1/8 音符
S 键	音符长度设置为 1/16 音符
A 键	音符长度设置为 1/32 全音符
F2 键	设置显示分辨率为 1/32
F3 键	设置显示分辨率为 1/16
F4 键	设置显示分辨率为 1/16 的三连音

(3) 选择输入位置

在音乐作品的创作过程中，经常需要对乐曲的位置进行调整。为了更加准确而快捷地找到所需位置，可以单击主菜单的“跳转”，弹出下拉菜单(如图 5-5 所示)，按照创作需要进行相关的选择。

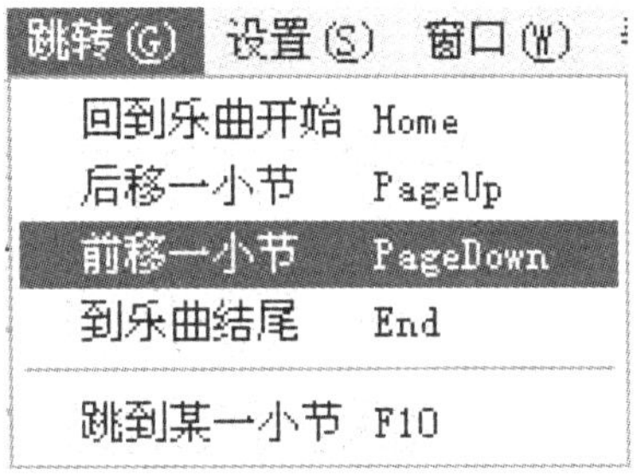

图 5-5 “跳转”下拉菜单

3. 音符修改

(1) 输入工具修改

若输入的音高不对，用箭头工具上、下拖动它，使它在原位改变音高；若音符所在的节奏位置不对，就选用橡皮工具点它一下，擦掉它从头再来。或者把光标移到标尺并选定所需修改音符的位置，直接按 Delete 键，则可直接删除该音符。

(2) 对应键修改

单击音高设置对应键(见表 5-2)，可修改音符的音高位置。

表 5-2 音高设置对应键

U 键＋音名	设置音符为高 3 个八度
Y 键＋音名	设置音符为高 2 个八度
T 键＋音名	设置音符为高 1 个八度
R 键＋音名	设置音符为中音
E 键＋音名	设置音符为低 1 个八度
W 键＋音名	设置音符为低 2 个八度
Q 键＋音名	设置音符为低 3 个八度

(3) 音符特性修改

音符特性修改可选择“音符特性”，在弹出的“音符信息”对话框(如图 5-6 所示)中修改其音名、音高、变化音、时值位置、音符力度。

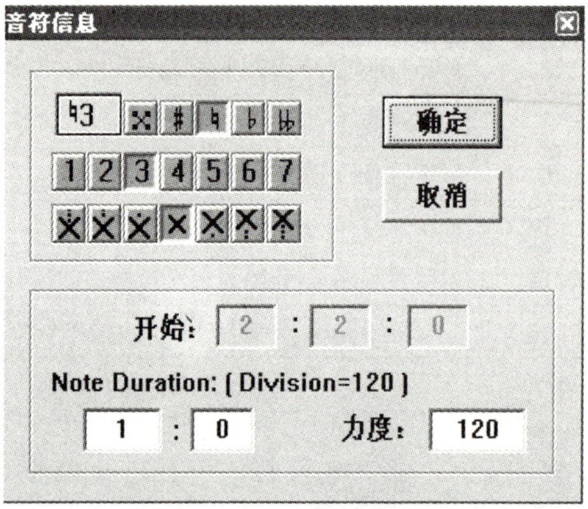

图 5-6 “音符信息”对话框

4. 变化音输入

(1) 对应键输入

如表 5-3 所示，电脑键盘最下边一行字母的 Z、X、V、B 分别代表了重降、降、升、重升临时记号，C 则代表还原号。按下对应的键，移动鼠标，变化音即可出现。

表 5-3 变化音输入对应键

B 键＋音名	输入对应音符的重升音符
V 键＋音名	输入对应音符的升音符
C 键＋音名	输入对应音符的还原音符
X 键＋音名	输入对应音符的降音符
Z 键＋音名	输入对应音符的重降音符

(2) 右键输入

如图 5-7 所示，对准音符，单击右键，弹出下拉菜单，下拉菜单中选择所需变化音符号。

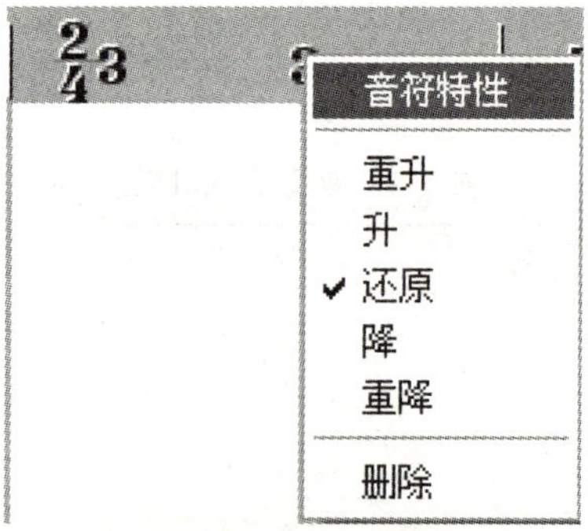

图 5-7 变化音设置选项框

按照上述步骤，完成了主旋律简谱的输入以后，进入副旋律（二声部）的创作与输入。

5. 副旋律（二声部）创作

（1）视谱方式选择

① 旋律视谱方式选择

在工具栏中单击“主旋律 1-2”图标，弹出下拉菜单，如图 5-8“视谱方式设备”对话框所示。

● 选择“主旋律（2 轨）”，则可以在两个音轨同时显示下进行音符的输入。

● 如需在两轨之间进行输入的切换，则需要单击“输入轨”，并看到在音轨前方有一个小红星，则表示当前轨输入有效。

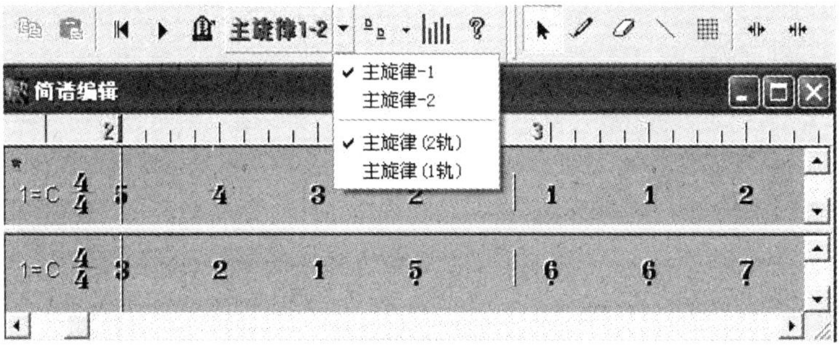

图 5-8 “视谱方式设备”对话框

② 大小视谱方式选择

单击工具栏的与图标，可对当前视谱方式进行修改。

● 为放大当前视谱方式。

● 为缩小当前视谱方式。

（2）音程效果分析

① 在当前主旋律往下分别构成一个下三度、下四度、下五度、下八度下一度音程。

听辨、分析该音程效果，并把不同度数音程效果的自身听觉的感觉记录下来。

② 在当前主旋律往上分别构成一个上三度、上四度、上五度、上八度、上一度音程。

听辨、分析该音程效果，并把不同度数音程效果的自身听觉的感觉记录下来。

（3）二声部旋律的创作

根据以上的音程声音效果分析，结合主旋律音乐旋律线条的特点与走向，创作一条二声部的副旋律。

要求：有一定的旋律线，有美好的和声效果，能够与主旋律相互衬托、相互补充发展。

6. 和声设计与编辑

当完成了作品的主旋律创作以后，即可根据主旋律音乐旋律线条、音乐个性、音乐变化与发展等方面，为作品进行和声设计与编辑，并通过选择伴奏音型，使音乐得以展示完整的音响效果。

单击和声编辑图标，弹出“和声编辑”窗口，在对应的小节或者时值上方的和声编辑位置单击右键，弹出“和声编辑”选项框（如图 5-9 所示）。

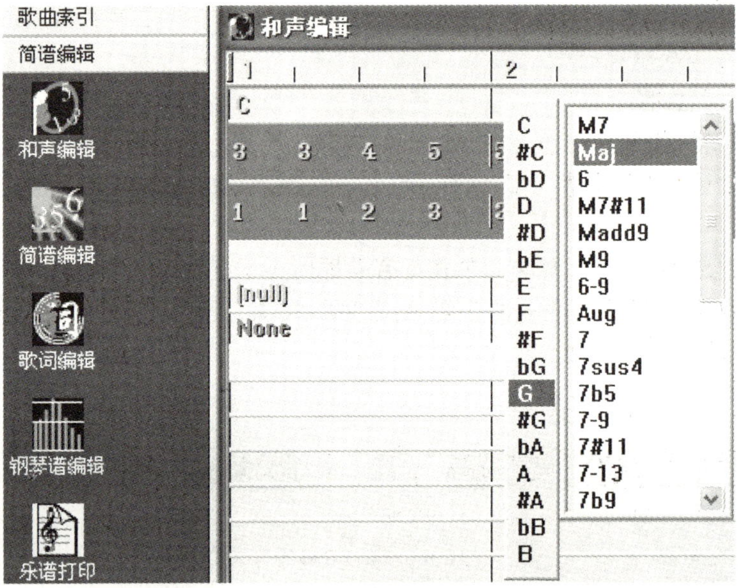

图 5-9 “和声编辑”选项框

把鼠标移到“和声编辑”窗口最上方的“和声选择”子窗口，对准尺标的小节和拍子，在需要写入或改变和声的位置单击鼠标左键，即弹出和弦根音选择菜单与和弦类型选择列表框，先选择好根音，再向右移动光标，在列表框内选择和弦类型，对应时值的和弦便显示于“和声选择”子窗口中。其中和弦类型包括大和弦、小和弦、大七和弦等 32 种。

根据和声编辑的音乐相关理论，对乐谱进行和声的创作与编辑。初步和声创作与编辑中，可以选定大调或小调常用的四种和弦。

大调：C-Maj（C 和弦，主和弦）、F-Maj（F 和弦，下属和弦）、G-Maj（G 和弦，属和弦）、G-7（G7 和弦，属七和弦）.

小调：A-Maj（A 和弦，主和弦）、D-Maj（D 和弦，下属和弦）、E-Maj（E 和弦，属和弦）、E7（E7 和弦，属七和弦）

如需修改和弦，与和声编辑的方法相同，在乐谱相应的和弦位置上重新选择和弦。

如果前后小节的和弦不需要变化，则不需要在后一个小节的和声编辑位置再次选择和弦，系统会自动识别并沿用之前的和弦设计。但此时还不能听到和弦的声音。

音符数据等记录在谱面上的信息，任何人通过学习都是可以掌握的。但声部的音色选择、演奏的强弱起伏、整体平衡的调整等操作，就不是那么简单了，必须依据感觉并使用专业知识驾驭大量的信息。

7. 节奏风格设定

为音乐作品创作、选择合适的节奏风格，可以有效地展示音乐风格、音乐个性与特点。

选择节奏的风格，等同于选择乐曲的伴奏音型。“TT 作曲家”中提供了多种节奏风格可供选择，创作者可以根据作品的特点、自己的喜好，选择符合作品音乐表述的节奏风格。

把鼠标移到变奏类型下方的“节奏风格选择”子窗口，在所需改变的小节处单击鼠标左键，弹出“节奏风格选择”组合框（如图 5-10 所示），在此框内列出了用户选定的节奏数据中包含的所有节奏风格名，选择其中一个后，对应小节处的节奏风格便被确定。其中节奏数据可由用户自己选择，也可自行扩展。

当节奏风格与和弦全部选择好了以后，单击“播放”键，即可听到有和声变化的伴奏效果。作者可以边听音乐效果、边修改和声与节奏风格，直到认为音乐风格、音乐个性、音响效果等完全满意为止。

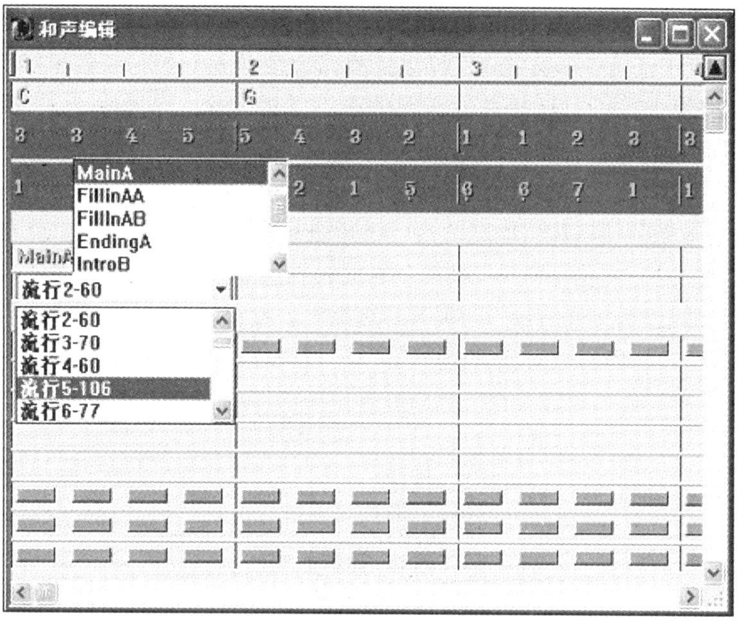

图 5-10 “节奏风格选择”组合框

8. 音色设定

音色可以用以展示音乐的色彩魅力、乐句变化等多个方面。音乐作品中音色的精心设计、灵活变化可以为音乐作品增添许多魅力。

在“和声编辑”窗口的简谱上单击鼠标右键，弹出的菜单上有乐谱、歌词、钢琴、力度、音色、音量等选项，选择“音色”，激活“钢琴卷帘窗和音色”混合窗口音色编辑窗，其中每个长方条为可编辑音色的位置，用鼠标左键点取其中的长方条，将弹出“音色选择”对话框（如图5-11所示），有127种音色可供选择，其中包括常用的乐器音色以及音响。用鼠标左键选中某个音色时，会发出对应音色的一个音，以便验证所选取的音色是否正确。音色的选择可以是对整条音轨、某个乐段甚至个别音符设计音色。

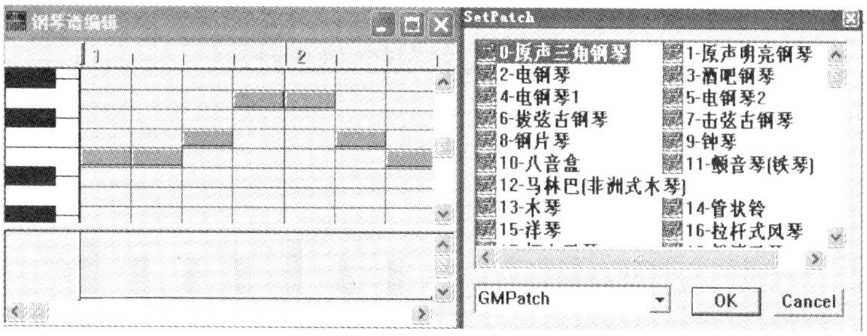

图 5-11 “音色选择”对话框

9. 设置控制码

当以上的创作、设计全部完成以后，音乐作品已经有了一个基本完整的音乐形态，接下来即可以进行一些细化的部分处理。工具栏中的图标是进行细化处理的主要工具。使用画笔进行编辑，可作弧线性编辑；用以擦除之前所作的编辑处理；是直线工具，只能作直线型的音乐编辑。

控制码是 MIDI 音乐中的数据控制，包括程序改变信息、弯音信息和控制改变信息等。例如，通过控制码设置可以实现渐强与渐弱的连续音量变化。从小到大的连续数值变化就是渐强，从大到小的连续数值变化就是渐弱。

在工具区选择“控制码”，弹出“控制码”下拉菜单（如图 5-12 所示），可以分别对音色、速度、音调滑轮、通道触后、控制码、伴奏音量等选项进行设置。单击鼠标左键选择某个项目的设置，都会激活弹出“钢琴卷帘窗”以及其下方的可编辑窗口，有时这个窗口会隐藏起来，此时就需要把鼠标移至“钢琴卷帘窗”的最下方的边框位置，鼠标箭头会变成一个双向箭头，点击并往上移动，就可看见隐藏在“钢琴卷帘窗”最下方的“事件编辑”窗口。

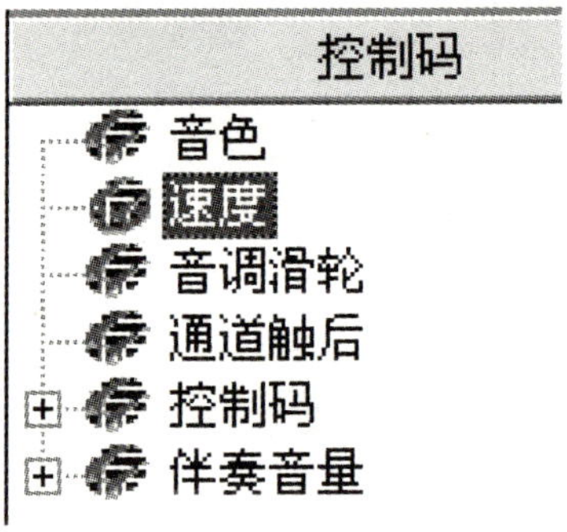

图 5-12 “控制码”下拉菜单

（1）速度设置

乐曲作品的速度不是由始至终都在一个速度上进行，为了消除数字音乐过于呆板、不够灵活的缺点，创作更加人性化的音乐感觉，对特定部分的音乐速度进行修改是十分有必要的。

由于速度的设置可以反复、灵活修改，因此速度的设置可以放在乐谱的输入前，也可以放在乐谱的输入后，根据个人的习惯来确定。

速度的修改可通过主菜单的“设置”选项中，选择其下拉菜单中的“速度”，弹出“速度”设置对话框（如图 5-13 所示），在“速度”设置对话框中进行速度的变化修改。这种方法对于整条音轨的速度变化，或某一段音乐的速度变化的整体修改非常便捷。

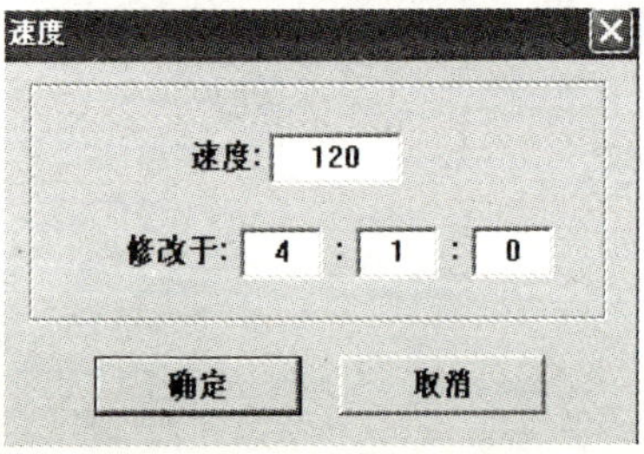

图 5-13 “速度”设置对话框

对于乐曲中某一个部分音乐的个性化速度变化的修改设置，最好的方法是：如图 5-14 所示，使用“钢琴卷帘窗”—“速度”设置对话框进行修改。利用标尺上的光标确定需要改变速度的位置，并用鼠标的上下滑动来调整速度标尺的位置，以达到合适的乐曲速度。此方法在作品中的渐慢、渐快等个性化处理最为便捷。

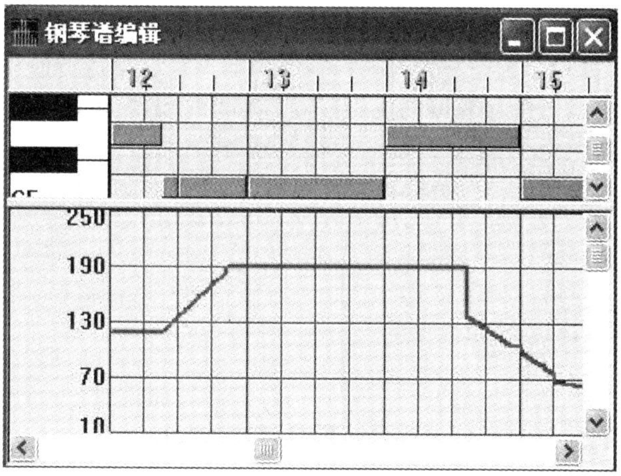

图 5-14 “钢琴卷帘窗”—“速度”设置对话框

(2) 音调滑轮

音调滑轮也称为“弯音轮”。音调滑轮的设置是专门为乐器演奏中的滑音以及弓弦、弹拨等乐器演奏中的指尖在弦上的滑动音响效果设计的，用于演奏模仿吉他揉弦或管乐哭奏等真实演奏，还可以用于 SOLO 和特殊效果的制作。其目的是使数字音乐在演奏中更好地还原其真实的演奏效果。以下为“钢琴卷帘窗”—“音调滑轮”设置对话框(如图 5-15 所示)的设定值：

① 0～8192 为往上一个全音的滑奏。

② 0～4096 为往上一个半音的滑奏。

③ 0～－4096 为往下一个半音的滑奏。

0～－8192 为往下一个半音的滑奏。

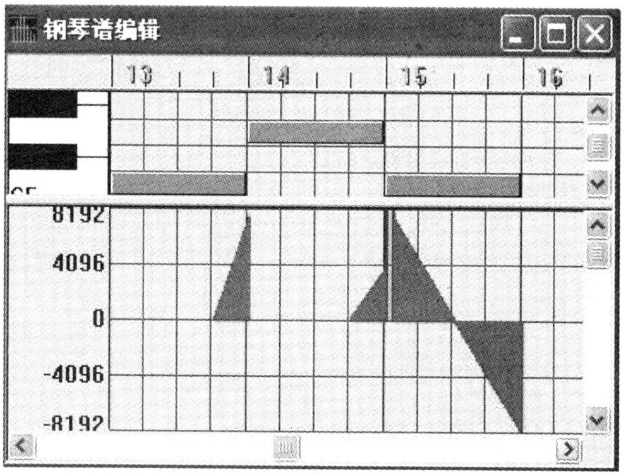

图 5-15 “钢琴卷帘窗”—“音调滑轮”设置对话框

在音序器事件表中弯音信息有两种记录方式。使用最多的就是最小值“－8192”到最大值“8192”、中间值为“0”，总共为16834的数值，用＋/－表示。还有一种是从最小值的“0、0”到最大值“127、127”，中间值为“0、64”，LSB和MSB都是以十进制表示的。现在市场上的音序器基本都是前者，因为这种方法中的＋/－号很直观地反映了弯音的上下方向。

MIDI音乐制作中，控制器只有0～127的解析度，控制改变使用两个控制器发送LSB和MSB。在MIDI音乐控制中，一个信息只能发送1字节的数据，而弯音信息中包括MSB和LSB两个数据字节，1个信息就可以发送14位精度的数据。如果弯音也像控制器那样只有0～127的解析度的话，就无法获得细腻的弯音效果了。而如果像控制改变那样使用两个控制器发送LSB和MSB，则在大量弯音连续发送的时候会出现数据混杂的状况。

(3) 控制码

控制码可对音乐的滑音时间、音量、相位、延音、保持、柔音踏板、泛音、释音时间、混响、合唱等一系列的常用音乐效果进行设置。通过“钢琴卷帘窗”—“控制码”设置对话框(如图5-16所示)进行音乐效果的相关设定，可使音乐的处理更加细致，音乐的表现力与音乐感觉更加细腻。

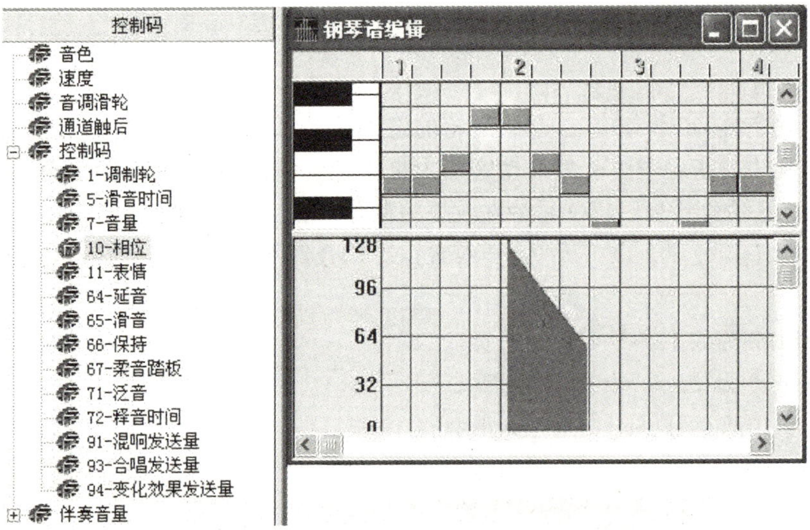

图5-16 “钢琴卷帘窗”—“控制码”设置对话框

① 相位

相位是变化MIDI通道声音定位的命令。相位数据值为：0～127。数据值64是正中间，0是最左边，127是最右边。通过0～127之间的相位连续数值变化可以实现声像移动。

② 延音

延音相当于钢琴延音踏板功能的数据。打开就可以延长音符一直到接收到延音信息为止。关闭信息只针对延音开所延长的音符。需要注意的是延音信息会占据大量的发音数，可能会引起发音数饱和造成无法演奏，所以使用时一定要谨慎。

③ 滑音

滑音就是在弹奏之后，通过按弦手指在品位上的移动产生音高变化的奏法。吉他和贝司的品是以半音为单位的，因此在弯音再现时也使用半音的幅度变化。在慢速乐曲中慢速移动的半音听起来会十分不自然，所以最好在弯音与弯音间加入中间值。这样吉他的滑棒奏法和无品贝司的模仿就不是半音的，而是顺畅的连续音高变化效果。

滑音的数据值为 0～127。滑音是音程顺畅移动的效果，单发音合成器经常用到这项功能。滑音时间可以决定前音高到后音高的变化速度。此效果只有在滑音踏板开的时候有效。此外，通过滑音设置，可以变化出类似于滑音功能的连奏：将滑音时间设置为快速（各音高间连接几乎相同），听觉效果像是多个无音头的音相互连接。

④ 保持

保持设置的是音的持续，规定“开＝127”、“关＝0”。通过“保持”设置可以实现如同钢琴延音踏板那样的持续效果。

⑤ 柔音踏板

柔音踏板相当于钢琴弱音踏板的功能。柔音踏板的控制为开与关。柔音踏板类似于使用滤波器音色软化的效果。

⑥ 泛音

控制音色泛音的控制器，通常的功能是变化谐振。64 为默认值，数值变大为正方，变小为负方。

⑦ 释音时间

释音时间设置的是离键到声音消失的间隔。释音时间设置数据值为 0～127。以 64 为中心，数值越大越慢、数值越小声音消失得越早。最终需要根据所选择音色的具体情况进行效果的增减。

⑧ 混响效果

混响效果用以调整混响效果的深度，混响效果的数据值为 0～127。0 是没有效果，127 是最大效果。

⑨ 合唱效果

合唱效果用以调整合唱（声音宽度的变调）效果的深度。合唱效果的数据值为 0～127。0 是没有效果，127 是最大效果。

（4）伴奏音量

歌曲伴奏包括由多种乐器与打击乐构成的伴奏织体，它的构成关系到每个作品最后的音乐展现。“TT 作曲家”里面提供了许多的伴奏方式，而且各种方式所采用的乐器都不同。作曲者可以根据自己作品的需要进行织体音量的调节。

如图 5-17 所示，在“控制码”选项中选择“伴奏音量”，并单击前面的“＋”打开伴奏音量的下拉菜单。里面可以清晰地看见该作品的伴奏织体的构成，单击每一个部分，即可对该主奏乐器、织体等的音量大小进行设置。设置值为 0～127。

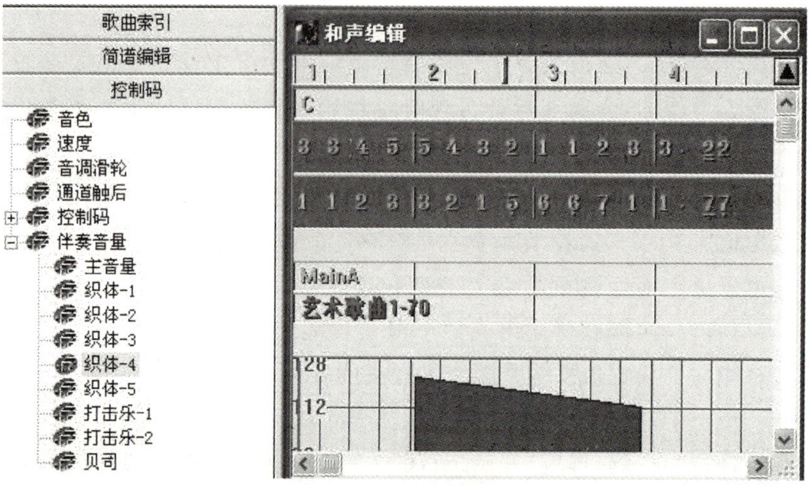

图 5-17 “伴奏音量”设置对话框

10. 歌词输入

当音乐旋律的创作完成后，某些音乐作品需要填写歌词。

激活乐谱编辑和歌词编辑的复合窗：

(1) 在工具窗选取“歌词”图标。

(2) 如图 5-18 所示，在主菜单中选择“窗口”，并单击弹出下拉菜单，选择“歌词编辑”选项。

如果选择了“歌词编辑”，但仍看不见“歌词编辑”窗口，这时要尽量大地打开窗口。将窗口拉大一些就能看见下方还有一个空白的歌词文本编辑框，只需在文本编辑框中输入文本，对应上方的“乐谱编辑”窗口会显示歌词，并且歌词与乐谱中的音符自动对齐。

“TT 作曲家”的歌词输入按照音符自动对齐的规则：每个中文(或英文单词，中文断字只在中文 Windows 有效)对应一个音符，一个空格使下一个单词往后空去一个音符；换行符使歌词另起一段。

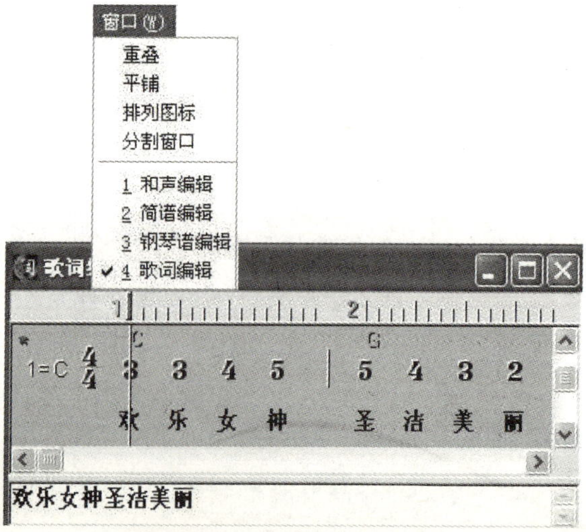

图 5-18 “歌词编辑”对话框

11. 演奏标记编辑

在音乐的演奏中，常常有一些演奏标记需要标记在乐谱上面，便于演奏者更好地根据相关的演奏标记进行音乐的演绎。

“TT 作曲家”中有两个记谱工具选择窗：“符号－1”和“符号－2”，其中包含了许多制谱符号，如反复记号、渐强、渐弱记号、装饰音记号、力度记号等。再单击主菜单“试图”，弹出其下拉菜单，并选择“符号－1”或“符号－2”，在其弹出的选项框中可选择所需的符号。

小节线的变换：把鼠标移到小节线处，此时光标变为“手”形，单击鼠标右键，在弹出式菜单中可选择小节线类型，见图 5-19。

符号-1选项框　　符号-2选项框　　小节线符号选项

图 5-19　演奏符号选项

12. 乐谱打印

当整首音乐作品都完成了以后，需要打印该乐谱。选择“乐谱打印” 功能，准备把输入的乐谱打印出来。屏幕上出现“所见即所得”的乐谱显示，菜单也有些变化。例如，文件菜单中出现“打印预览”、设置菜单中出现了“页边距”等。用插入菜单中的命令还可以加进标题、文字和其他成分。

在打印乐谱之前，还需要做以下一些内容的设置。

(1) 乐谱字体与行距的设置

工具栏的右侧有几个图标：。表示设定字体，表示乐谱行距变宽，表示乐谱行距变窄。通过单击图标，弹出“音符特性”对话框(如图 5-20 所示)。在对话框中可对轨道色彩设定、声部字体大小设定、歌词字体设定。

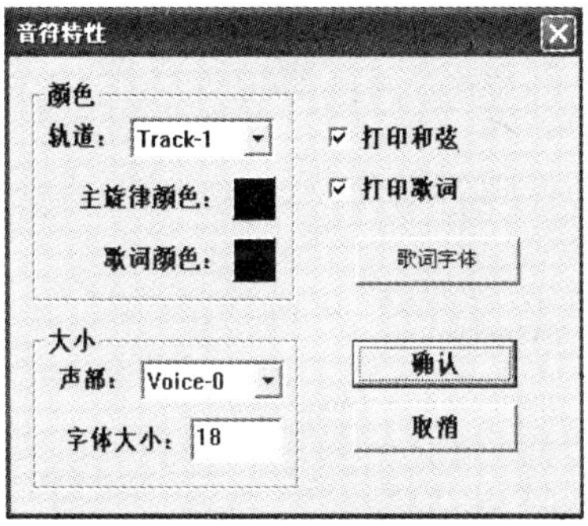

图 5-20　“音乐特性”对话框

（2）简谱与五线谱转换的设置

如图5-21所示，在“简谱编辑”窗口的空白处单击鼠标右键，弹出谱面显示类型下拉菜单，选择“五线谱”，就可以在屏幕上看到相应的五线谱。五线谱与简谱不可同时出现，如需解决这个问题，需多开一个窗口。

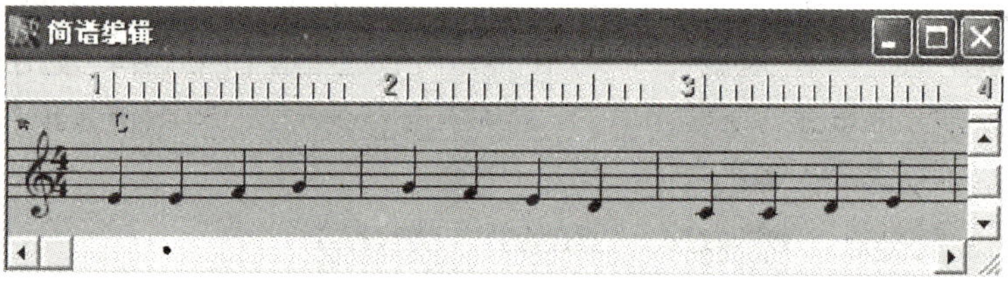

图5-21 “简谱编辑”窗口

（3）乐谱打印

如图5-22所示，乐谱打印设定完毕后，将在预览窗口中看到包括主旋律、副旋律、和弦以及作品中的其他乐谱符号。检查并确认以后，就可以通过已经连接好计算机的打印机把乐谱打印出来。

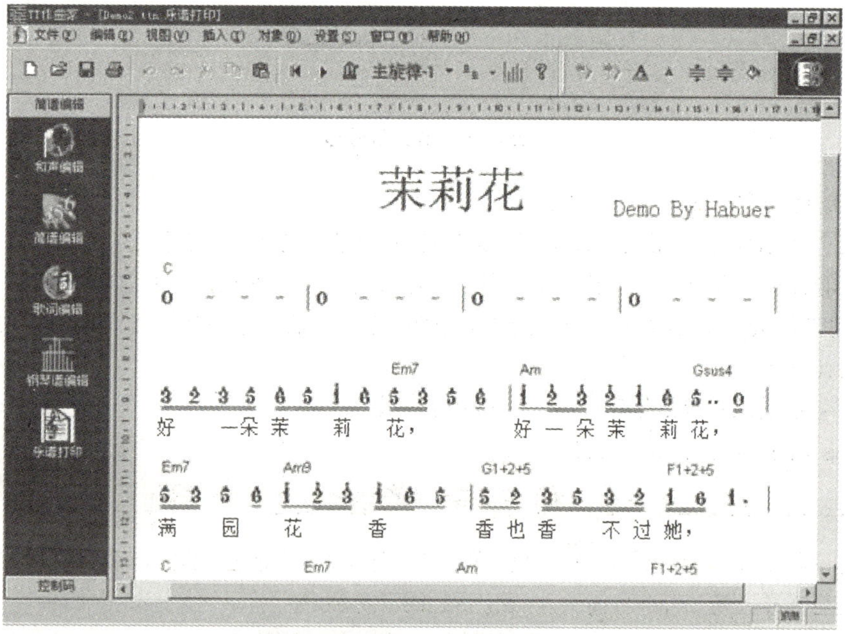

图5-22 “乐谱打印”对话框

（三）效果特点分析

利用“TT作曲家”创作完音乐以后，要反复细听音乐的音响效果，对不满意的地方及时修改、再创作。并且，对不同的音乐处理进行研究分析，以积累更多的MIDI音乐创作的经验。

六、实验注意事项

1. 设备连接时注意输入、输出的匹配。

2. 设备使用前必须通电检查。

3. 利用“TT 作曲家”完成好音乐作品的创作与制作后，可转换音乐文件保存格式为“.mid”，便于音乐文件的打开与调用。

4. 不同质量的音频卡对 MIDI 音乐的回放有很大的区别，建议在允许的情况下，尽量使用专业的音频卡，以达到音色的优质还原。

七、实验讨论

1. MIDI 音乐的发展与应用概况。

2. MIDI 音乐的创作与编辑需要的设备包括哪些?

3. 试述“TT 作曲家”作曲软件的特点。

4. “TT 作曲家”的音乐效果控制有哪些? 如何操作?

八、实验报告

采用“TT 作曲家”作曲软件进行 MIDI 音乐的创作与音频编辑，详细填写包括“TT 作曲家”作曲软件的操作使用、效果特点分析、实验讨论与评价等内容的综合设计性实验报告。

实验六　数字音频工作站音频录制与编辑

（综合设计性实验）

一、实验目的

本实验通过介绍数字音频工作站在影视创作领域中的应用，让学生了解数字音频工作站的基本工作流程和工作原理。通过实验掌握数字音频工作站的基本操作，掌握利用数字音频工作站进行音频节目的录音、编辑与音频处理的技术，并能独立创作、设计并制作完成一个时间长度约为10分钟的音频作品，最后刻录成CD光盘。

二、实验要求

1. 了解数字音频工作站的基本工作流程与工作原理。
2. 掌握创作与设计一个音频作品的方法与步骤。
3. 掌握利用数字音频工作站进行音频节目的录音、编辑与音频的处理技术。
4. 掌握音频节目的音频存储与CD光盘制作技术。
5. 认真填写综合设计性实验报告。

三、实验场地与设备

1. 实验场地

本实验为综合设计性实验，需要在电视录音编辑室进行实验。

2. 实验设备

本实验有关的设备主要分为：

(1) 动圈传声器、电容传声器与乐器。

(2) 防喷罩、传声器架、防震架等传声器附属设备。

(3) 监听音箱、监听耳机、耳机放大器。

(4) YAMAHA-AW1600数字音频工作站。

(5) 按照规定使用的相关设备连接线。

(6) 刻录光盘。

四、实验基本理论

数字音频工作站可完成从录音，编辑，缩混，一直到最后刻出母盘的全部音频节目制作过程。它相当于集成调音台、多轨录音机、编辑机、效果器等设备。

本实验采用设备为YAMAHA-AW1600数字音频工作站，以下简称“AW1600”。

AW1600是一种由数字调音台、多效果处理器、硬盘录音机、采样器和CD-RW驱动器构成的音频工作站（如图6-1所示）。

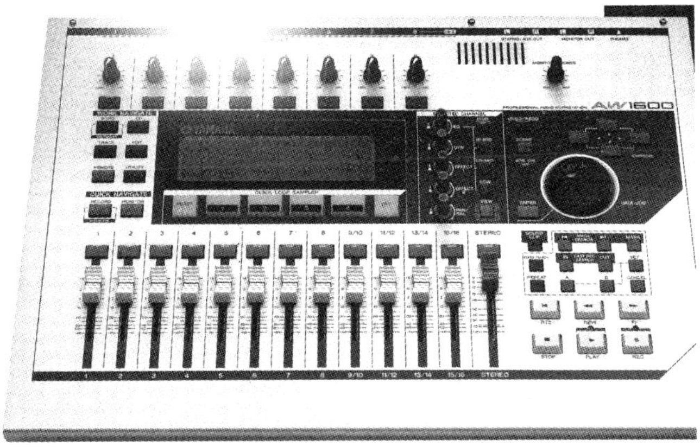

图 6-1 YAMAHA-AW1600 数字音频工作站

1. 调音台功能

AW1600 包含 1 个数字调音台，共拥有 36 个输入通道，其中包括 8 个模拟输入通道、1 个数字立体输入通道、16 个录音音轨通道、2 个效果处理返回通道等。24 位 AD/DA 和 32 位内部处理可确保其音频质量。另外还提供可直接连接电子吉他或贝司的 Hi-Z 输入插口。

AW1600 仅需最少的步骤，即可将输入信号设定给相应音轨、切换监听信号并在应用效果处理、EQ、动态处理的基础上进行录音，为音乐的创作与制作提供了极大的便利。

几乎在每个通道上都提供 4 频段全参数 EQ 和动态处理。可从记忆库中调出所需要的预先设定，并用面板上旋钮和键快速调节这些设定。

2 个内置效果处理单元可提供各种效果，包括空间效果（如回响和延迟）、调制效果（如合唱和镶边）、吉他效果（如失真和放大模拟）。这些效果可通过发送或返回来使用，也可插入所需要的通道。

2. 录音功能

AW1600 的录音功能可满足逐个录制多个乐器音轨，也可设定多个传声器录制一组鼓音或整个乐队的演奏。还提供立体音轨用来直接混合所有 16 个音轨，将多音轨音频和双音轨混音作为一组数据进行管理。

多音轨和立体音轨都可使用 8 个幻像音轨。在录制各个声部或混音过程中，可将幻像音轨切换到多条录制，然后选择最好的一条。对于每首乐曲，录制在各个音轨上的音频数据“位深”（量化位数）可设定 16 或 24 位。16 位乐曲允许进行 8 个音轨同时录音和 16 个音轨同时回放。最多可同时录音或回放 8 个音轨的 24 位乐曲。

3. 多种编辑功能

使用各种命令可对录制在某音轨上的音频数据进行复制、移动、编辑等操作。通过重复使用相同的连复段或增加合唱部数量可对乐曲结构进行详细编辑甚至大幅改动。

通过“时间压缩”可在 50%～200% 的范围内压缩或扩展音频数据的时间轴。通过改变音调功能在一个 8 度范围内提高或降低音调。可使用撤销（Undo）功能最多后退 15 步最新编辑操作。

7 个定位点（开始/结束、相对零点、A/B、切入、切出）和 99 个标记可定义在乐曲的任意点，以便于定位操作时的快速定位。此外，还提供切入、切出和 A—B 重复回放功能。

4. 声音剪切板功能

AW1600配有声音剪切板功能，可用来录制和回放，不受录音机部分的影响。可用声音剪切板功能在连接在AW1600上的音源或采样垫上快速录音或回放作品。在音乐作品的录制中，该功能可帮助音乐创作者抓住乐曲或编排的创作灵感，为某乐曲或编排的创作打草稿。可将连接在输入插口的乐器或传声器的音源录制为声音剪切板，为练习某个声部录制简单的伴奏。

5. 固定音调的声音编辑功能

音调固定功能用来对某声部音轨的音调进行精确调节，以及从主声部生成合唱声部。该功能也可用来改变声部声音的特征。

6. 采样器功能

AW1600拥有一个内置的衬垫式采样器。利用采样库可将16个立体声波形设定给4个采样垫。它可读入来自硬盘的音频音轨或来自CD-ROM光盘或计算机的WAV文件。它可在专用采样垫音轨上记录按压每个采样垫的时间，供以后编辑。来自采样库的鼓乐句可定义到采样垫上，然后可录制采样垫的动作，以便将该功能用做简单的节拍器。对于整个快速循环采样器，复音最多有4对音符，最长回放时间为47秒立体声(约29秒24位乐曲)。

7. USB接口与CD-RW驱动器

通过内置USB接口，可将AW1600直接连接到计算机。可在计算机和AW1600之间复制WAV格式的音频文件以便于在计算机应用程序中管理和处理加工，备份乐曲文件也可保存在计算机的存储媒体中。

AW1600中装有专用CD-RW驱动器。它可利用录制在硬盘上的立体声轨制作音频CD。定义在乐曲中标记可以用做CD的音轨编号。可以使用高级技巧在一首乐曲中定义多个音轨编号，还可用CD-RW驱动器备份或恢复乐曲、回放音频CD。

AW1600的基本结构与信号流程如图6-2所示。

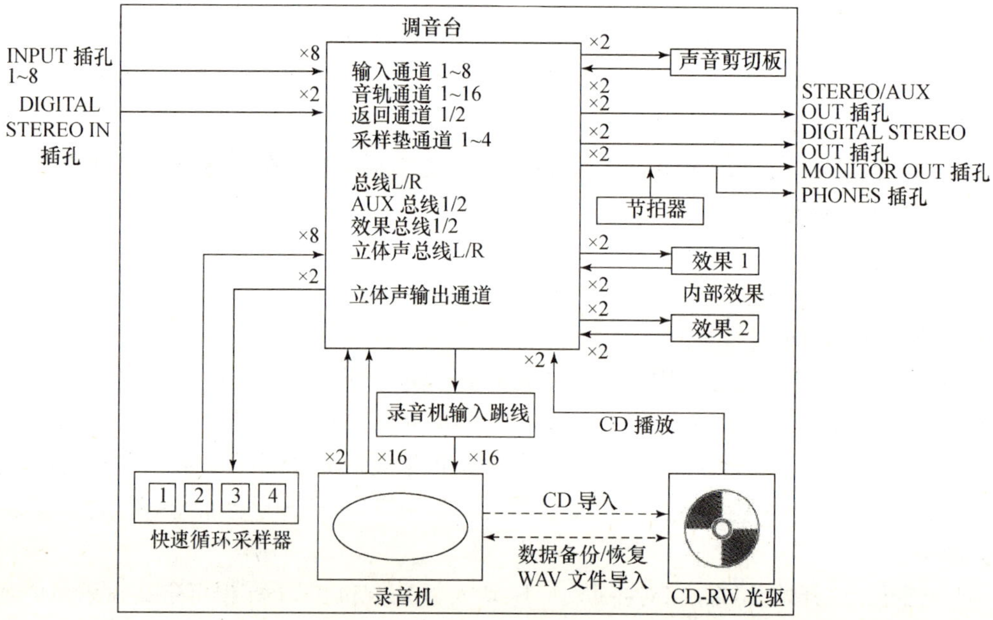

图6-2 AW1600的基本结构与信号流程

五、实验方法与步骤

(一) 设备的连接

图 6-3 所示为连接到 AW1600 的典型例子。按图所示连接传声器、乐器、外接设备。完成连接后,按照如下顺序打开各个设备的电源。

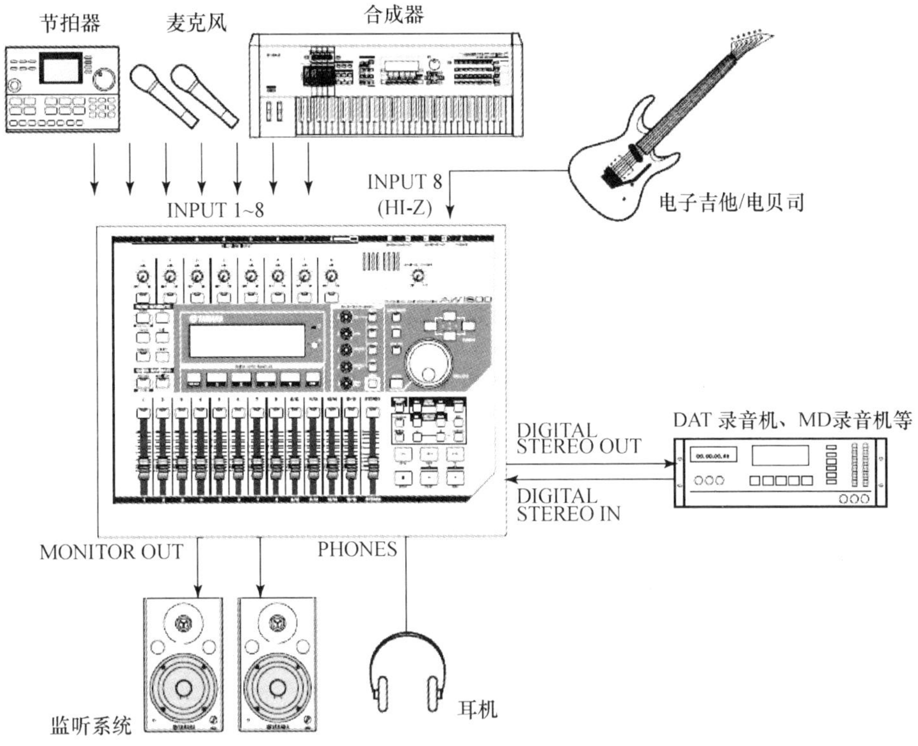

图 6-3　AW1600 的外接设备连接

(1) 外接设备：连接在 AW1600 的输入/输出插口的音源或效果处理器,并打开其电源。

(2) AW1600 的总电源。

(3) 连接在 AW1600 的输出插口上的监听系统,并打开其电源。

打开 AW1600 的总电源后,将自动读入上次使用过的乐曲。如果按照出厂设定打开 AW1600 的电源时,将读入一首空白乐曲,因此可立即进行录音。

1. 连接乐器或传声器

将需录音的乐器或传声器连接到 MIC/LINE INPUT 插口。各种类型的插口可与如下音源兼容。

(1) MIC/LINE INPUT (XLR)插口 1～8(平衡式 XLR 型输入插口,如图 6-4 所示)。

使用 XLR 公插口与 XLR 母插口电缆连接传声器、直通盒或带平衡式输出插口的电子吉他或贝司前置放大器。

(2) MIC/LINE INPUT (TRS phone)插口 1～8(平衡式 TRS 型输入插口,如图 6-5 所示)。

使用 1/4″ TRS phone 与 XLR 母插口电缆连接传声器、直通盒或带平衡式输出插口的电子吉他或贝司前置放大器连接。

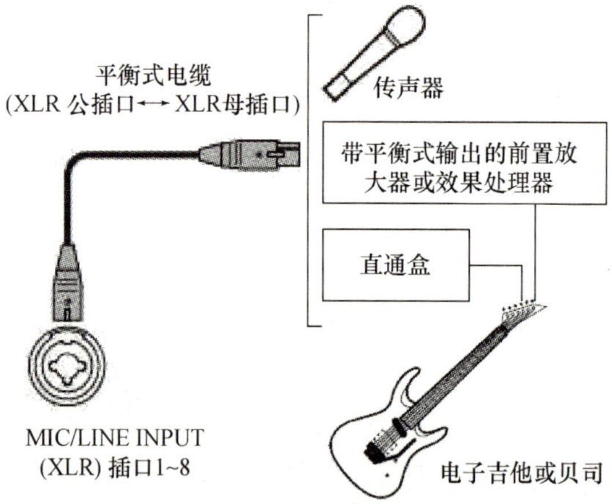

图 6-4　平衡式 XLR 型输入插口

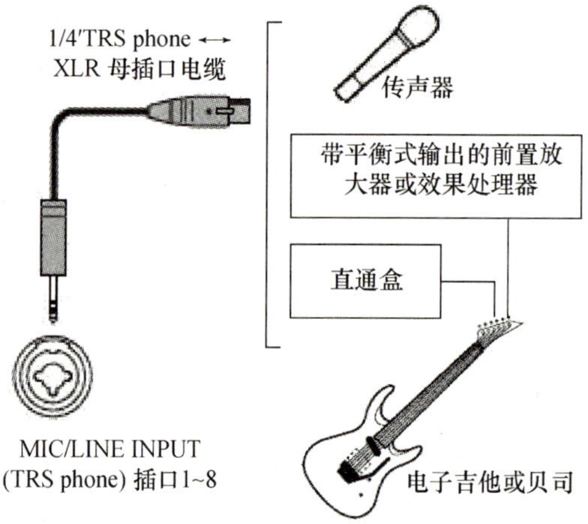

图 6-5　平衡式 TRS 型输入插口

(3) 如图 6-6 所示，使用 1/4′ phone～phone 插口电缆连接带非平衡式输出的乐器(如合成器或节拍器)。

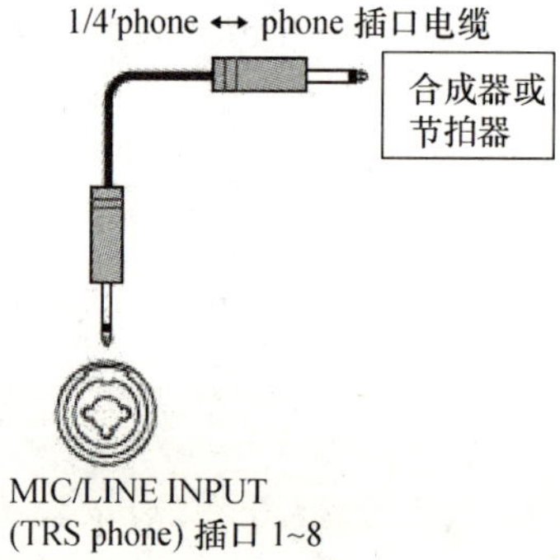

图6-6　连接带非平衡输出的乐器

(4) MIC/LINE INPUT 插口 8(Hi—Z)

如图 6-7 所示，使用 1/4′ phone—phone 插口电缆直接连接具有被动式拾音器的电子吉他或贝司。

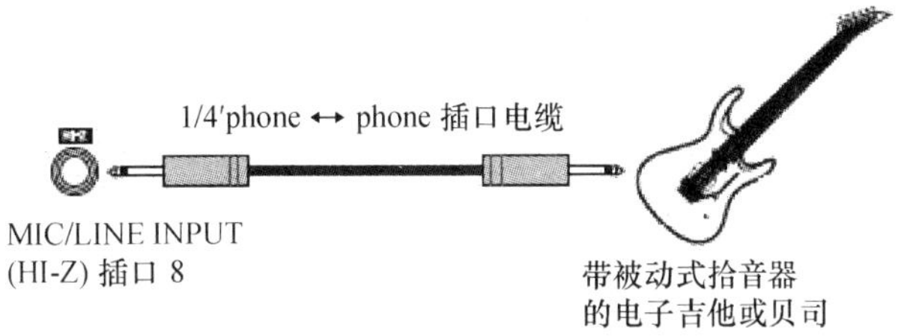

图 6-7 连接电子吉他或贝司

2. 连接到计算机

将 AW1600 的音频文件输送到计算机，可直接利用其 USB 接口的数据线，与计算机直接相连。音频数据通过数据线直接传送到计算机，音频信号不会有损耗。

(二) 实验内容与步骤

1. 创建新乐曲

开始录音前，必须先创建新乐曲。

当首次启动 AW1600 时，将自动读入一首空白乐曲。如果使用这个自动读入的乐曲，则不必执行以下步骤。

(1) 在工作导航部分，反复按 SONG 键或在按住 SONG 键的同时用 CURSOR[▲]/[▼]键打开 LIST 页，如图 6-8 所示。

图 6-8 创建新乐曲界面

(2) 将光标移动到 NEW 按钮然后按 ENTER 键。将弹出窗口，询问是否要保存当前歌曲，如图 6-9 所示。

图 6-9 保存与否界面

(3) 将光标移动到 YES(保存当前乐曲)或 NO(不保存当前乐曲)，然后按 ENTER 键，将打开乐曲位数选择窗口(如图 6-10 所示)。

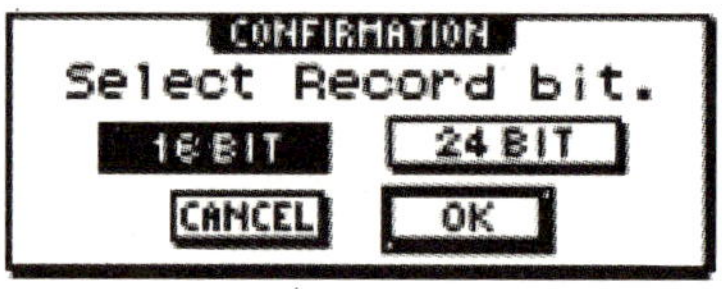

图 6-10　设定乐曲位数界面

(4) 选择 16 BIT 或 24 BIT,将光标移动到 OK 按钮然后按 ENTER 键。在弹出的如图 6-11 所示的界面处指定从当前乐曲中保留其设定的各个项目。

图 6-11　保留当前设定界面

根据需要可在以下项目中选择任意一个或多个项目:

① SCENE 按钮(场景记忆);

② LIBRARY 按钮(EQ、动态处理、效果处理、通道记忆库);

③ TEMPO 按钮(节奏谱)。

若已经在记忆库中保存了当前乐曲设定的效果处理设定,并希望将这些设定用于新的乐曲,则应该开启 LIBRARY 按钮,以后可从其他乐曲中导入这些设定。

(5) 用这些按钮从当前乐曲中选择将要保留的项目,然后将光标移动到 OK 按钮并按 ENTER 键,将出现 TITLE EDIT 弹出窗口,如图 6-12 所示,在该窗口可为乐曲指定一名称。

图 6-12　乐曲命名界面

(6) 为乐曲指定一名称,也可以最后编辑乐曲名称。

(7) 若要创建新乐曲,将光标移动到 OK 按钮并按 ENTER 键。创建一新的乐曲,然后将返回到 SONG 界面 LIST 页。若将光标移到 CANCEL 按钮(而不是 OK 按钮)并按 ENTER 键,将不创建新的乐曲直接返回到 SONG 界面 LIST 页。

2. 调节输入电平以及监听

从 MIC/LINE INPUT 插口 1～8 输入的信号将被分别发送到输入通道 1～8。调节输入通道电平,进行有关设定,以便可以通过立体声母线从监听系统听到声音。

(1) 将 STEREO 衰减器降低到 −∞ 位置。同时调低乐器或传声器所连接的 MIC/

LINE INPUT 插口对应的 GAIN 旋钮。

(2) 按住并保持乐器或传声器所连接的插口对应的 INPUT SEL 键。

如图 6-13 所示,当按住并保持 INPUT SEL 键 1 时,将出现 INPUT SETTING 弹出窗口,在该窗口可进行相应的输入通道的设定。

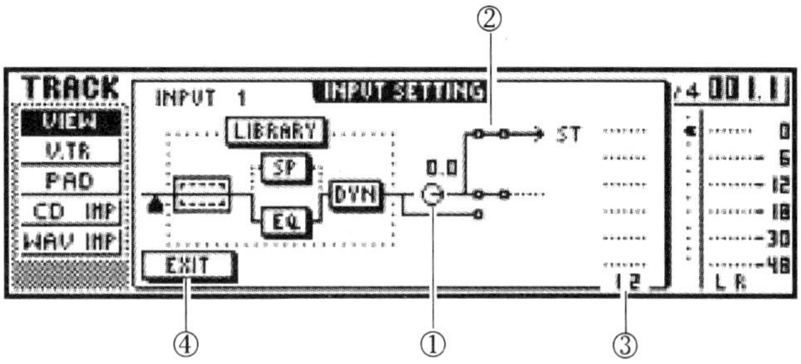

图 6-13 保持 INPUT SEL 键 1 时的界面

① INPUT LEVEL 旋钮:将光标移到该旋钮位置,转动 DATA/JOG 旋钮调节输入通道的电平。一般情况下,将该电平保持为默认设定值 0 dB。当前的电平以数字形式(单位为 dB)显示在该旋钮上方。

② 立体声母线设定开关:将光标移到该旋钮并按 ENTER 键,将在 ON/OFF 两个状态之间切换从相应输入通道发送到立体声母线的信号。

③ 电平表:显示输入通道的输入电平,窗口中的▲符号表示检测到该电平的位置。

④ EXIT 按钮:将光标移到该按钮并按 ENTER 键,将关闭弹出窗口并返回到上一个界面。

(3) 在弹出窗口观察电平表时,通过乐器或传声器发出声音,同时转动 GAIN 旋钮调节输入电平。当向右转动 GAIN 旋钮时,弹出窗口中的电平表移动幅度将增大。但当前状态还未能从监听系统听到声音。为了获得最佳音响质量,在保证出现最大音量时电平表不会超过极限值的前提下,尽量调高电平值。

(4) 乐器或传声器发出声音时,将 STEREO 衰减器提高到 0 dB 位置,界面右侧的 LR 电平表将会移动,如图 6-14 所示。当向右转动 MONITOR/PHONES 旋钮时,将开始在监听系统中听到声音。如提高 STEREO 衰减器后仍未听到声音,则需检查 INPUT SETTING 弹出窗口,确认立体声母线设定开关是否处于 ON 状态,以及 INPUT LEVEL 旋钮值是否尚未设定在 0 dB 之下。

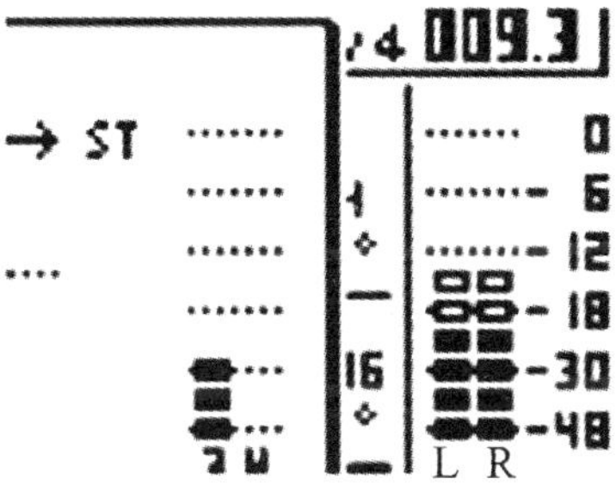

图 6-14 电平显示

(5) 设定完毕后，将光标移到 EXIT 按钮，然后按 ENTER 键，切换出 INPUT SETTING 弹出窗口，返回上一个界面。完成以上电平设定工作后，可以开始录制某声音剪切板。

上述电平设定是任何类型录音的基本设定，在保证不发生失真的前提下，利用 GAIN 旋钮尽量提高电平，在输入到调音台部分之前可将信号以最佳质量转换为数字形式。若未充分提高 GAIN 旋钮，可能无法充分发挥调音台和录音机部分动态范围的作用。当将输入 LEVEL 旋钮和 STEREO 衰减器设定为 0 dB 位置时，输入电平不做变化输出到录音机和监听部分。

3. 录制声音剪切板

立体声输出通道衰减器之后的信号可直接录制到某个声音剪切板中。回放时，信号将从立体声输出通道衰减器之前发送。但在声音剪切板回放时，还无法进行 EQ 和动态处理。使用声音剪切板时的信号流程如图 6-15 所示。

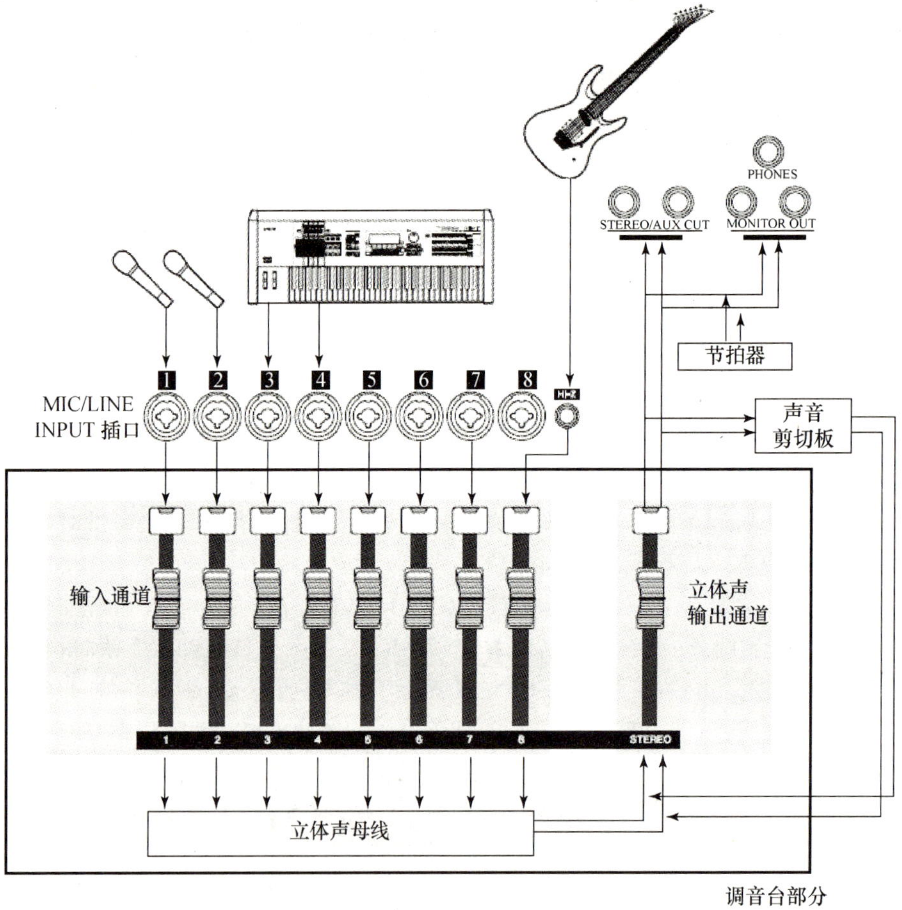

图 6-15 使用声音剪切板时的信号流程

(1) 在定位部分，按 SOUND CLIP 键。出现 SOUND CLIP 界面(如图 6-16 所示)，在该界面可录制或回放声音剪切板。

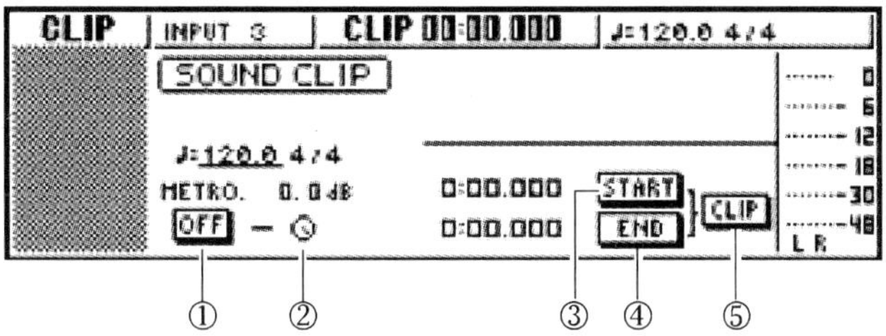

图 6-16 SOUND CLIP 界面

① 节拍器按钮：切换节拍器的开、关。

② 节拍器旋钮：调节节拍器的音量电平。显示在旋钮上方的值是以 dB 为单位的当前设定值。

③ START 按钮：指定当前位置作为声音剪切板的起点(即回放开始的位置)。当前位置以分/秒/毫秒为单位显示在左侧。

④ END 按钮：指定当前位置作为声音剪切板的终点(即回放结束的位置)。当前位置以分/秒/毫秒为单位显示在左侧。

⑤ CLIP 按钮：当开启该按钮时，START 按钮(③)和 END 按钮(④)设定将被激活。

当显示 CLIP 界面时，将无法在录音机部分执行录音或回放操作。

(2) 使用节拍器

使用节拍器需将光标移到节拍器按钮并按 ENTER 键，在节拍器按钮上方显示节拍器所使用的拍号和节奏。

(3) 改变节拍器节奏

将光标移到节奏值位置，然后转动 DATA/JOG 旋钮，改变节拍器的节奏。节拍器的拍号取决于打开 CLIP 界面之前的节奏谱设定，在该界面中不能编辑节奏谱设定。

(4) 开始录音

在移动部分，按住 REC[●]键的同时按 PLAY[▶]键。节拍器开始发出声音，计数器显示开始计数。在 CLIP 界面计数器总是从 0 开始，并以分/秒/毫秒为单位指示当前时间。该计数器独立于传统乐曲的计数器。

(5) 开始演奏音乐

按照节拍器的节奏演奏乐器。

节拍器声音不会被录制在声音剪切板中。根据需要，可将光标移到该节拍器按钮，转动 DATA/JOG 旋钮调节节拍器的音量电平。除了可对连接在 MIC/LINE INPUT 插口上的乐器录音之外，还可录制在快速循环采样垫上的演奏。即使在显示 CLIP 的状态下，所选通道对应的旋钮/键仍将保持激活状态，根据需要可录制经过 EQ 和动态处理后的信号。

(6) 停止录音

停止录音按 STOP[■]键。屏幕上将显示 S 和 E 符号，指示起点和终点。在默认设定状态下，可在声音剪切板中最长录音 30 秒钟。若连续录音 30 秒钟以上，仅停止录音前最后演奏的 30 秒钟会被真正录下来。但录音过程中，计数器会继续计数。

在 UTILITY 界面 PREFER 页中，可将某声音剪切板中最长可录音的时间设定为 180 秒。在创作新乐曲之前可自由变更该设定，但一旦乐曲创作后就无法再改变该设定。当录制声音剪切板时，将丢失此前的录音。应特别注意无法用撤销功能恢复已经删除的声音剪切板。即使在录制新的剪切板之前保存了乐曲，若调用乐曲数据，此前的声音剪切板也无法恢复。

4. 回放声音剪切板

(1) 回放、停止声音剪切板

按 PLAY[▶]键可反复回放录制在声音剪切板中开始录音至结束录音之间的内容。如需停止回放，按 STOP[■]键，或将光标移动到 CLIP 按钮，然后按 ENTER 键，开启 CLIP 按钮，并激活所指定的起点和终点。若重新录制，此前的数据将被覆盖。

当正在回放声音剪切板时，将听不见节拍器和采样垫 1～4 的声音，但仍然可监听输入通道 1～8 的信号。当正在回放声音剪切板时，START 按钮、END 按钮、CLIP 按钮将不起作用。在 CLIP 界面中，移动部分的各键功能如表 6-1 所示。

表 6-1 移动部分的各键功能

对应键	功能
RTZ[◀]键	返回到开始录音的位置。如果 CLIP 按钮处于开启状态，将返回到起点
REW[◀◀]键	使当前位置后退到开始位置。当到达开始录音的位置或起点时将停止后退
FF[▶▶]键	使当前位置快速前进。当到达停止录音的位置或终点时将停止前进
STOP[■]键	使回放、录音、后退或快速前进等操作停止
PLAY[▶]键	开始回放。在回放过程中按该键将不起任何作用
REC[●]键	停止状态下若按住并保持该键，同时按 PLAY[▶]键，将开始录音。在回放过程中按该键将不起任何作用

(2) 改变声音剪切板的回放、终止区域

若要改变声音剪切板的回放区域，可停在欲指定为起点的位置，将光标移到 START 按钮并按 ENTER 键，当前位置将被登录为起点。按照同样的方法，可停在欲指定为终点的位置，将光标移到 END 按钮并按 ENTER 键。

(3) 切出 CLIP 界面

若要切出 CLIP 界面，按 SOUND CLIP 键，在弹出的界面中确认，将光标移动到 OK 并按 ENTER 键。若要取消操作，将光标移到 CANCEL 按钮并按 ENTER 键即可。当切出 CLIP 界面时，将返回到 TRACK 界面 VIEW 页。但是，也可随时按 SOUND CLIP 键回放此前录制的内容或录制新的演奏内容。系统自动对每首乐曲的声音剪切板中录制的内容分别保存。

5. 直接录音和母线录音

将连接在 AW1600 上的乐器/传声器输入信号指定给音轨可以使用两种方式：直接录音和母线录音。

(1) 直接录音

如图 6-17 所示，直接录音是将输入通道一一对应地指定给音轨。该方法要求音轨数目与所使用的输入通道数目相同。优点是：在录音后可自由调节音量、声像(立体声位置)和各个乐器的音调。

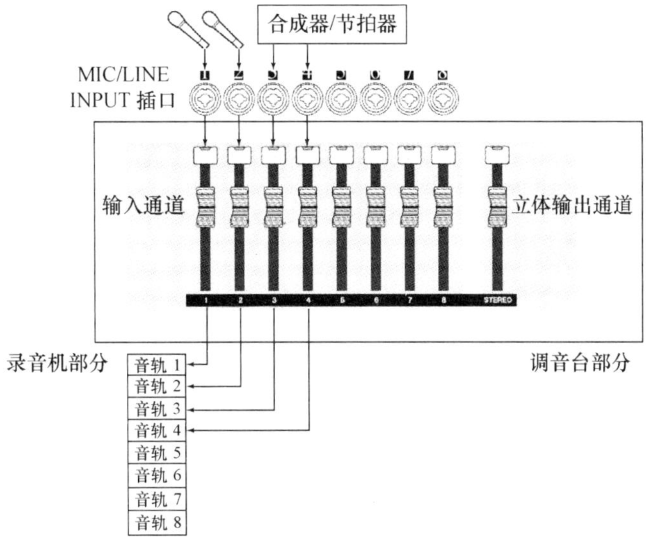

图 6-17　直接录音对应指定音轨

① 将 STEREO 衰减器降低到－∞位置。

② 将乐器/传声器连接到 MIC/LINE INPUT 插口 1～8。

③ 如图 6-18 所示，在快速导航部分，反复按 RECORD 键或在按住 RECORD 键的同时用 CURSOR[▲]/[▼]键打开 RECORD 界面的 DIRECT 页。

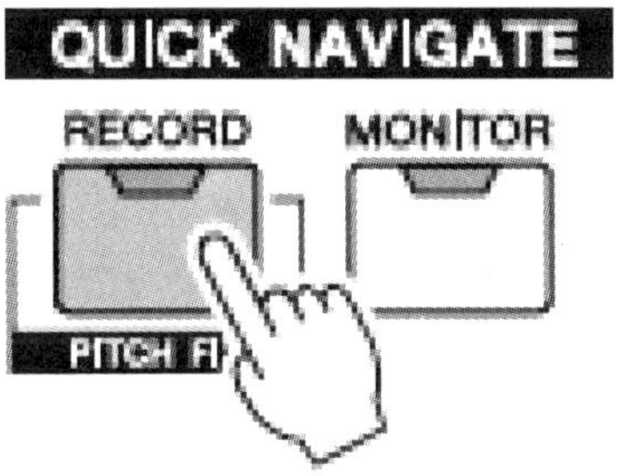

图 6-18　按 RECORD 键

INPUT SEL 键和 TRACK SEL 键将红灯闪烁(如图 6-19 所示)。

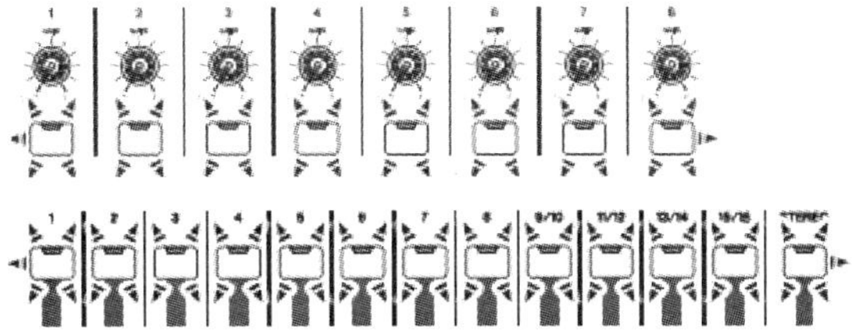

图 6-19　INPUT SEL 键和 TRACK SEL 键红灯闪烁

界面将指示如何将输入通道连接到音轨(如图 6-20 所示)。

● INPUT：指示输入通道 1～8 的连接状态。若将光标移到数字键 1～8 并按 ENTER 键，将出现 INPUT SETTING 弹出窗口，在该窗口可进行相应输入通道的设定。将光标移到 INPUT 并按 ENTER 键，将突出显示该符号，同时相应的输入通道将被选择为录入音源。

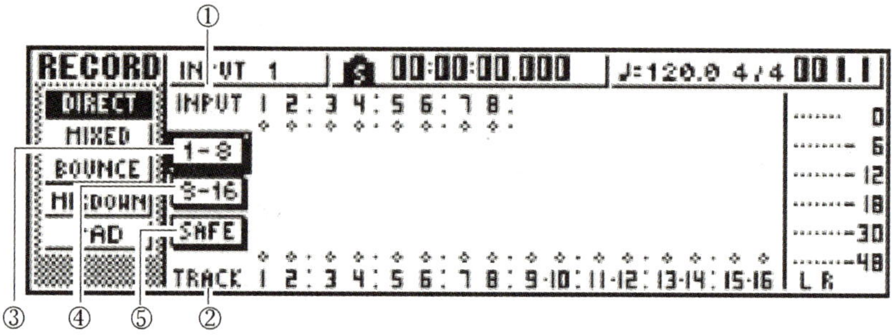

图 6-20　输入通道连接界面

● 1～8 按钮：将光标移到该按钮并按 ENTER 键，输入通道 1～8 将被连接到音轨 1～8。

● 9～16 按钮：将光标移到该按钮并按 ENTER 键，输入通道 1～8 将被连接到音轨9～16。

● SAFE 按钮：将光标移到该按钮并按 ENTER 键，将取消所有连接。

● TRACK：指示音轨 1～16 的连接状态。将光标移到 TRACK 并按 ENTER 键，将突出显示该符号，同时相应的音轨将被选择为录音目标轨。

④ 按乐器/传声器所连接的输入通道对应的 INPUT SEL 键。相应的 INPUT SEL 键将亮红灯，剩下的 INPUT SEL 键将熄灯。若该输入通道尚未指定给某音轨，所有 TRACK SEL 键将红灯闪烁。红灯闪烁表示这些通道可选作录音目标轨，如图 6-21 所示。

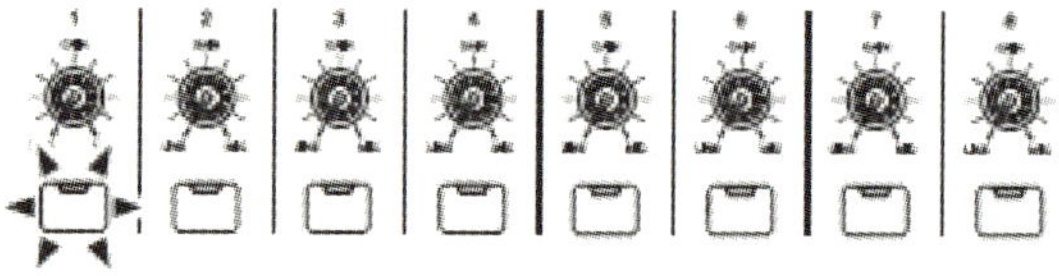

图 6-21　输入通道对应音轨红灯闪烁

在该界面，与该输入通道对应的＋符号将突出显示，如图 6-22 所示。

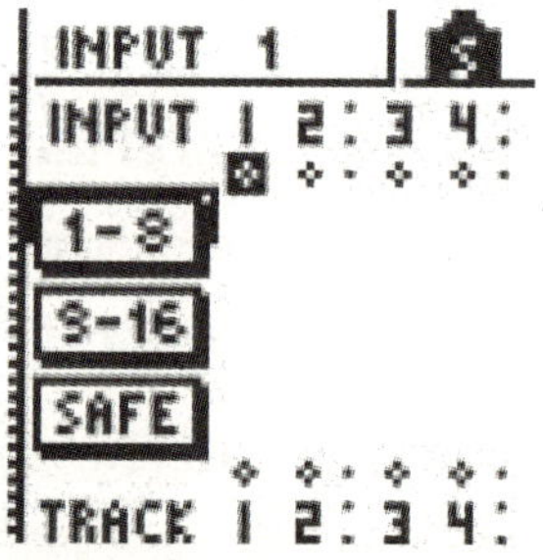

图 6-22　对应音轨显示

此外,可通过将光标移到所需输入通道对应的符号并按ENTER键来选择某个输入通道。若选择了某个已经指定了音轨的输入通道,则只有对应的TRACK SEL键红灯闪烁。当按住并保持某输入通道对应的INPUT SEL键,将出现INPUT SETTING弹出窗口,在该窗口可进行相应输入通道的设定。若要切出该窗口并返回到上一个界面,将光标移到EXIT按钮,然后按ENTER键。

⑤ 音轨内部进行连接

按需要录音音轨的对应TRACK SEL键,所选中输入通道和音轨将在内部进行连接。此时,只有所选中INPUT SEL键和TRACK SEL键红灯闪烁。闪烁的TRACK SEL键表示对应的音轨已处于录音待机状态(如图6-23所示)。在该界面,将出现一条线指示该连接(如图6-24所示)。

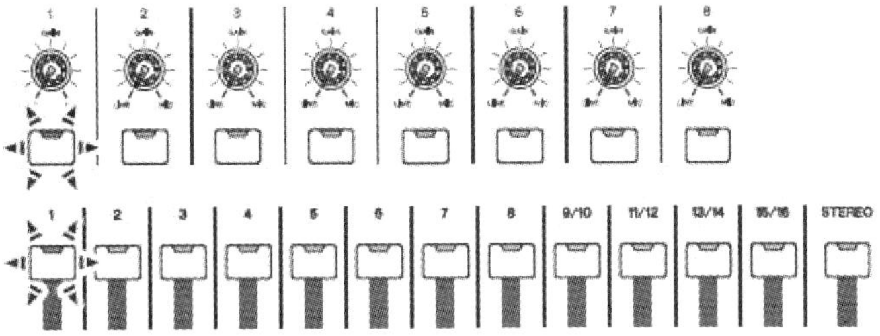

图6-23 录音待机状态

此外,可通过将光标移到所需音轨对应的符号并按ENTER键来选择某个音轨。即使先按TRACK SEL键,并在以后按INPUT SEL键,输入通道和音轨也可进行内部连接。若将某输入通道选作录音源时,将自动关闭它与立体声母线的指定关系,同时该通道将通过音轨通道连接以便进行监听。对于已被选作录音目标轨的音轨通道,其EQ和动态处理设定将被清零。

图6-24 连接指示线

处于静音状态的音轨编号将显示为"M"(静音),但仍然可录音到处于静音状态的音轨上。因为24位乐曲最多可有8个回放音轨,音轨9～16将处于静音状态,因而无法回放。某乐曲的位数可通过SONG界面LIST页来确认。

⑥ 同时录制多个乐器或传声器

若希望同时录制多个乐器或传声器,可按照同样的方式将其他输入通道指定给各音轨(如图6-25所示)。

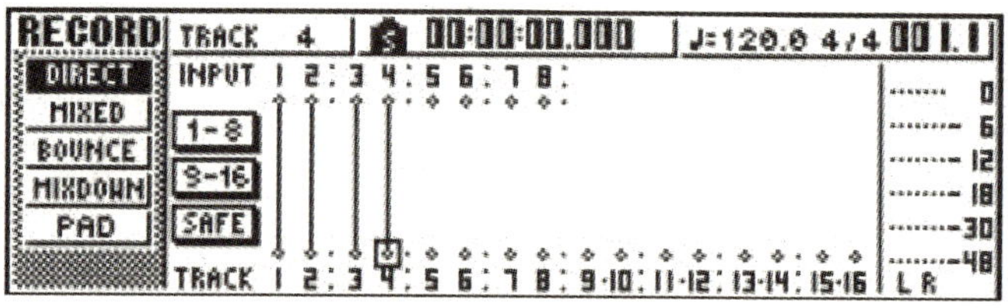

图 6-25 指定给多个音轨

● 要取消已完成的连接，按 INPUT SEL 键使之亮红灯，然后按已被选作录音目标轨的该音轨对应的 TRACK SEL 键。要取消所有的连接，将光标移动到 SAFE 按钮并按 ENTER 键。

● 要改变录音目标轨，按 INPUT SEL 键使之亮红灯，然后按另一音轨对应的 TRACK SEL 键。

● 录音源输入和录音目标轨音轨都利用 INPUT SEL/TRACKSEL 键完成配对和连接，两个相邻的奇数/偶数通道将被同时指定给两个相邻的奇数/偶数音轨。

⑦ 按住并保持录音源输入通道对应的 INPUTSEL 键，打开 INPUT SETTING 弹出窗口。也可通过在 RECORD 界面 DIRECT 页将光标移到某输入通道。

⑧ 用 GAIN 旋钮调节信号的输入电平。

若某输入通道连接在录音目标轨上，则该录音目标轨和 METER 按钮将添加到 INPUT SETTING 弹出窗口的显示界面，如图 6-26 所示。

通过将光标移动到 METER 按钮并按 ENTER 键，可在“衰减器前”(默认设定：紧跟在 A/D 之后)和“衰减器后”(在信号通过 EQ、动态处理和电平旋钮之后)之间切换检测电平的位置。确认通过 EQ 和动态处理之后电平的增加不会引起信号截止。

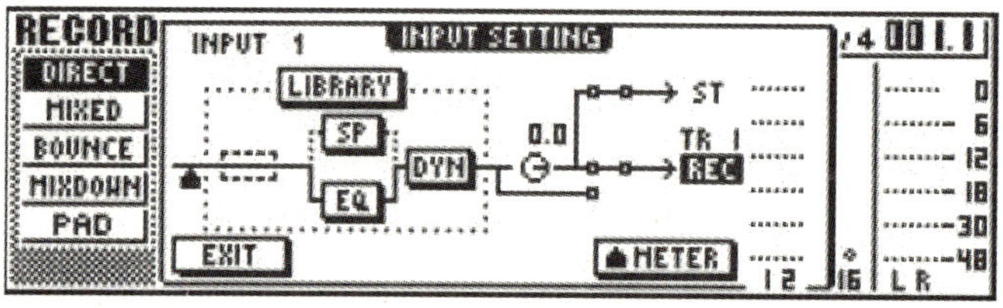

图 6-26 输入设置电平显示

⑨ 将 STEREO 衰减器提高到 0 dB 位置。

⑩ 监听正在录音的信号，需要提高选作录音目标轨的音轨通道对应的衰减器。

一般情况下在录音过程中，不监听录音之前的输入通道信号，而通过音轨通道监听通过录音机后的信号。这样可确保监听实际录音的信号，而且可在不影响所录制信号的前提下调节监听信号的音量和音调。若录音目标轨音轨对应的音轨通道衰减器被设定为 0 dB，录制过程中的监听电平与录制后的回放电平相同。录制过程中的监听信号流程如图 6-27 所示。

⑪ 调节监听信号的声像，按相应的音轨通道对应的 TRACK SEL 键，然后转动所选通道部分的 PAN/BAL 旋钮(如图 6-28 所示)。若该输入通道被指定为直接录音的音轨，则输入通道的声像设定将不起作用。

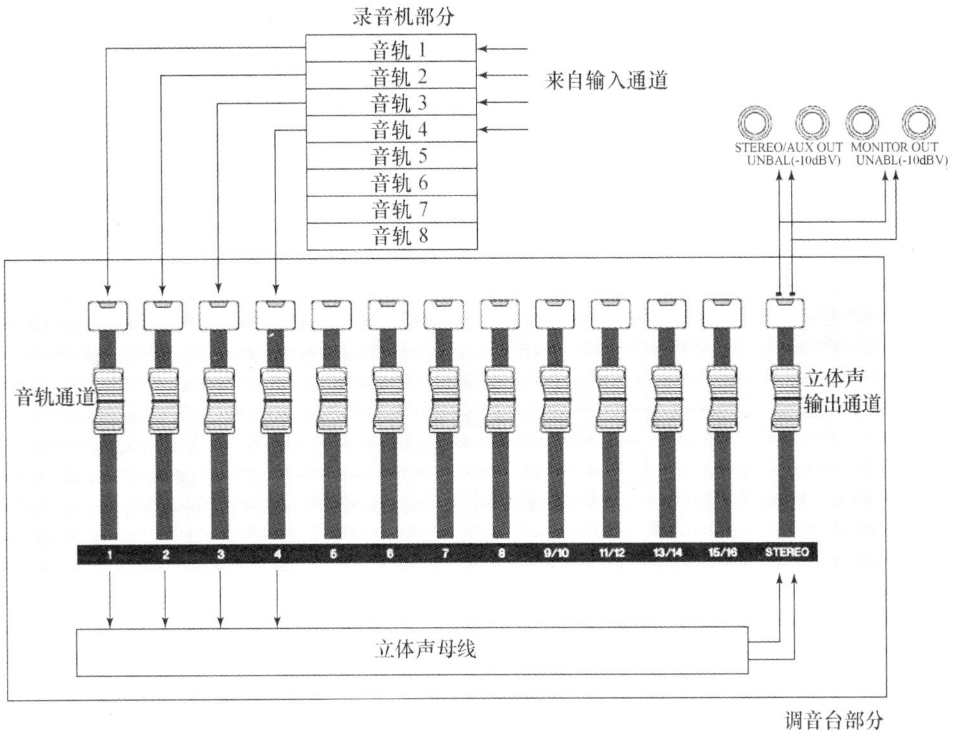

图 6-27 监听信号流程

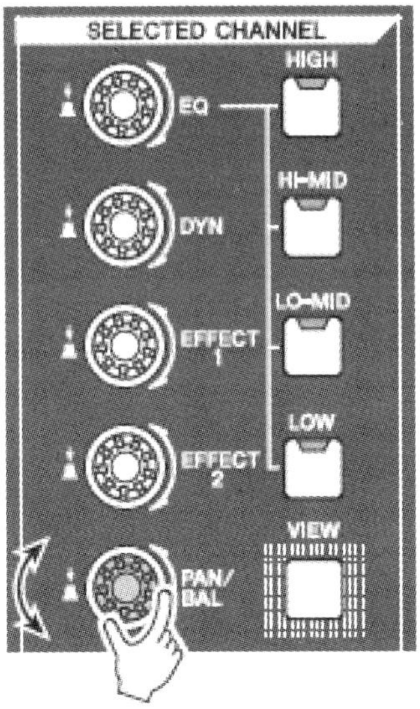

图 6-28 PAN/BAL 旋钮

(2) 母线录音

如图 6-29 所示,将输入信号指定给各音轨利用母线录音的方法,可将多个输入通道发送到 L/R 母线,并将混合信号发送到一个或两个音轨。该方法所需要的音轨数较少。但是,录音后无法独立调节这些项目,因此必须在录音时决定最后音量、总体效果和各个乐器的音调。

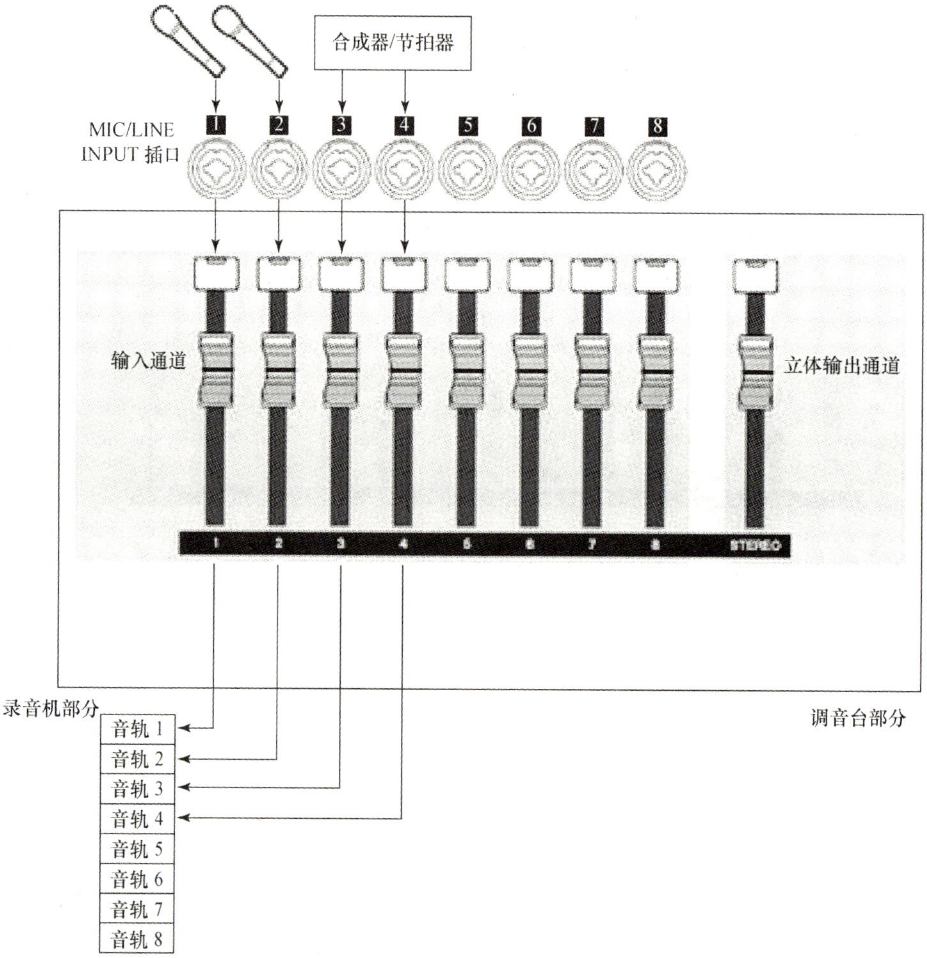

图 6-29　母线录音混合信号发送

① 将 STEREO 衰减器降低到 $-\infty$ 位置。

② 将乐器/传声器连接到 MIC/LINE INPUT 插口 1～8。

③ 在快速导航部分，反复按 RECORD 键或在按住 RECORD 键的同时用 CURSOR [▲]/[▼]键打开 RECORD 界面的 MIXED 页。如图 6-30 所示，在 RECORD 界面的 MIXED 页，通过 L/R 母线可将输入通道信号指定给任一个或两个音轨。

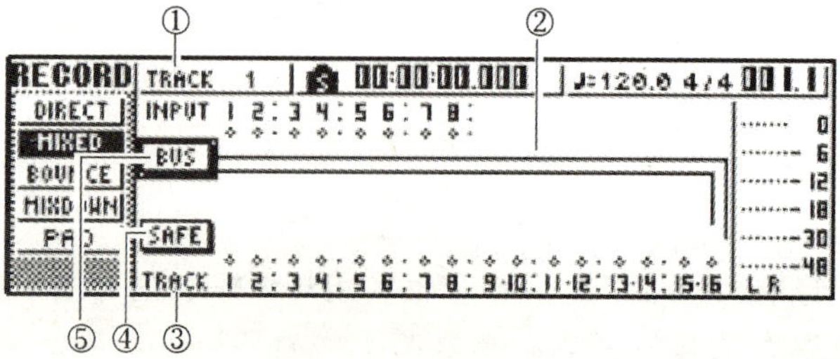

图 6-30　MIXED 页界面

- INPUT：选择录音源输入通道。
- BUS 按钮：当将光标移到该按钮并按 ENTER 键时，将在界面右方出现 L/R 母线对应的专用衰减器和电平表，可用来调节 L/R 母线的主电平。
- SAFE 按钮：若要取消所有的录音源和录音目标轨，将光标移动到该按钮并按 ENTER 键。
- TRACK：选择将作为 L/R 母线信号的录音目标轨。
- L/R 母线：两条水平线表示母线 L/R 信号路径。可确认从录音源输入通道发送到母线 L 或 R 的信号的 ON/OFF 状态，并确认将作为 L/R 母线录音目标轨的音轨。

④ 传声器所连接的输入通道对应的 INPUT SEL 键。

如图 6-31 所示，当前设定 INPUT SEL 键将亮橙色灯，而且该输入通道将被选择用来进行操作。如图 6-32 所示，在该界面，与相应输入通道对应的符号将突出显示，并出现一条线，表示该通道被连接到母线。

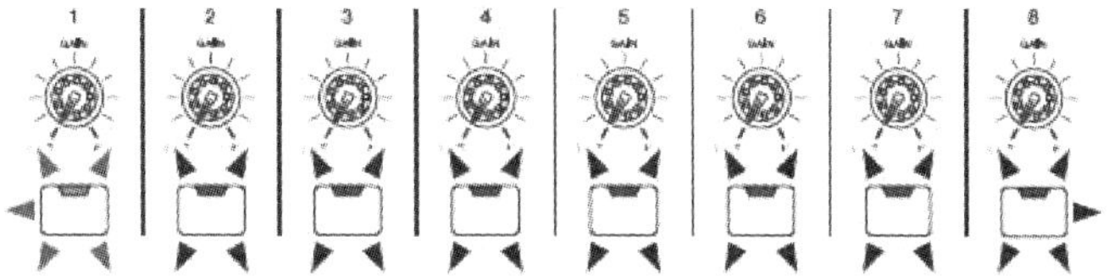

图 6-31　INPUT SEL 键亮橙色灯

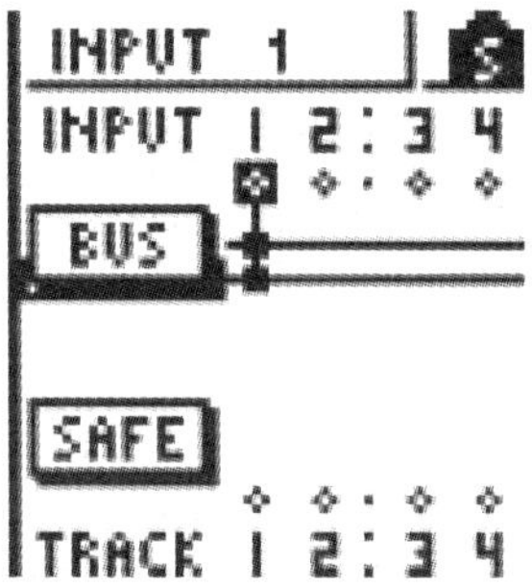

图 6-32　连接到母线界面

也可通过将光标移到所需输入通道对应的符号并按 ENTER 键来选择某个输入通道。当按住并保持某输入通道对应的 INPUT SEL 键，将出现 INPUT SETTING 弹出窗口，在该窗口可进行相应输入通道的设定。若要关闭该弹出窗口并返回到上一个界面，可将光标移到 EXIT 按钮，然后按 ENTER 键。

⑤ 重复按与步骤④相同的 INPUT SEL 键，可在 ON/OFF 两个状态之间切换从该输入通道发送到 L/R 母线的信号。每次按一次 INPUT SEL 键，界面将变化，如图 6-33 所示。

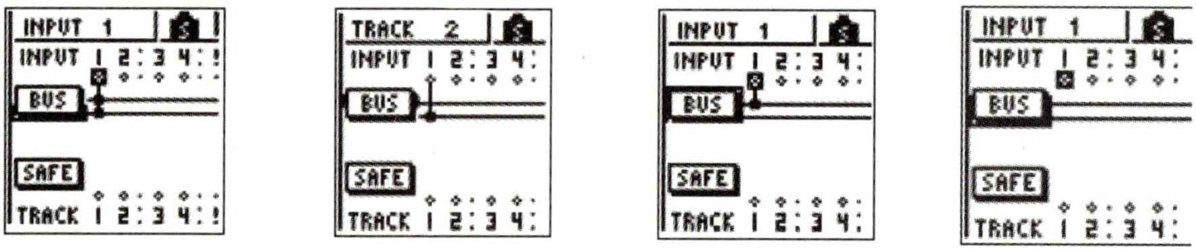

图 6-33　发送到 L/R 母线的信号变化过程

对于被选作录音源的输入通道，将自动关闭它与立体声母线的指定关系，同时建立连接，可通过音轨通道监听该信号。

⑥ 根据需要，使用相同的步骤可指定其他输入通道作为录音源。

⑦ 按录音目标轨音轨对应的 TRACK SEL 键。

最多可选择两个音轨作为录音目标轨。若选择音轨 1,3,5 或 7，信号将被连接到母线 L。若选择音轨 2,4,6 或 8，信号将被连接到母线 R。若选择音轨 9/10～15/16，奇数音轨将被连接到母线 L，偶数音轨将被连接到母线 R。如图 6-34 所示，界面将显示线条，指示如何将信号连接到音轨。

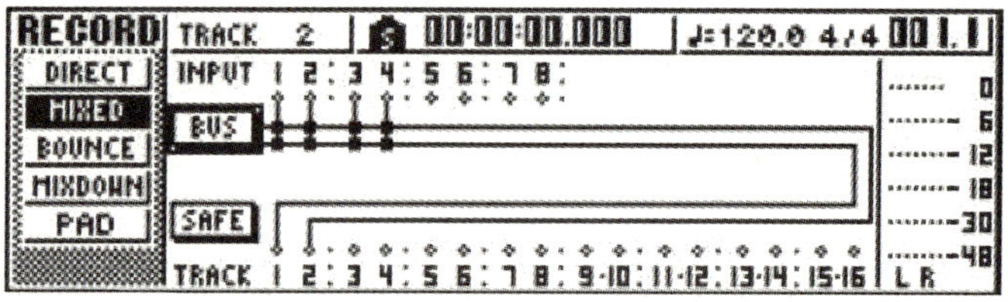

图 6-34　信号连接显示界面

● 对于音轨已被选作录音目标轨的音轨通道，其 EQ 和动态处理设定将被清零。若选择了单个音轨，音轨通道的声像将居中。若选择了配对音轨，则奇数/偶数音轨将分别与左/右对齐。若再次按当前所选音轨对应的 TRACK SEL 键，将取消该连接。

● 处于静音状态的音轨编号将显示为“M”(静音)，但仍然可录音到处于静音状态的音轨上。因为 24 位乐曲最多可有 8 个回放音轨，音轨 9～16 将处于静音状态，因而无法回放。某乐曲的位数可通过 SONG 界面 LIST 页来确认。

⑧ 对于连接某乐器或传声器的每个输入通道，按住并保持 INPUT SEL 键可打开 INPUT SETTING 弹出窗口，在该窗口用 GAIN 旋钮可调节信号的输入电平。

⑨ 将 STEREO 衰减器提高到 0 dB 位置。

⑩ 提高录音目的轨对应的音轨通道衰减器，使监听电平达到合适水平，并监听通过 L/R 母线发送到这些音轨的信号。

⑪ 若要调节每个输入通道的声像，用 INPUT SEL 键选择某个通道，然后旋转所选通道部分的 PAN/BAL 旋钮。

当使用母线录音时，在音轨上录音之后不可能调节每个乐器的声像或音量平衡。这意味着在将信号从输入通道发送到 L/R 母线之前就必须最后决定声像和音量平衡。

⑫ 为了调节每个输入通道的音量平衡，在所选通道部分反复按 VIEW 键打开 FADER 页。

当设定输入通道的音量平衡时，使用 VIEW 界面的 FADER 页（如图 6-35 所示）十分方便。在此可调节输入通道、采样垫通道、音轨通道的 ON/OFF 状态以及输入电平，所有这些都在一页中。

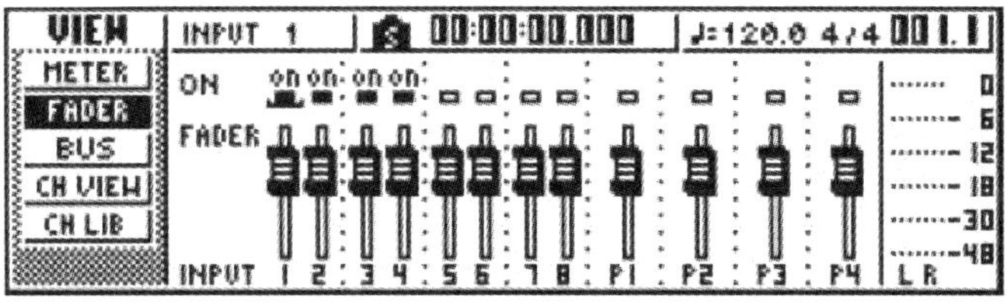

图 6-35 VIEW 界面的 FADER 页

⑬ 一边让乐器发出声音，一边用 INPUT SEL 键或 CURSOR[▲]/[▼]键将光标移到需控制的输入通道，并转动 DATA/JOG 旋钮调节音量平衡。

建议不要使用 GAIN 旋钮来调节输入通道的音量平衡，因为这将降低 S/N 比，导致声音变调。可使用 INPUT SETTING 弹出窗口中的 INPUT LEVEL 旋钮来调节输入通道的音量平衡。一般情况下，面板衰减器是专门用于音轨通道的。但是，通过改变内部设定，可用这些衰减器控制输入通道的输入电平。

6. *启动节拍器*

开始录音之前，设定节拍器的节奏和音量。如果录音时不使用节拍器，可跳过如下步骤。

(1) 在工作导航部分，反复按 TRACK 键或在按住 TRACK 键的同时用 CURSOR[▲]/[▼]键打开 VIEW 页（如图 6-36 所示）。

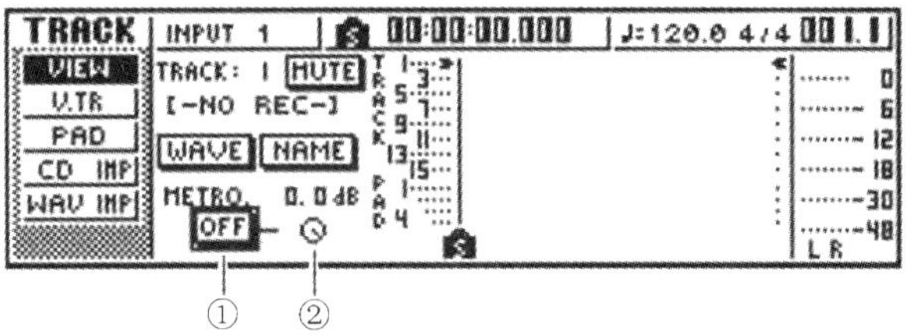

图 6-36 VIEW 界面

① 节拍器按钮：切换节拍器的开/关。

② 节拍器旋钮：调节节拍器音量电平。当前值以 dB 为单位显示在该按钮上方。

(2) 将光标移动到节拍器按钮然后按 ENTER 键，打开节拍器。

(3) 当按 PLAY[▶]键开始回放时，节拍器将开始发出声音。根据需要，可将光标移到节拍器旋钮，转动 DATA/JOG 旋钮调节节拍器的电平。若要改变节奏或拍号，按 STOP 键停止回放，然后执行如下步骤。

(4) 在工作导航部分，反复按 SONG 键或在按住 SONG 键的同时用 CURSOR[▲]/[▼]键打开 TEMPO 页（如图 6-37 所示）。利用 TEMPO 页可创建节奏谱，指定乐曲的节奏和拍号。在此指定的节奏和拍号将成为小节/节拍显示计数器、内部节拍器和 AW1600 产生的 MIDI 时钟信息的基础。这些是记录在谱上的事件。当创作新的乐曲时，将在乐曲的开头(小节 1、节拍 1)创建拍号＝4/4、节奏＝120 的节奏谱事件。

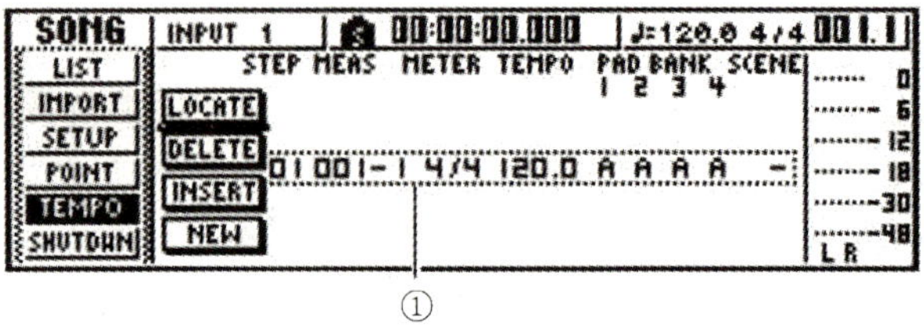

图 6-37　TEMPO 页

(5) 将光标移到事件的 TEMPO 栏，转动 DATA/JOG 旋钮设定节奏值，可在 30～250(BPM)的范围内设定某节奏。

(6) 根据需要，可将光标移到 METER 栏，转动 DATA /JOG 旋钮改变拍号，可在 1/4～8/4 的范围内设定拍号。

7. 在音轨上录音

(1) 在工作导航部分，反复按 TRACK 键或在按住 TRACK 键的同时用 CURSOR [▲]/[▼]键打开 VIEW 界面(如图 6-38 所示)。

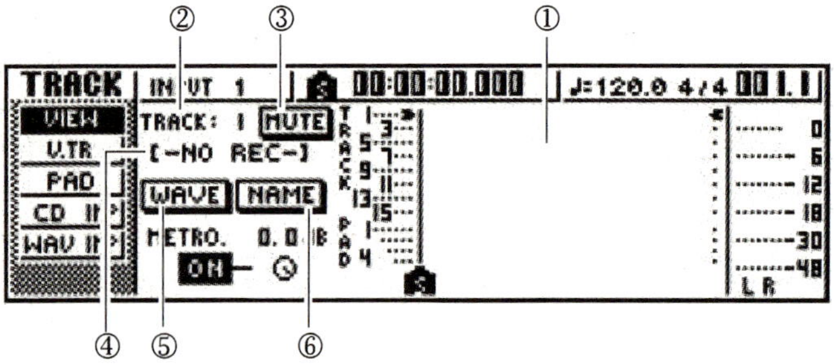

图 6-38　VIEW 界面

① 音轨查看：以图形方式显示音轨 1～16、采样垫 1～4、立体声音轨中数据和标记的存在。

② TRACK 栏：在界面上选择需要进行操作的音轨。可选择 1～16(音频音轨 1～16)、ST(立体声音轨)或 PAD1～4(采样垫音轨 1～4)。在此改变音轨不会改变将要录音的音轨。

③ MUTE 按钮：当将光标移到该按钮并按 ENTER 键时，将使当前所选音轨进入静音状态。利用该静音功能，可在静音 ON/OFF 之间切换录音机音轨回放的状态。该操作还将影响在录音机部分同时回放音轨的数量。建议让所有不使用的音轨进入静音状态。因为 24 位乐曲最多允许 8 个回放音轨，对于音轨 9～16，不能解除其静音状态。通过 MONITOR 界面中的 ON/OFF 可使调音台音轨通道进入静音状态。

④ 音轨名称：若在 TRACK 栏选择 1～16 或 ST，该区域将显示已经指定给幻像音轨的音轨名称。若未录制任何内容，将指定名称“—NO REC—”。

⑤ WAVE 按钮：当将光标移到该按钮并按 ENTER 键时，将显示当前所选音轨的波形。仅当在 TRACK 栏选择了 1～16 或 ST 时才会出现该按钮。

⑥ NAME 按钮：若将光标移到此按钮并按 ENTER 键，将出现 TITLE EDIT 弹出窗口，在该窗口可为音轨指定一名称。

(2) 在操作控制部分，按住 REC[●]键的同时按 PLAY[▶]键。节拍器将开始发出声音，计数器显示开始计数。在界面的音轨视图中，表示当前位置的竖线会向右移动。

(3) 按照节拍器的节奏演奏乐器。节拍器声音不会被录制在音轨中。根据需要，可将光标移到节拍器旋钮，转动 DATA/JOG 旋钮调节节拍器的音量电平。

(4) 若要停止录音，按 STOP[■]键。在 VIEW 页的音轨视图中出现 I(In 点)和 O(Out 点)符号，表示上一次录音操作的位置。数据输入/控制部分的 UNDO/REDO 键亮灯，表示可按 UNDO/REDO 键执行撤销功能。

(5) 若要从头听录制的内容，按 RTZ[◀]键让计数器显示恢复到 0，然后按 PLAY[▶]键。

(6) 如果要恢复录音，按 UNDO/REDO 键。UNDO/REDO 键将熄灯，同时返回到录音之前的状态。重复步骤(2)～(5)。

(7) 完成录音时，再次按快速导航部分的 RECORD 键，将光标移到 SAFE 按钮并按 ENTER 键。在弹出的窗口，将光标移动到 OK 按钮并按 ENTER 键确认。输入信号与音轨的指定关系将被取消。无法再次按 REC 键，防止意外录音。

(8) 如果对录音内容满意，保存该乐曲。

8. 保存当前的乐曲

对录音内容满意，需将当前的乐曲保存在硬盘上。若在保存乐曲之前意外关闭了 AW1600 的电源，上次保存操作之后执行的所有录音或操作都将丢失。在工作中应养成每隔一定时间保存乐曲的习惯。

(1) 在工作导航部分，反复按 SONG 键或在按住 SONG 键的同时用 CURSOR[▲]/[▼]键打开 LIST 页。如图 6-39 所示，在该页中，可选择硬盘上的某首乐曲，读入或删除它。

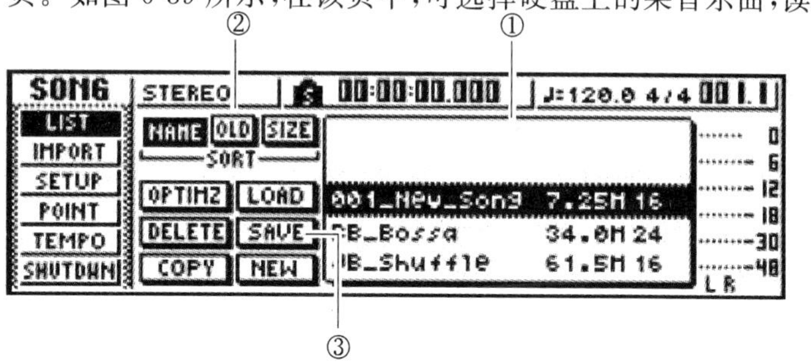

图 6-39 LIST 页

① 清单：这是一种保存在硬盘上的乐曲清单。位于清单中央由虚线框包围的行表示所执行的操作将要作用的乐曲，也就是当前读入 AW1600 的乐曲。该乐曲被称为“当前乐曲”。

② SORT 栏：可选择 NAME(按照 ABC 分类)、OLD(按照保存日期分类)或 SIZE(按照大小分类)这三个按钮将清单中的乐曲进行不同方式的分类。

③ SAVE 按钮：将光标移到该按钮并按 ENTER 键，保存当前乐曲。

(2) 将光标移动到SAVE按钮,然后按ENTER键。在弹出窗口确认是否要保存当前乐曲。

(3) 若要保存该乐曲,将光标移动到OK按钮并按ENTER键。若将光标移到CANCEL按钮(而不是OK按钮)并按ENTER键,将取消保存操作。

乐曲保存操作总是保存当前乐曲,与在清单中选中乐曲无关。系统无法保存设有保护的乐曲。例如,如果已经编辑调音台设定并需要保存该乐曲,必须先取消其保护设定然后再保存该乐曲。根据需要,在保存之前可变更乐曲名称。从硬盘中读入现有乐曲、创作新乐曲或关闭AW1600时,将出现弹出窗口询问是否要保存当前乐曲。

9. 原带配音

原带配音是一种监听此前录音音轨回放的同时,在其他音轨上录制附加演奏的过程。图6-40所示为回放音轨1～4并在5轨上进行原带配音时的信号流程。在该例中,从MIC/LINE INPUT插口1输入的信号通过录音机音轨5并发送到音轨通道5。随后该信号被发送到立体声母线,与音轨1～4的回放音混合后,从STEREO/AUX OUT插口和MONITOR OUT插口/PHONES插口输出。

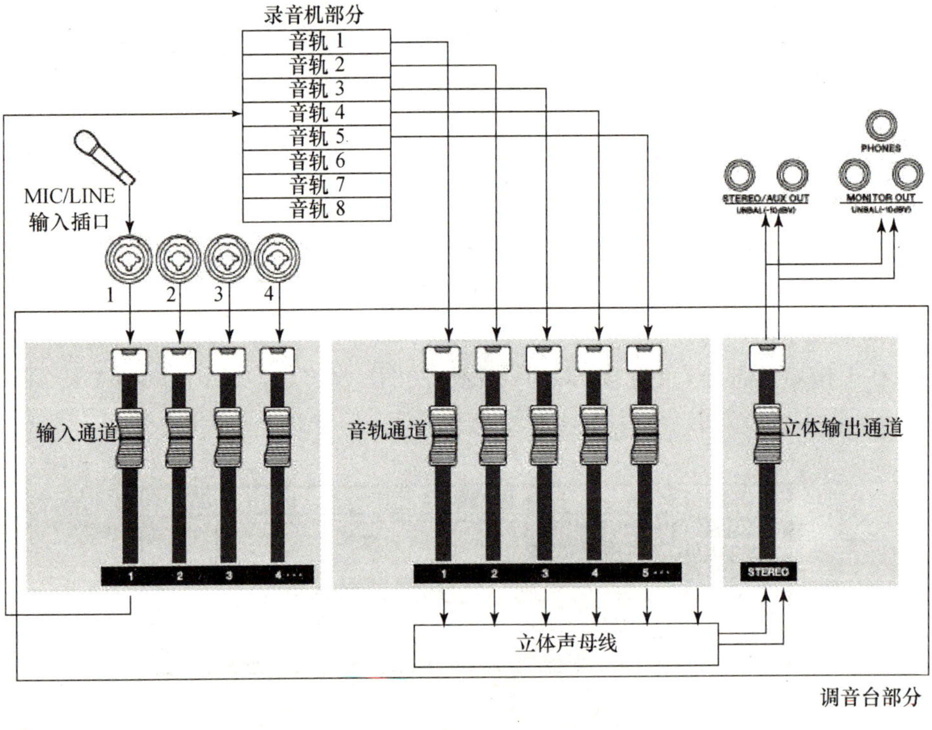

图6-40 回放音轨1～4并在5轨上进行原带配音时的信号流程

(1) 将输入信号分配给某音轨

为了进行原带配音,必须将传声器或乐器指定给某个新音轨,基本步骤与首个音轨时相同。

① 快速调用某个EQ记忆库

按照需要使用记忆库的输入通道对应的INPUT SEL键,在所选通道部分,按EQ旋钮并转动该旋钮。按 EQ 旋钮的同时并向左右转动时，将出现 EQ 界面的 LIBRARY 页。

旋转 DATA/JOG 旋钮旋转 EQ 记忆库。然后将光标移动到 RECALL 按钮并按 ENTER 键，读入记忆库。

调节 EQ 设定，使用所选通道部分对应的 HIGH、HI-MID、LO-MID 和 LOW 键选择 EQ 段，转动 EQ 旋钮调节增强/削减量。

② 快速调用动态效果记忆库

在所选通道部分，按 DYN 旋钮并转动该旋钮，出现 DYN 界面的 LIBRARY 页。

旋转 DATA/JOG 旋钮旋转 DYN 记忆库。然后将光标移动到 RECALL 按钮并按 ENTER 键，读入所选中的记忆库。

调节动态效果，需转动所选择通道部分对应的 DYN 旋钮。

按同样的方式，可在所选择通道部分按下并转动 EFFECT 1 旋钮或 EFFECT 2 旋钮调用效果记忆库。

③ 设定混音平衡和声像

回放乐曲时将此前的录音音轨的音轨通道衰减器提高到适当的监听水平。

按此前的录音音轨对应的音轨通道 TRACK SEL 键，用所选通道部分对应的 PAN/BAL 旋钮设定声像。

停止录音，一边让乐器发音，一边调节录音目标音轨通道的衰减器，使监听电平达到合适的水平。在录音过程中或停止时，录音目标音轨对应的音轨通道将向立体声母线发送输入信号，而在回放过程中会向立体声母线发送音轨回放信号，这意味着为了监听输入信号，必须停止录音。

按录音音轨对应的音轨通道 TRACK SEL 键，用所选通道部分对应的 PAN/BAL 旋钮设定声像。

④ 配音

● 在工作导航部分，反复按 TRACK 键或在按住 TRACK 键的同时，用 CURSOR[▲]/[▼]键打开 VIEW 页。

● 将光标移动到节拍器按钮并按 ENTER 键，根据需要切换该设定的 ON/OFF 状态。可在节拍器处于 ON 或 OFF 状态下执行原带配音。

● 在移动部分，在按住 REC[●]键的同时按 PLAY[▶]键。节拍器将开始发出声音，计数器显示开始计数。

● 一边监听此前录制的音轨，一边演奏要进行原带配音的乐器。

● 若要停止录音，按 STOP[■]键。数据输入/控制部分的 UNDO/REDO 键将亮灯。

● 若要从头听录制的演奏内容，按 RTZ[|◀◀]键让计数器显示恢复到 0，然后按 PLAY 键。若从乐曲的中间录音，可按 IN 键移动到要开始录音的位置。

● 对录制的演奏满意，可保存该乐曲。

● 如需重新录音，按 UNDO/REDO 键取消录音，然后重复上述第三至第七个步骤。

(2) 切入/切出

在原带配音过程中若出错，可仅对出错部分重新录音。该过程称为切入/切出。切入/切出可以用“手动切入/切出”的方式来进行，即可在录音和回放之间手动切换；也可以用“自动切入/切出”的方式进行，即达到事先设定的位置时自动在录音和回放之间切换。

① 手动切入/切出

用脚踏开关来执行切入/切出，须另配脚踏开关（Yamaha FC5 或同等产品）并连接到背面面板上的 FOOT SW 插口。

● 打开 RECORD 界面的 DIRECT 页，确认乐器/传声器是否已经指定给要切入的音轨。如图 6-41 所示，录音源对应的 INPUT SEL 键和录音目标轨对应的 TRACK SEL 键将红灯闪烁。

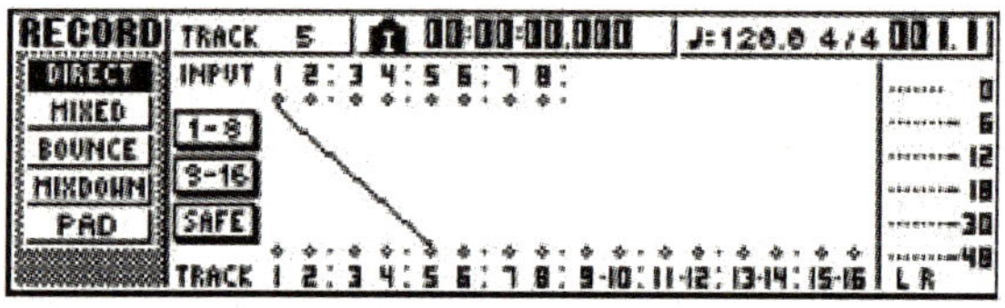

图 6-41 录音目标轨红灯闪烁界面

● 定位在需切入位置之前的某个点。在切入点之前 1 个或 2 个小节处登录一个标记会比较方便，这样即可迅速返回到该点。

● 在移动部分，按 PLAY[▶]键或按脚踏开关。乐曲开始回放，录音目标轨的音轨通道的回放音会发送到立体声母线，因此无法监听输入电平。

● 在需开始录音的点，按住 PLAY[▶]键的同时按 REC[●]键或再次按脚踏开关，并开始演奏乐器。录音目标轨会从回放切换到录音（“切入”）。录音源 INPUT SEL 键和录音目标轨 TRACK SEL 键将亮红灯，而且相应的音轨通道信号将从音轨回放切换到输入信号。

● 在需停止录音的点，按 PLAY[▶]键或按脚踏开关。录音目标轨音轨会从录音切换到回放（“切出”）。

● 停止回放，按 STOP[■]键或按脚踏开关。

● 听新录制的内容，定位在切入点之前然后按 PLAY[▶]键。

● 如果新录音的内容满意，可保存该乐曲。

● 重新录音，按 UNDO/REDO 键取消录音，然后重复上述第四至第八个步骤。

图 6-42 所示为手动切入/切出的操作步骤。

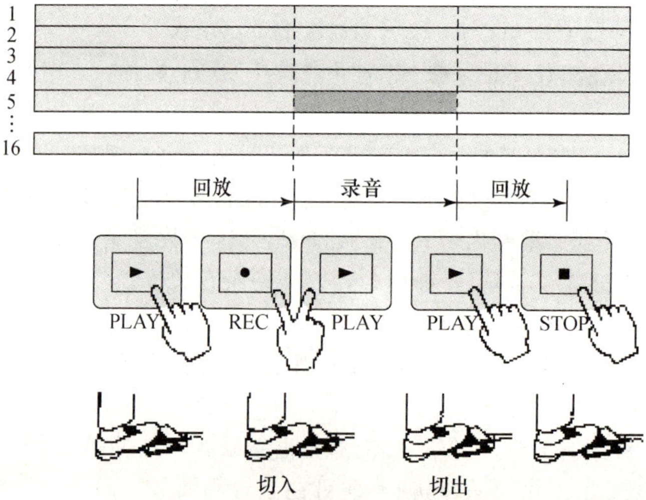

图 6-42 手动切入/切出的操作步骤

② 自动切入/切出

自动切入/切出是一种自动执行切入和切出操作的功能。为了使用该功能，必须事先指定 IN 点（切入点）和 OUT 点（切出点）。

● 打开 RECORD 界面的 DIRECT 页，确认乐器/传声器是否已经指定给要切入的音轨。录音源 INPUT SEL 键和录音目标轨 TRACK SEL 键将红灯闪烁。

● 定位在需切入的某个点。在定位部分，按住 SET 键的同时按 IN 键，该位置将被登录为 IN。

● 定位在需切出的某个点。在定位部分，按住 SET 键的同时按 OUT 键。该位置被登录为 OUT 点。若需更精确地设定 IN 点和 OUT 点，可使用 Nudge（微动）功能，该功能可在当前位置前后反复回放一小段，或使用 WAVE DISPLAY 弹出窗口，在该窗口可将音轨作为波形来查看。每次录音时都会刷新 IN 点和 OUT 点。上次开始录音的位置将被登录为 IN 点，上次停止录音的位置将被登录为 OUT 点。

● 在定位部分，按 AUTO PUNCH 键。AUTO PUNCH 键将亮灯，同时启动自动切入/切出功能。将自动定位在距离 IN 点之前一定距离（前置时间）的某个点。该点称为前置点。

● 需排练自动切入/切出，按 PLAY[▶]键。

● PLAY[▶]键将亮灯，并从前置点开始回放。当到达自动切入点时，REC[●]键开始闪烁，正在通过录音目标轨音轨通道监听的信号将从音轨回放切换到输入信号（录音源）。但实际上录音尚未开始。

● 当到达自动 OUT 点时，REC[●]键将熄灯，正在通过录音目标音轨通道监听的信号将恢复为音轨回放。

当到达距离切出点之后一定距离（后置时间）的某个点（该点被称为后置点），将返回到前置点并停止。

当 AW1600 处于初始设定状态时，前置和后置时间分别被设定为 4 秒钟。可在 0～5 秒的范围内调节这些设定值。

● 实际执行自动切入/切出，要停止录音机，然后同时按住 REC[●]键与 PLAY[▶]键。

● PLAY[▶]键将亮灯，回放将从前置点开始。当到达自动切入点时，REC[●]键亮灯，录音开始（切入）。当到达自动切出点时，REC[●]键熄灯，录音停止，并返回回放模式（切出）。当到达后置点时，将返回前置点并停止。

● 确认新录制的内容，按 AUTO PUNCH 键使之熄灯，然后按 PLAY[▶]键。

● 对新录音的内容满意，可保存该乐曲。

● 如果决定重新录音，则可以在重复录音步骤，执行几次原带录音后用撤销清单返回到最佳录音。图 6-43 所示为自动切入/切出的操作步骤。

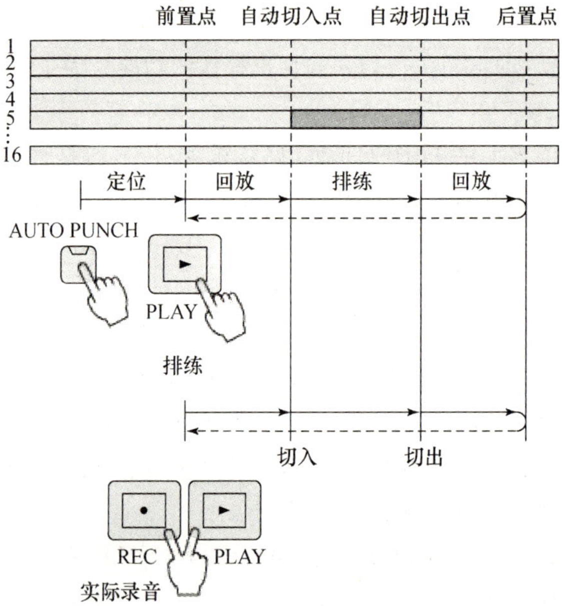

图 6-43　自动切入/切出的操作步骤

10. 微调功能

微调具有一种反复回放当前位置的前后一小段的功能。当希望精确指定某个位置,如当指定自动切入/切出点或编辑某音轨的内容时,利用微调功能,可一边听回放,一边查找某个精确位置。

(1) 定位到需查找点的附近。

(2) 在移动停止时,按 JOG ON 键。JOG ON 键将亮灯,微调功能进入开启状态。将重复以当前位置为起点的固定区域(称为微调时间)。

(3) 如图 6-44 所示,向前移动当前位置,需向右转动 DATA/JOG 旋钮。向后移动当前位置,需向左转动 DATA/JOG 旋钮。

若时间显示被选择为计数器显示格式,则可以以毫秒为单位向前或向后移动当前位置。若选择了时间码显示,则可以以辅助框为单位移动。即使在使用微调功能过程中,也可使用定位点或标记改变位置等方式。

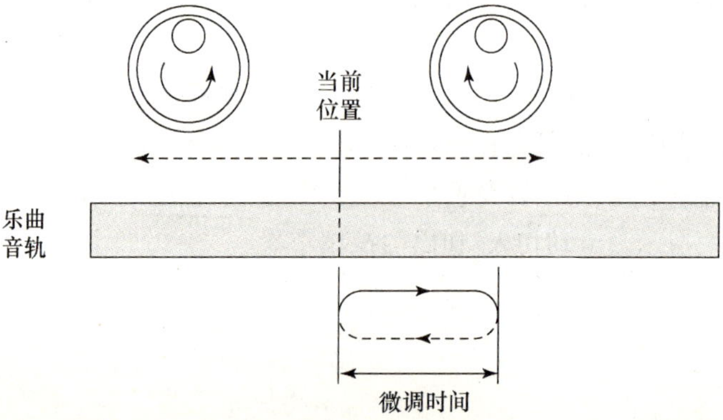

图 6-44　微调功能的设定

(4) 要关闭微调功能,需按 JOG ON 键或移动部分的 STOP[■]键。JOG ON 键将熄灯,微调功能被关闭。

(5) 要改变回放持续时间或回放模式,需在工作导航部分反复按 UTILITY 键或在按住 UTILITY 键的同时,用 CURSOR[▲]/[▼]键打开 UTILITY 界面的 PREFER 页(如图 6-45 所示)。

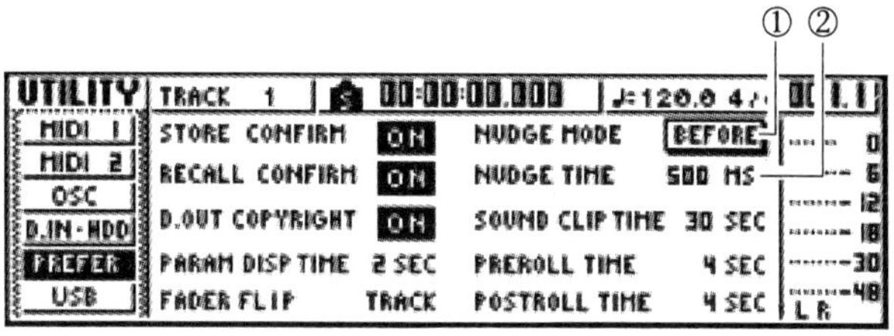

图 6-45 PREFER 页界面

① NUDGE MODE:指定将用微调功能回放的乐曲区域(当前位置前后)。

② NUDGE TIME:指定将用微调功能回放的区域持续时间。

(6) 要改变回放的持续时间,需将光标移到 NUDGE TIME 栏的设定值,用 DATA/JOG 旋钮设定微调时间。可在 25～800 毫秒的范围内设定微调时间(默认设定=500 毫秒)。

(7) 若要改变回放位置(微调模式),将光标移动到 NUDGE MODE 按钮并按 ENTER 键,可在下列两种微调模式之间切换(如图 6-46 所示)。

● BEFORE

以当前位置为终点,重复回放微调时间规定的区域。

● AFTER

以当前位置为起点(默认设定),重复回放微调时间对应的区域。

使用微调功能过程中不能改变微调时间或微调模式。必须关闭微调功能,在 JOG ON 键熄灯后再改变这些设定。

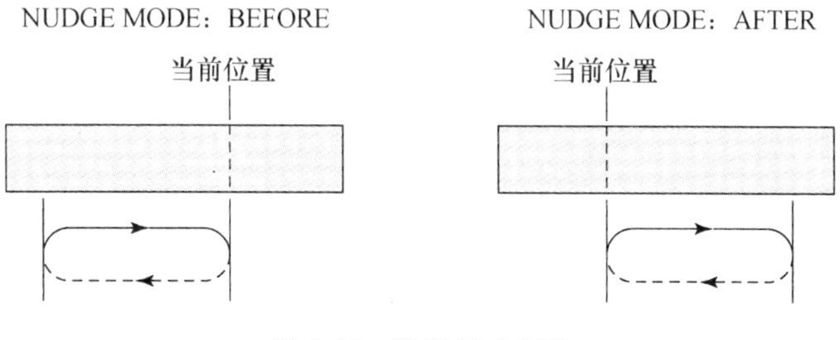

图 6-46 微调模式切换

11. 在查看波形过程中查找位置

(1) 定位到需查找点的附近。

(2) 反复按工作导航部分的 TRACK 键或在按住 TRACK 键的同时,用 CURSOR[▲]/[▼]键打开 TRACK 界面的 VIEW 页(如图 6-47 所示)。

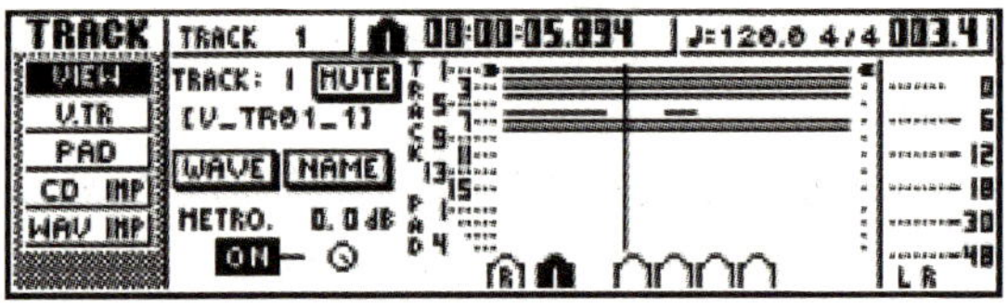

图 6-47 TRACK 界面的 VIEW 页界面

(3) 将光标移到 TRACK 栏，转动 DATA/JOG 旋钮，选择要查看其波形的音轨编号。

(4) 将光标移动到 WAVE 按钮，然后按 ENTER 键。出现 WAVE DISPLAY 弹出窗口，显示录在步骤(3)中所选音轨(1～16)中的当前音轨上的音频数据波形(如图 6-48 所示)。

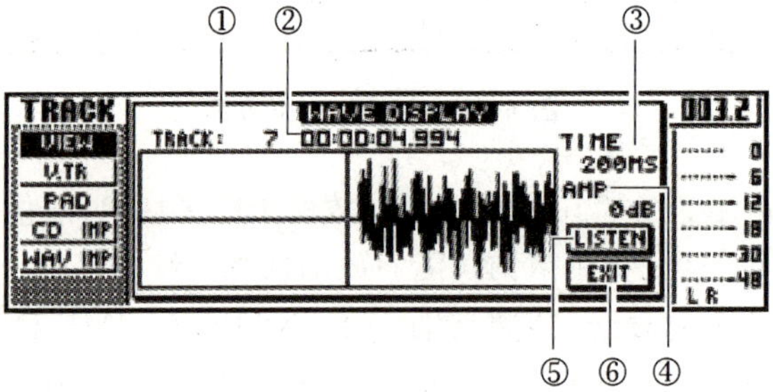

图 6-48 音频数据波形

① TRACK：指示当前所选音轨的编号。也可将光标移到该栏，转动 DATA/JOG 旋钮切换音轨。

② 计数器：显示竖线(指针)的位置，该指针指示 WAVE DISPLAY 弹出窗口中的当前位置。可将光标移到该栏，转动 DATA/JOG 旋钮前后移动当前位置。

③ TIME：将光标移到该区域并转动 DATA/JOG 旋钮，可沿着时间轴扩大或缩小波形。该栏的数值表示显示在 WAVE DISPLAY 弹出窗口中的时间长度。若选择"1 SEC"，则从界面左侧至右侧的距离正好对应于 1 秒钟。选择 SAMPLE 则产生最大的放大倍数，每个水平像素将对应于一个采样。

④ AMP：将光标移到该区域并转动 DATA/JOG 旋钮，可扩大或缩小沿波幅轴的波形显示。该栏的数值表示显示在 WAVE DISPLAY 弹出窗口中的波形电平范围。若选择 0 dB，则从界面上侧至下侧的距离正好对应于最大电平。

⑤ LISTEN 按钮：若将光标移到该按钮并按 ENTER 键，WAVE DISPLAY 弹出窗口的显示区域中的波形将回放一次。在回放过程中，指示当前位置的竖线(指针)将移动，计数器值也会发生变化。当通过按 LISTEN 按钮进行回放时，将无法执行传统的移动操作。

⑥ EXIT 按钮：若将光标移到该按钮并按 ENTER 键，将切出 WAVE DISPLAY 弹出窗口并返回到上一个 VIEW 页。即使在显示 WAVE DISPLAY 弹出窗口之后，也可用 TRACK SEL 键切换音轨进行查看。

(5) 根据需要，可将光标移到 TIME/AMP 栏并转动 DATA/JOG 旋钮，调节波形显示的竖向和横向比例。

(6) 若要指定弹出窗口中的某个位置，可将光标移到计数器并转动 DATA/JOG 旋钮。

向右转动该旋钮将使指针向前移动，向左转动该旋钮将使指针向后移动。根据需要，可使用 LISTEN 按钮回放 WAVE DISPLAY 弹出窗口中的波形段，通过倾听检查其位置。可使用登录在乐曲中的定位点或标记来改变指针的位置。显示在计数器中的位置可登录为定位点或标记。

(7) 完成指定位置后,将光标移到 EXIT 按钮并按 ENTER 键。返回到上一个 VIEW 页,在弹出窗口中指定的位置将保持当前位置。根据需要可将该位置登录为定位点或标记。

12. 使用 UNDO 撤销清单

利用撤销清单,不仅可取消最近的录制或编辑操作,而且最多可追踪此前的 15 步工作。特别是当进行了多次原带配音,而且决定退回到刚录完的某个独奏的状态时,该功能十分方便。

按住并保持 UNDO/REDO 键,将出现 UNDO LIST 弹出窗口(如图 6-49 所示)。

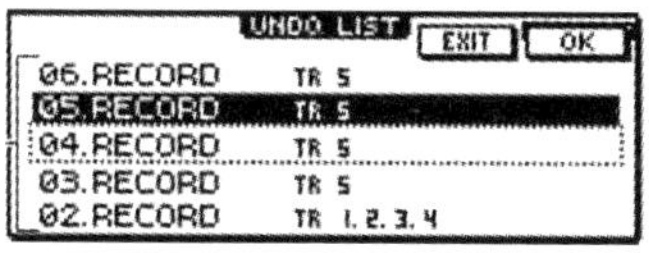

图 6-49 UNDO LIST 弹出窗口

(1) 撤销清单:这是一种此前进行的录音和编辑操作清单。

从左边开始,该清单显示指示操作顺序的步骤编号、操作内容、受录音或编辑操作影响的音轨/幻像音轨。当前乐曲处于突出显示步骤的状态中。有虚线框包围的步骤表示撤销功能将使该乐曲返回到前一步骤。如果在显示撤销清单前,用撤销功能取消了最新的几次操作,则先前的步骤可能根本不会保留。

(2) 旋转 DATA/JOG 旋钮选择步骤编号。

(3) 将光标移动到 OK 按钮,然后按 ENTER 键。如图 6-50 所示,当前乐曲将返回到所选步骤对应的状态。

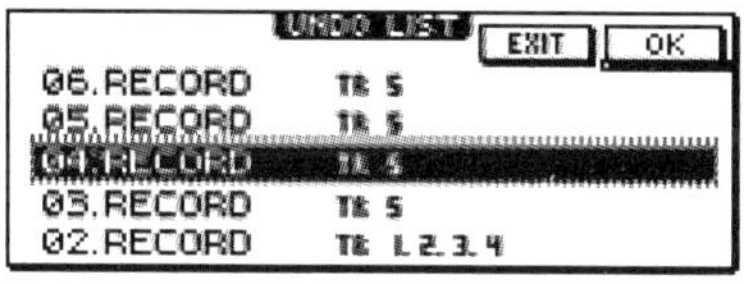

图 6-50 选择步骤编号界面

(4) 将光标移动到 EXIT 按钮,然后按 ENTER 键,关闭弹出窗口并将返回上一个界面。当撤销至某个步骤后,若执行了录音或编辑,则该步骤之后的撤销或恢复数据将被删除。例如,若撤销至此前的三步,然后执行录音或编辑操作,则此前的步骤 1 和步骤 2 的撤销或恢复数据将被删除。

13. 读入现有乐曲

(1) 在工作导航部分,反复按 SONG 键或在按住 SONG 键的同时,用 CURSOR[▲]/[▼]键打开 LIST 页(如图 6-51 所示)。

图 6-51 LIST 页界面

（2）旋转 DATA/JOG 旋钮选择某乐曲。

（3）将光标移动到界面中的 LOAD 按钮，然后按 ENTER 键。出现弹出窗口，询问是否要保存当前歌曲。

（4）将光标移动到 YES（若要保存当前乐曲）或 NO（若不要保存当前乐曲），然后按 ENTER 键。将硬盘上读入所选中乐曲。若选择了 NO，将失去上次保存当前乐曲之后对其所作的任何变更。

14. 使用定位器

通常使用定位器设置定位点。定位点是一些在乐曲中指定的用来执行某些功能如自动切入/切出或 A—B 重复回放的位置。利用该功能，只要按某个键即可定位（移动乐曲的当前位置）到这些点中的某个点。在 AW1600 上，可使用如下定位点。

（1）切入/切出点

这些定位点用来指定自动切入/切出的位置。一般情况下，上次进行录音的起点和终点将被自动设定为切入点和切出点，但也可根据需要改变这些点。

（2）A/B 点

这些定位点用来指定 A—B 重复回放功能的位置。通过按某个键或利用界面中的各种操作，可将乐曲中的任意点设定为 A 点和 B 点。

（3）起点/终点

这些定位点一般对应于乐曲的开头和最终。当创作新乐曲时，一般将起点设定为绝对时间 00：00：00.000。当录音时，乐曲的最终将被自动设定为终点。如果录音超过了上次设定的终点，则终点自动后移。

若选择 SEC 或 T.C. 作为计数器显示格式，起点将是所显示的时间和时间代码的基点（零点）。这就意味着若改变起点，根据计数器显示格式，显示将变化，参见图 6-52。

当创建音频 CD 时，起点和终点可用来指定将要刻录在音频 CD 上的立体声音轨中的位置。

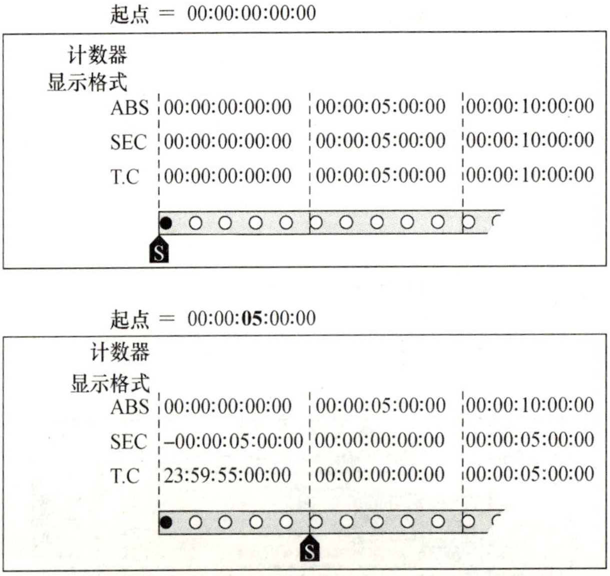

图 6-52 定位点设置

当 AW1600 将 MTC 发送到外接设备时，起点将是所产生的时间代码的基点(零点)。起点也将是显示在计数器中的小节的基点(小节 1 节拍 1)。

(4) 相对零点

该定位点保存了相对零点位置。当在移动部分按 RTZ[|◀]键时，将移动到该位置。若该乐曲处于初始状态，则相对零点与绝对时间 00:00:00.000 相同，但可根据需要通过按键或利用界面中的各种操作改变相对零点。

若选择 REL 作为计数器显示格式，则显示当前位置时将相对零点作为 0。

以下步骤是将当前位置登录为定位点之一，然后将乐曲移到定位点操作。

(1) 将乐曲转动到要设置为定位点的点，可设定回放或停止状态乐曲的定位点。

(2) 如图 6-53 所示，在按住 SET 键的同时，按所需要的定位点对应的键。

各定位点分别对应的键如图 6-54 所示。

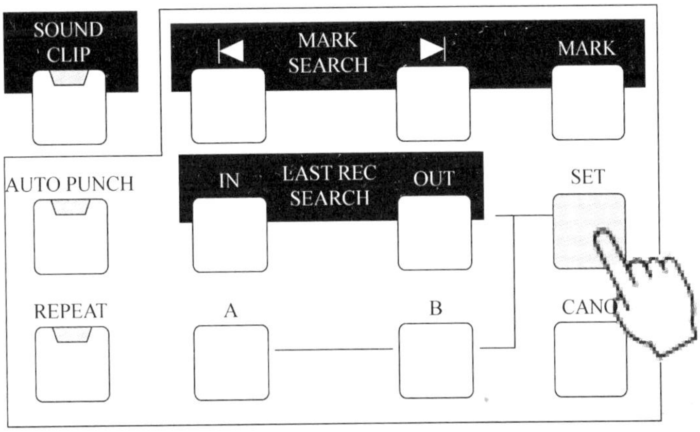

图 6-53　定位点对应键选择

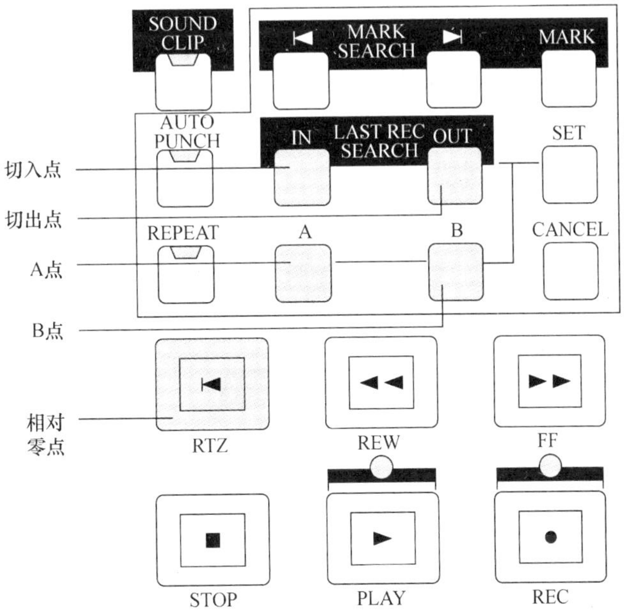

图 6-54　各定位点对应的键

要改变起点和终点，使用 SONG 界面的 POINT 页。这些点不能通过各种键的操作来设定。每次执行录音操作时，都会自动刷新切入点和切出点。

(3) 要移动到已登录的某定位点，在乐曲停止或正在回放时按相应的键。

如图 6-55 所示，乐曲将移动到该位置，同时图标将出现在计数器左侧指示当前所选定位点。

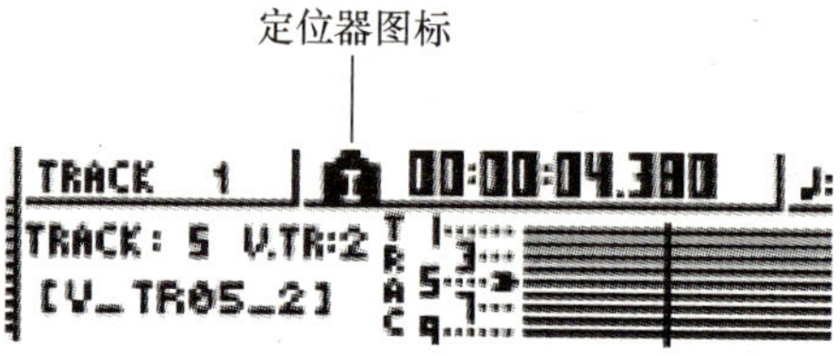

图 6-55　定位点设置界面

在回放到或快退/快进到上一个或下一个定位点或标记位置之前，该图标一直保持可见状态。如图 6-56 所示，已登录的定位点将显示在 TRACK 界面的 VIEW 页或 PAD 页。定位点设定将作为乐曲的一部分保存在硬盘上，可根据需要调节定位点，起点和终点以外的定位点也可被删除。

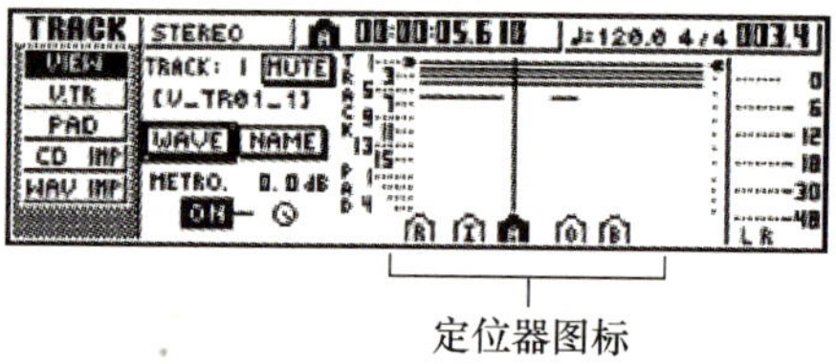

图 6-56　定位点在 VIEW 页或 PAD 页

15. 使用标记

标记是一种在乐曲的特定位置指定的符号，以便能快速移动到所需要的点。每首乐曲中最多指定 99 个标记。可用⏮、⏭键查找和移动到这些标记。

(1) 移动到乐曲中需指定一个标记的位置。

可指定回放或停止状态乐曲的某个标记。

(2) 按 MARK 键(如图 6-57 所示)。

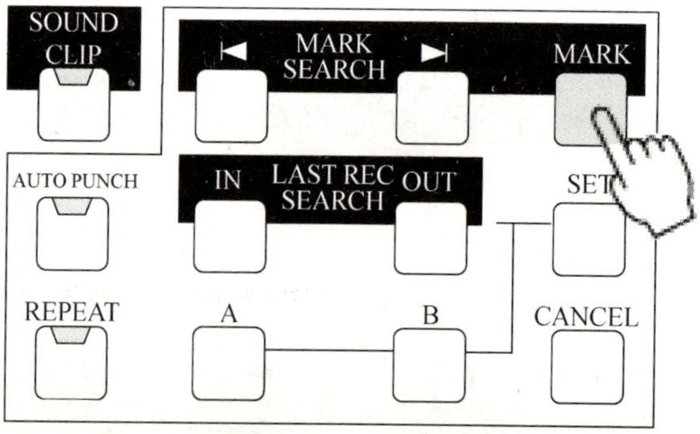

图 6-57　按 MARK 键

显示界面的最上面一行将简单显示"MARK POINT SET"。该信息表示已设定某个标记。每按一次 MARK 键,将添加一个新标记。

从乐曲开头起,这些标记将自动带上 01～99 的编号。若在两个现有标记之间登录新的标记,其后所有标记的编号将自动增大一位(如图 6-58 所示)。

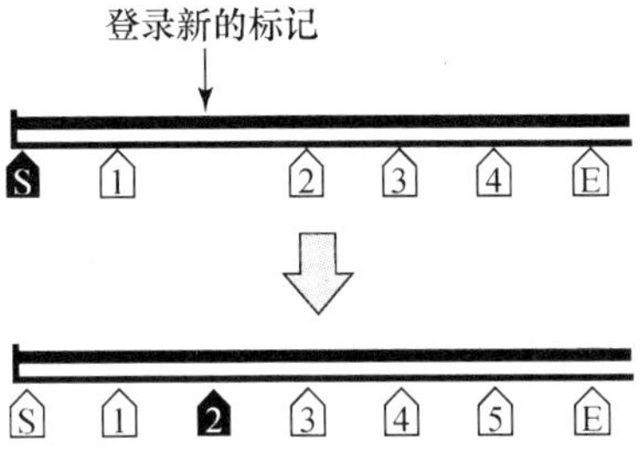

图 6-58 登录新标记

标记设定将作为乐曲的一部分保存在硬盘上,可根据需要删除或移动标记。

若在已经登录了某个标记的位置按 MARK 键,显示屏上将出现"CANNOT SET MARK"提示信息,表示不能创建新的标记。

(3) 按|◀◀键定位到上一个标记,或按▶▶|键定位到下一个标记。

乐曲将移动到该位置,同时图标将出现在计数器左侧,指示当前所选标记的编号。在回放到或快退/快进到上一个或下一个定位点或标记位置之前,该图标一直保持可见状态。已登录的标记将显示在 TRACK 界面的 VIEW 页或 PAD 页。显示在计数器左侧以外的标记将显示为不带编号的图标,并指示各自相应的位置。当创建音频 CD 时,可用标记将立体声音轨划分将要刻录在音频 CD 上的音轨。

16. 调节某定位点或标记的位置

(1) 在工作导航部分,反复按 SONG 键或在按住 SONG 键的同时,用 CURSOR[▲]/[▼]键打开 POINT 页。

如图 6-59 所示,在 POINT 页可调节各定位点和标记的时间位置。

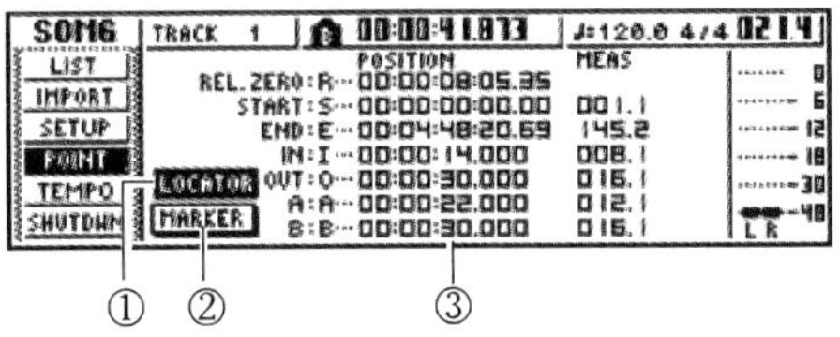

图 6-59 POINT 页界面

① LOCATOR 按钮与② MARKER 按钮:可用这些按钮选择让界面显示定位点或标记。当前处于开启状态的按钮将被突出显示。

③ 定位器点/标记显示区域:根据是选择了 LOCATOR 按钮还是 MARKER 按钮,该区域将显示定位点或标记清单。

(2) 若需调节某定位点的位置,需要确认在显示屏上 LOCATE 按钮是否处于开启状态(突出显示)。如图 6-60 所示,当 LOCATOR 按钮处于开启状态时,POINT 页将显示各定位点的位置。

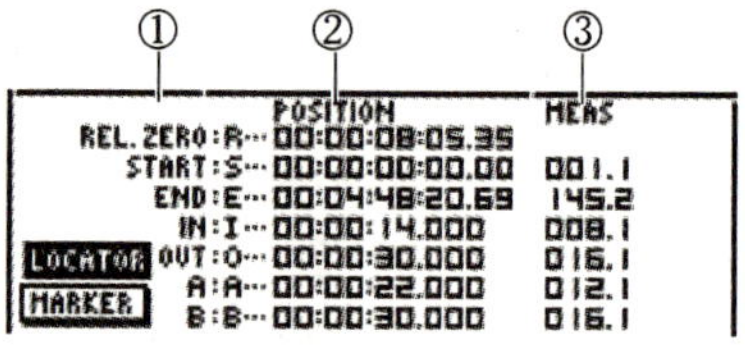

图 6-60 LOCATOR 按钮开启状态界面

① 定位点：显示定位点的类型及其缩写。

② POSITION：以时间代码或计数器显示格式显示各个定位点的位置。

③ MEAS：以小节/节拍为单位显示各定位点的位置。该值是根据节奏谱的节奏和拍号来计算的，显示位置的格式取决于定位点。表 6-2 所示为各定位点的显示格式。若某定位点尚未登录，在数字栏将显示"—"。

表 6-2 各定位点的显示格式

定位点	POSITION 栏	MEAS 栏
REL. ZERO	时间码	—
START	时间码	小节/节拍
END	时间码	小节/节拍
IN	计数器显示格式	小节/节拍
OUT	计数器显示格式	小节/节拍
A	计数器显示格式	小节/节拍
B	计数器显示格式	小节/节拍

（3）将光标移到需调节的定位点值，然后转动 DATA/JOG 旋钮改变该值。当要改变数值时，只有对于起始才会出现"改变 START 位置?"的提示窗。将光标移动到 OK 按钮并按 ENTER 键，然后改变设定值。改变起点意味着，已经录制在某音轨上的位置将相对于由节奏谱定义的小节行发生移动。如果正在节拍器或快速循环采样中使用节拍时要注意这一点。

（4）若要调节某标记的位置，可将光标移动到显示屏上的 MARKER 按钮并按 ENTER 键。如图 6-61 所示，当 MARKER 按钮处于开启状态时，POINT 页将显示已经登录的标记清单。

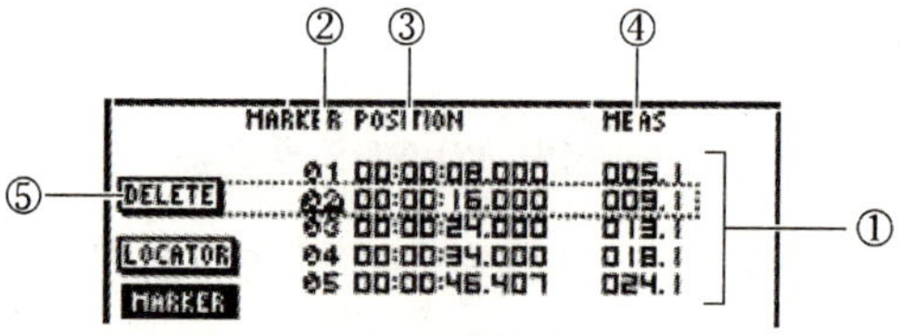

图 6-61 标记清单显示界面

① 清单：将列出已经登录的标记。由虚线框包围的行表示选择用来操作的行。

② MARKER：这些是标记编号 01～99。

③ POSITION：以计数器显示格式显示各个标记的位置。

④ MEAS：以小节/节拍为单位显示各标记的位置。

⑤ DELETE 按钮：删除当前选中标记，将光标移到该按钮并按 ENTER 键。

(5) 将光标移到 MARKER 区域，然后转动 DATA/JOG 旋钮滚动清单，使虚线框包围需要编辑的标记编号。

(6) 将光标移到需编辑的值，然后转动 DATA/JOG 旋钮编辑该值。改变位置时不能超过下一个或上一个标记。

17. 删除定位点或标记

根据需要，可删除此前登录的定位点(相对零点、起点、终点除外)或标记，已经删除的定位点或标记将无法恢复。

(1) 删除某定位点

若要删除某定位点，在定位部分按住 CANCEL 键，同时按相应的定位键(IN/OUT 键、A/B 键)，该定位点将被删除，同时提示信息“LOCATE POINT ERASED”将显示一段时间。

(2) 删除某标记

可用两种方式删除某个标记：使用键操作或通过界面中的操作。

① 用键操作删除某标记，先定位到需删除的标记，然后按住定位部分的 CANCEL 键，同时按 MARK 键。相应的标记将被删除，同时提示信息“MARK POINT ERASED”将显示一段时间。

② 通过界面中的操作删除某标记，先打开 SONG 界面的 POINT 页中的标记清单，选择要删除的标记，将光标移动到 DELETE 按钮后按 ENTER 键即可。

18. 重复回放特定部分(A—B 重复功能)

在调音过程中，当需反复回放乐曲的某一部分时，利用“A—B 重复”功能可重复回放 A 点到 B 点之间的部分。

(1) 将 A 点和 B 点登录为需重复回放的起点和终点。如果将 B 点设定在 A 点之前，则将重复回放 B 与 A 之间的部分。

(2) 当移动停止时，按 REPEAT 键，REPEAT 键将亮灯，A—B 重复功能进入开启状态。乐曲将自动定位到 A 点，A 点和 B 点至少必须相距 1 秒钟。若两者的间隔低于 1 秒钟，当按 REPEAT 键时，将出现“REPEAT POINTS TOO CLOSE”提示信息，表示无法执行重复回放。

(3) 需要开始重复回放，按 PLAY[▶]键，回放将从 A 点开始，当到达 B 点时，将自动返回到 A 点并继续回放。当 A 点和 B 点之间重复回放了 99 次后，回放会自动停止。回放乐曲过程中若按 REPEAT 键，无论当前位置如何，将自动开始 A 点和 B 点之间的重复回放。

(4) 停止回放，按 STOP[■]键，回放将停止，但 A—B 重复功能仍处于开启状态。当 A—B 重复功能处于开启状态时，只要按 PLAY[▶]键，无论当前位置如何，将立即恢复重复回放。

(5) 取消重复回放，按 REPEAT 键，REPEAT 键将熄灯，A—B 重复功能被取消。在重复回放过程中若取消了 A—B 重复功能，将从该点起进行一般回放。当 A—B 重复功能处于开启状态时若执行录音操作，将暂时关闭 A—B 重复功能。

19. 在立体声音轨上录音

(1) 在快速导航部分，反复按 RECORD 键或在按住 RECORD 键的同时，用 CURSOR [▲]/[▼]键打开 RECORD 界面的 MIXDOWN 页(如图 6-62 所示)。

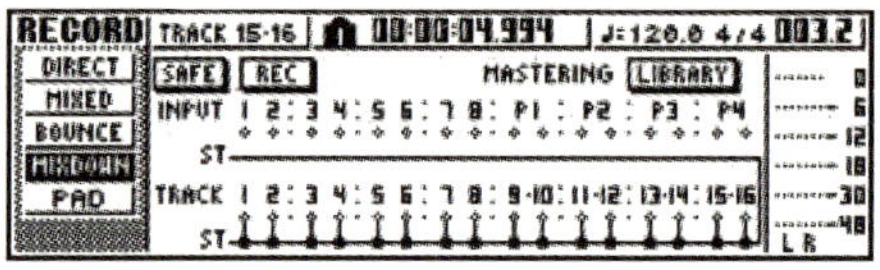

图 6-62　MIXDOWN 页界面

(2) 将光标移动到 MIXDOWN 页中的 REC 按钮并按 ENTER 键开启该按钮，面板上的 STEREO 键将红灯闪烁。红灯闪烁表示立体声音轨已进入录音待机模式。

(3) 按 RTZ[▐◀◀]键在乐曲中后退。然后在按住 REC[●]键的同时按 PLAY[▶]键，开始回放乐曲，乐曲将录制在立体声音轨上。在此录制在立体声音轨上的数据将作为创建音频 CD 的数据。若要精确指定乐曲的起点和终点，使用自动切入/切出功能将十分方便。

(4) 当到达乐曲的终点时，将光标移动到界面中的 SAFE 按钮并按 ENTER 键，出现弹出窗口，需要确认是否要取消录音待机模式。将光标移动到 OK 按钮，然后按 ENTER 键。

(5) 若要回放立体声音轨，反复按快速导航部分的 MONITOR 键或在按住 MONITOR 键的同时用 CURSOR[▲]/[▼]键打开 MONITOR 界面的 ST. TRACK 页(如图6-63 所示)。

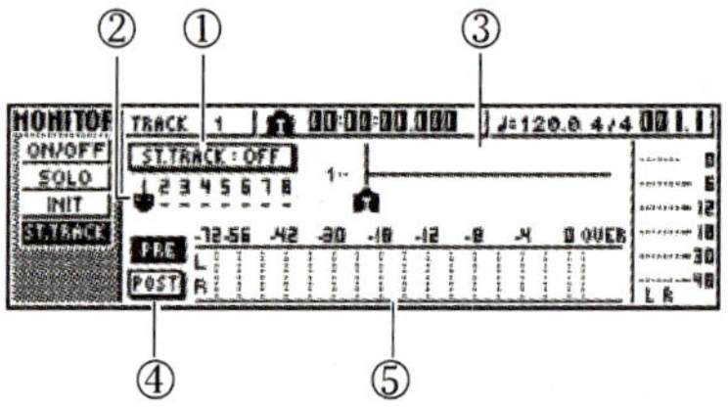

图 6-63　ST. TRACK 页

① ST. TRACK ON/OFF 按钮：可用来开启或关闭立体声音轨回放。

② 幻像音轨：选择指定给立体声音轨的幻像音轨。当前所选中幻像音轨被标上“●”符号，在其他幻像音轨中，已经被录音的音轨被标上“○”符号，未被录音的被标上“－”符号。

③ 音轨视图：在该区域，将以图形方式显示标记以及是否存在音轨数据。

④ PRE/POST 按钮：用这些按钮选择 ST. TRACK 页中的电平表，来选择显示衰减器之前的电平(PRE)或者显示衰减器之后的电平(POST)。该设定会被 VIEW 界面的 BUS 页共享。

⑤ 电平表：用来指示立体声音轨的输出电平。

(6) 将 ST. TRACK ON/OFF 按钮切换到 ON 状态。当该按钮处于 ON 状态时，立体声音轨输出信号将在通过 STEREO 衰减器之前被直接发送到某点，并可通过 STEREO/AUX OUT 插口或 MONITOR OUT 插口进行监听。此时，所有音轨的录音待机状态将被取消。即使正在回放立体声音轨时，仍可从输入通道监听各种信号，EQ 和动态处理将被应用于立体声音轨的回放。

(7) 按 RTZ[▐◀◀]键在乐曲中后退，然后按 PLAY[▶]键，将回放该立体声音轨，用 STEREO 衰减器调节监听电平。当回放结束并希望移动到其他界面时，将 ST. TRACK ON/OFF 按钮切换到 OFF 状态。根据需要，可用 UNDO/REDO 按钮取消在立体声音轨上的录音，也可用 ST. TRACK 页切换幻像音轨并录制其他信号。

（8）保存乐曲。乐曲作为立体声音轨录制后若未保存，则不能被选择并刻录到 CD 上。

以上操作是在立体声音轨上录制最后调音的步骤。

20. 创建音频 CD

（1）创建音频 CD

在 AW1600 上，可选择保存在硬盘上的一首或多首乐曲，并以 CD-DA 格式将音频数据从各乐曲的立体声音轨上刻录到 CD-R/RW 光盘上。刻录了该数据的 CD-R/RW 存储介质可用 CD-RW 驱动器或传统 CD 回放机像普通音频 CD 一样进行回放，某些不支持 CD-R/RW 存储介质的 CD 回放机可能无法回放所创建的 CD。

为了创建 CD，必须首先在音轨清单上登录一首或多首乐曲，然后按照音轨清单指定的顺序将当前为每首乐曲的立体声音轨所选中幻像音轨（当前音轨）刻录到 CD 上。在一个 CD-R/RW 存储介质上最多可刻录 99 个音轨（可分别刻录音频数据的 CD 存储介质上的区域），每个音轨至少必须持续 4 秒钟。650 MB 容量的存储介质最长可刻录约 74 分钟，700 MB 容量的存储介质最长约为 80 分钟。对于 650 MB 容量的存储介质可刻录的音频数据总量为 746 MB（约 74 分钟），700 MB 容量的存储介质则为 807 MB（约 80 分钟）。

AW1600 的 CD-RW 驱动器可使用两种存储介质：可录制并添加数据的“CD-R”，可删除并替换已刻录数据的“CD-RW”。

① CD-R

可在该存储介质上刻录数据，而且以后还可添加数据。无法删除并替换已经刻录的数据。一旦执行被称为“光盘最终处理”的操作，即可用 CD-RW 驱动器或绝大多数 CD 回放机回放刻录在 CD-R 光盘上的音频数据。

② CD-RW

除了刻录和添加数据外，该存储介质还可删除所有已刻录的数据或替换这些数据。刻录在 CD-RW 光盘上的音频数据可用支持 CD-RW 数据的 CD-RW 驱动器或 CD 回放机来回放。

（2）刻录音频 CD

有以下两种方法可用来将音频数据刻录到 CD-R/RW 存储介质上。

① 每次一个音轨

此方法以 CD 音轨为单位来刻录数据。此方法的优点是可在已包含现有数据的存储介质上添加新的数据。利用“每次一个音轨”的方法，某首乐曲的立体声音轨从头到尾将作为一个音轨刻录到 CD 光盘上。即使在乐曲中包含不含任何数据的部分，它也将作为静音音频数据被刻录。因为使用该方法时每个音轨被单独刻录，因此每个音轨之间会出现大约 2 秒钟的间隔（如图 6-64 所示）。

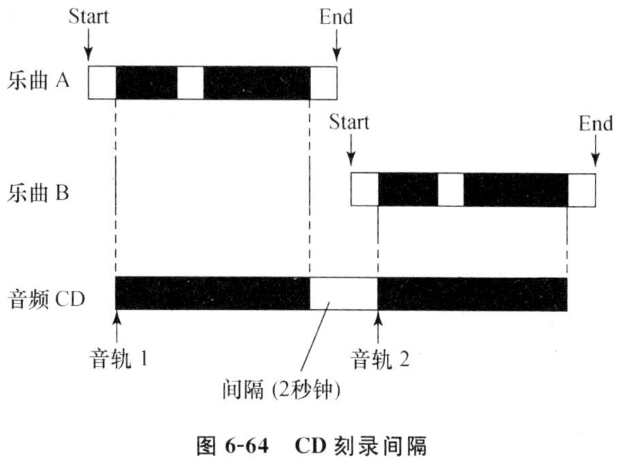

图 6-64　CD 刻录间隔

为了让使用“每次一个音轨”的方法刻录的光盘能用 CD-RW 驱动器或 CD 回放机回放，必须将音轨信息刻录到光盘上。一旦完成光盘的最终处理，将无法再向它刻录更多的数据。

② 每次一张光盘

该方法一次刻录所有的音轨。与使用“每次一个音轨”的方法相似，每首乐曲的立体声音轨从头到尾的数据将作为一个音轨刻录到 CD 光盘上。但是，在刻录完所有数据之前刻录不会停止，在音轨之间没有间隔（如图 6-65 所示）。

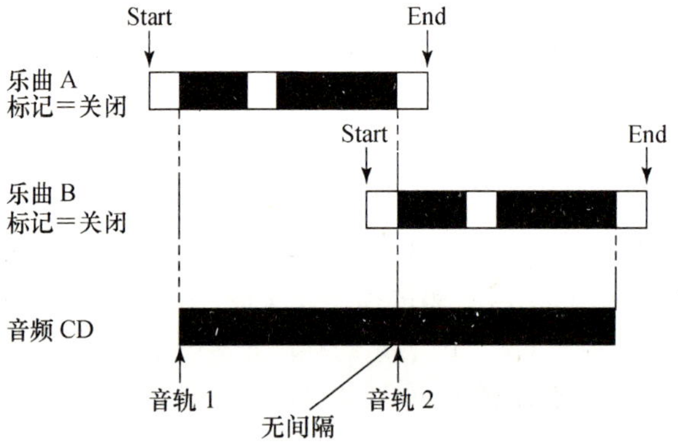

图 6-65 没有间隔的 CD 刻录

当使用“每次一张光盘”的方法刻录 CD 时，可使用在乐曲中指定的起点、终点和标记将单个连续的乐曲分割成多个音轨进行刻录，如图 6-66 所示。当要将某个实况演奏刻录成一首乐曲时，若需在保持回放连续的前提下指定音轨编号，将非常方便。

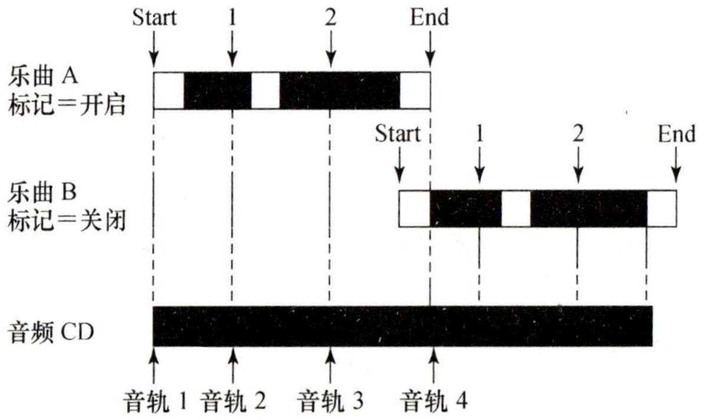

图 6-66 乐曲分割成多个音轨进行刻录

长度短于 4 秒钟的音轨无法刻录到音频 CD 上。若使用起点/终点/标记等将某乐曲分割成多个音轨，务必确保每个音轨至少有 4 秒钟的长度。

若立体声音轨的长度超过存储介质的可刻录长度，可通过调节起点/终点使刻录区域落在允许长度范围内，然后再创建音频 CD。

使用“每次一张光盘”的方法刻录存储介质时，将自动进行最终处理，并可用支持该类型存储介质的 CD-RW 驱动器和 CD 回放机来回放。但是，将无法再使用“每次一张光盘”的方法在光盘上刻录数据。

(3) CD-RW 驱动器的基本设定

在向 CD 正式刻录数据之前，必须进行 CD-RW 驱动器的基本设定。

① 在工作导航部分，反复按CD键或在按住CD键的同时用CURSOR[▲]/[▼]键打开CD界面的SETTING页(如图6-67所示)。

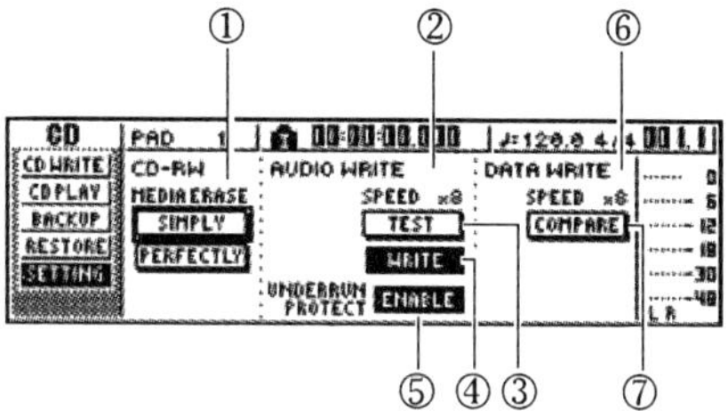

图 6-67 SETTING 页界面

- CD-RW MEDIA ERASE：删除已刻录在CD-RW存储介质上的数据。
- AUDIO WRITE SPEED：选择在CD-RW存储介质上刻录音频数据的速度。
- TEST 按钮：指定在进行刻录时是否执行刻录测试。
- WRITE 按钮：指定是否正式执行刻录操作。
- UNDERRUN PROTECT 按钮：开启或关闭防止缓冲存储器低负荷运行(当数据传输无法跟上刻录速度时发生的一种错误)的功能。
- DATA WRITE SPEED：指示CD音频以外的数据(如备份数据或WAV文件)在CD-RW存储介质上刻录的速度，一般该速度显示为×8。若存储介质支持×4的最大刻录速度，则将显示×4。该栏仅用于显示，不能进行编辑。
- COMPARE 按钮：若该按钮处于开启状态，当执行了备份或导出操作时，原始数据会与备份数据或导出的WAV 文件进行比较，以检查在刻录该数据过程中是否出现任何错误。

② 将光标移到AUDIO WRITE SPEED栏，转动DATA/JOG旋钮选择刻录速度。

可选择×8(即音频回放速度的8倍)或×4(即音频回放速度的4倍)。一般情况下应该使用×8，当在刻录过程中出现错误时降低到×4。

③ 使用TEST按钮和④WRITE按钮选择刻录操作。

TEST按钮和WRITE按钮指定是否执行刻录测试或正式刻录操作。处于开启状态的按钮组合将决定将要发生的操作如下：

- 仅TEST按钮处于开启状态——只执行刻录测试。
- 仅WRITE按钮处于开启状态——立即进行刻录。
- WRITE按钮和TEST按钮都处于开启状态——首先执行刻录测试，然后执行正式刻录。

根据具体的存储介质和硬盘的状态，在刻录过程中可能会出现错误。如果正在使用CD-R光盘，该错误可能导致存储介质无法再使用。因此，可开启TEST按钮，在正式刻录光盘之前检查是否将会出现错误。若在测试过程中出现错误，停止该操作，降低刻录速度或将UNDERRUN PROTECT按钮设定为ENABLE。

⑤ 根据需要，将UNDERRUN PROTECT按钮设定为ENABLE。

AW1600的CD-RW驱动器具有防止“缓冲存储器低负荷运行”错误发生的功能，当数据传输无法跟上刻录速度时会发生该错误。

若将UNDERRUN PROTECT按钮设定为ENABLE，将启动该功能，该功能可防止缓冲存储器低负荷运行。如果该按钮设定为 ENABLE，将自动关闭 TEST 按钮。同样，若开启了 TEST 按钮，将自动将该按钮设定为 DISABLE。

(4) 刻录音频数据(每次一个音轨)

使用“每次一个音轨”的方法将保存在硬盘上的乐曲的立体声音轨刻录到 CD-R/RW 存储介质上，以后可在该光盘上添加音轨或希望在音轨之间保持 2 秒钟的间隔。

① 确认已经为需刻录乐曲的立体声音轨选择了合适的幻像音轨。仅可通过立体声音轨回放的幻像音轨(当前音轨)才会被刻录到光盘。若未选择正确的幻像音轨，读入乐曲，用 MONITOR 界面的 ST. TRACK 页切换到正确的幻像音轨，然后再保存乐曲。

② 反复按 CD 键或在按住 CD 键的同时用 CURSOR[▲]/[▼]键打开 CD 界面的 CD WRITE 页，如图 6-68 所示。打开该页之后，将立即在显示界面上出现如下两个按钮。

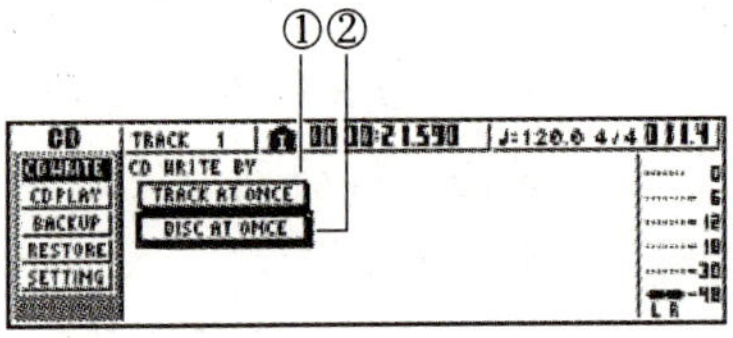

图 6-68　CD WRITE 页界面

- TRACK AT ONCE 按钮：使用“每次一个音轨”的方法创建音频 CD。
- DISC AT ONCE 按钮：使用“每次一张光盘”的方法创建音频 CD。

③ 将 CD-R/RW 存储介质插入驱动器，将光标移动到 TRACK AT ONCE 按钮并按 ENTER 键，显示图 6-69 的界面。

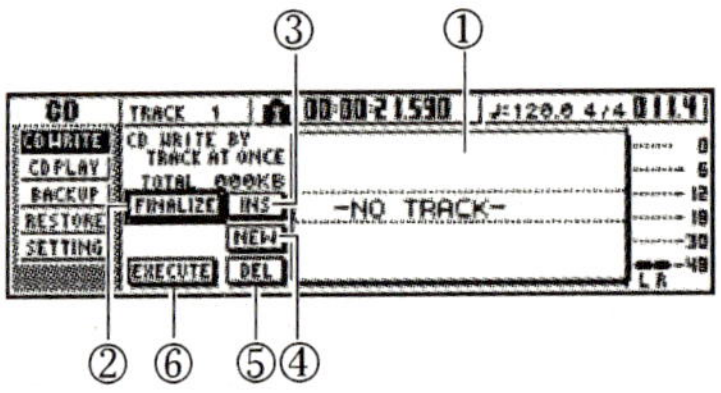

图 6-69　刻录乐曲清单

- 乐曲清单：这是一份包含将要刻录到 CD-RW 存储介质上的立体声音轨的乐曲清单。由虚线框包围的行表示当前选择用来操作的行。若未登录任何乐曲，将显示“—NO TRACK—”。若音频数据已经被刻录在所插入的 CD-R/RW 存储介质上但该存储介质尚未进行最终处理，已经刻录的数据会带上“—EXIST—”标题。
- FINALIZE 按钮：通过刻录音轨信息对插入的存储介质进行最终处理。
- INS 按钮：在清单中当前所选中乐曲之前插入新的乐曲。
- NEW 按钮：在乐曲清单的末尾添加一首乐曲。
- DEL 按钮：从清单中删除所选中乐曲。
- EXECUTE 按钮：执行向 CD 存储介质的刻录操作。

若已经插入了包含使用非“每次一个音轨”的方法刻录的数据的 CD-RW 存储介质，步骤③之后将立即出现一个弹出窗口，询问是否要删除数据。如果需要删除整个存储介质，将光标移到 OK 按钮。如果需要取消音频 CD 的创建，将光标移到 CANCEL 按钮，然后按 ENTER 键。

④ 将光标移动到 NEW 按钮，然后按 ENTER 键。乐曲清单会显示将要刻录到 CD 的音轨 1 上的乐曲信息，包括音轨编号、乐曲名称、立体声音轨的大小等。

⑤ 将光标移到乐曲清单的虚线框，转动 DATA/JOG 旋钮选择要刻录到音轨 1 上的乐曲（如图 6-70 所示）。

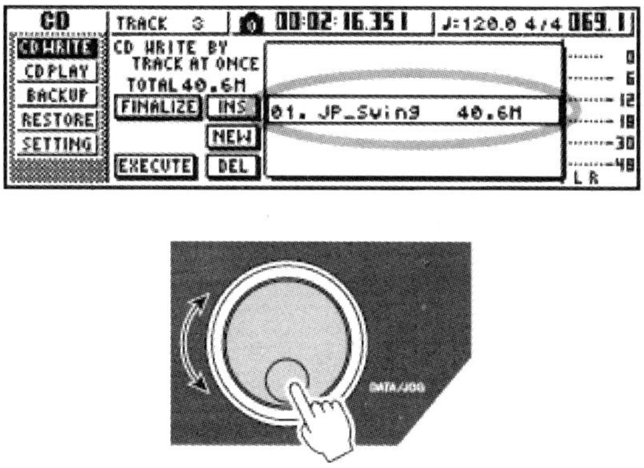

图 6-70 选择刻录的音轨

当转动 DATA/JOG 旋钮时，只能看到当前立体声音轨中包含数据的乐曲。不显示其立体声音轨不足 4 秒钟的乐曲。

⑥ 重复步骤④和⑤选择将要刻录到音轨 2 及随后音轨上的乐曲。

当将光标移到 NEW 按钮并按 ENTER 键时，将在现有乐曲后面添加一首新乐曲。用 INS 按钮替代 NEW 按钮，可在清单中所选乐曲之前插入一首新乐曲。可用 DEL 按钮从乐曲清单中删除当前所选中乐曲。当向乐曲清单添加一首乐曲时，则该乐曲同时变为当前所选乐曲。可根据需要改变当前所选乐曲。

将光标移动到 EXECUTE 按钮，然后按 ENTER 键，弹出界面会提示进行确认（如图 6-71 所示）。

⑦ 若要开始刻录，将光标移动到 OK 按钮并按 ENTER 键。

当数据正向存储介质刻录时，一弹出窗口将显示“正在刻录 CD……”。当刻录完成时，将弹出窗口，询问是否要进行最终处理。刻录过程中若出现错误信息“BUFFER UNDERRUN!”，表示发生了缓冲存储器低负荷运行。在这种情况下，将刻录速度降低为 4× 或将 UNDERRUN PROTECT 按钮设定到 ENABLE 位置。

若在“CD-RW 驱动器的基本设定”中启动刻录测试，在正式刻录数据之前将进行刻录测试。如果在刻录测试过程中发生问题，会出现一错误信息。禁止复制数据将自动刻录在所创建的 CD 中。

⑧ 若要对光盘进行最终处理，将光标移动到 OK 按钮并按 ENTER 键。若不需对光盘进行最终处理，将光标移到 CANCEL 按钮并按 ENTER 键，如图 6-71 所示。

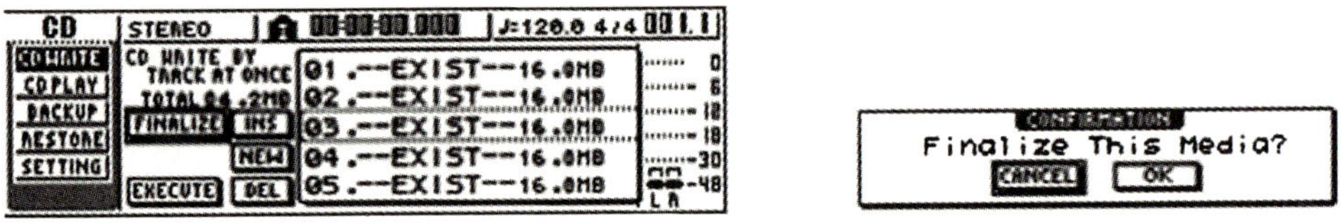

图 6-71　音轨清单与最终处理确认

（5）刻录音频数据（每次一张光盘）

使用“每次一张光盘”的方法将保存在硬盘上的乐曲的立体声音轨刻录到 CD-R/RW 存储介质上，可以将一首乐曲在 CD 上分成多个音轨进行刻录以及不需要在 CD 的每个音轨之间刻录静音部分。

① 确认已经为需刻录乐曲的立体声音轨选择了合适的幻像音轨。

② 若需要根据乐曲中指定的标记位置将乐曲分成多个 CD 音轨，确认这些标记是否已在合适的位置设定完成。

③ 反复按 CD 键或在按住 CD 键的同时用 CURSOR[▲]/[▼]键打开 CD 界面的 CD WRITE 页。

④ 将光标移动到 DISC AT ONCE 按钮，然后按 ENTER 键。此次出现的界面比“每次一个音轨”的刻录界面增加了 MARKER 按钮。

对于每个立体声音轨，MARKER 按钮将开启或关闭已设定在该乐曲中的标记。当将光标移到该按钮并按 ENTER 键时，将开启当前所选立体声音轨中的起点、终点和标记（将在乐曲清单左边出现“旗”样图标）。若开启了某立体声音轨的标记，将在每个标记处在 CD 上刻录一个音轨编号。无论存在静音区域与否，都将刻录从起点至终点之间的整个区域。

若在插入的 CD-RW 存储介质上已经刻录了数据，步骤③之后将立即弹出一个窗口，询问是否要删除该数据。若要删除整个数据，将光标移动到 OK 按钮，若要取消操作，将光标移到 CANCEL 按钮，然后按 ENTER 键。

⑤ 将光标移动到 NEW 按钮然后按[ENTER]键。

乐曲清单会显示将要刻录到 CD 的音轨 1 上的乐曲信息，包括音轨编号、乐曲名称、立体声音轨的大小等。

⑥ 将光标移到乐曲清单的虚线框，转动 DATA/JOG 旋钮选择要刻录到音轨 1 的乐曲。当转动 DATA/JOG 旋钮时，只能看到当前立体声音轨中包含数据的乐曲，不显示其立体声音轨不足 4 秒钟的乐曲。

⑦ 若希望所选乐曲的立体声音轨根据各个标记的位置被分成 CD 上的多个音轨，将光标移动到 MARKER 按钮并按 ENTER 键。将开启该乐曲的标记，并在清单右边出现“旗”样图标。

可分别开启/关闭每首乐曲的标记。当使用标记来分割某立体声音轨时，将以 1/75 秒为单位来指定分割的位置。若开启了标记，清单中音轨数将与刻录在 CD 上的音轨数不一致。最多可在音频 CD 上刻录 99 个音轨。

⑧ 重复步骤⑤～⑦选择将要刻录到音轨 2 及随后音轨上的乐曲。

当将光标移到 NEW 按钮并按 ENTER 键时，将在现有乐曲后面添加一首新乐曲。用 INS 按钮替代 NEW 按钮，可在清单中所选乐曲之前插入一首新乐曲。可用 DEL 按钮从乐曲清单中删除当前所选中乐曲。

当向乐曲清单添加一首乐曲时，则该乐曲同时变为当前所选乐曲，也可根据需要改变当前所选乐曲。

⑨ 将光标移动到 EXECUTE 按钮，然后按 ENTER 键，弹出界面提示确认。

⑩ 若要开始刻录，将光标移动到 OK 按钮并按 ENTER 键。

当数据正向存储介质刻录时，一弹出窗口将显示“正在刻录 CD……”。当完成刻录时，将弹出 CD-RW 存储介质。

⑪ 若要创建另一张内容相同的 CD，插入新的存储介质，将光标移动到 OK 按钮并按 ENTER 键，将重新开始刻录。若将光标移动到 CANCEL 按钮并按 ENTER 键，将切出刻录过程。

(6) 对 CD-R/RW 存储介质进行最终处理

用“每次一个音轨”的方法刻录的 CD-R/RW 存储介质(尚未进行最终处理)将无法用另一个 CD-RW 驱动器或某个 CD 回放机来回放，但可用 AW1600 的 CD 回放功能来回放。

① 将需要进行最终处理的 CD-R/RW 存储介质插入 CD-RW 驱动器。反复按 CD 键或在按住 CD 键的同时用 CURSOR[▲]/[▼]键打开 CD 界面的 CD WRITE 页。

② 将光标移动到 TRACK AT ONCE 按钮，然后按 ENTER 键，将出现如下界面，同时音轨清单将显示已经刻录在该 CD-RW 存储介质上的内容。已经刻录的音轨将出现“—EXIST—”显示(如图 6-72 所示)。

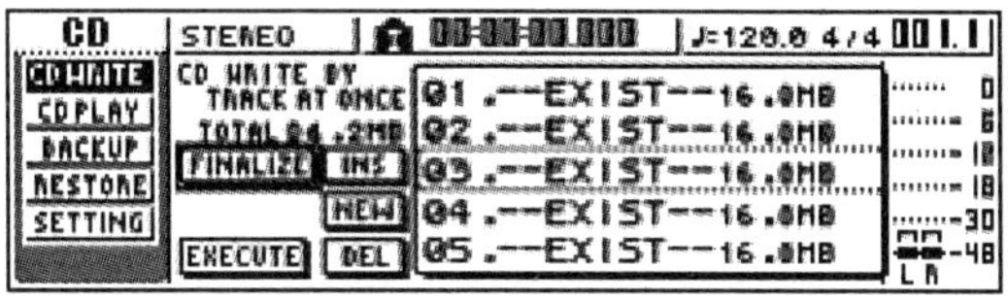

图 6-72 音轨清单

③ 将光标移动到 FINALIZE 按钮，然后按 ENTER 键，将弹出窗口，确认最终处理操作。若要对光盘进行最终处理，将光标移动到 OK 按钮并按 ENTER 键。若决定不对光盘进行最终处理，将光标移到 CANCEL 按钮并按 ENTER 键。

一旦开始，最终处理将无法中途停止，执行该操作时要小心。

(7) 删除 CD-RW 存储介质

当某光盘曾用来保存计算机数据，而且希望在 AW1600 上使用该光盘时，删除已经刻录在 CD-RW 存储介质上的数据，以便可将该 CD-RW 光盘用做空白光盘。

因为每当将 AW1600 数据备份到 CD-RW 存储介质上或当将音频数据刻录到 CD-RW 存储介质上时，这些数据根据需要往往要被删除，因此每次重新使用该光盘时不必执行如下①②③操作。被删除的数据将无法恢复，执行该操作时要小心。

① 在工作导航部分，反复按 CD 键或在按住 CD 键的同时用 CURSOR[▲]/[▼]键打开

CD 界面的 SETTING 页。

② 将光标移到 CD-RWMEDIA ERASE 栏并按 ENTER 键，选择所需要的删除方法。每个按钮可分别选择如下删除方法。

SIMPLY 按钮（如图 6-73 所示）：仅刻录在 CD-RW 存储介质上的 TOC（目录）数据将被删除。若选择该方法，删除 CD-RW 存储介质仅需要很短的时间。

PERFECTLY 按钮（如图 6-74 所示）：刻录在 CD-RW 存储介质上的所有数据将被完全删除。由于该方法将从存储介质上删除所有数据，所需时间比 SIMPLY 方法长。将光标移动到所需要的按钮，然后按 ENTER 键，弹出界面提示进行确认删除操作。

图 6-73 SIMPLY 按钮

图 6-74 PERFECTLY 按钮

③ 执行删除操作，将光标移动到 OK 按钮。如果决定不删除光盘内容，将光标移到 CANCEL 按钮，然后按 ENTER 键。若选择了 OK 按钮，将开始删除操作。该操作中途无法停止。

（8）回放音频 CD

CD 回放功能指用 CD-RW 驱动器回放在其上刻录了音频数据的传统音频 CD 或 CD-R/RW 存储介质。CD 回放功能也可回放混合模式 CD-ROM 光盘或 CD Extra 光盘中的音频数据。

① 在工作导航部分，反复按 CD 键或在按住 CD 键的同时用 CURSOR[▲]/[▼]键打开 CD 界面的 CD PLAY 页。在该页可回放插入 CD-RW 驱动器的音频 CD。

② 将需要回放的音频 CD 插入 CD-RW 驱动器。

③ 将光标移动到 CD PLAY 按钮，然后按 ENTER 键，将开启 CD 回放功能，同时读入 CD 音轨数据。

④ 若要回放 CD 音轨，按 PLAY[▶]键。若要停止回放，按 STOP[■]键。

在回放过程中，CD-RW 驱动器的音频输出将直接发送到立体声输出通道，用 STEREO 衰减器调节音量。当光标位于清单中时，可以转动 DATA/JOG 旋钮选择音轨。音频 CD 正在回放时，CD-RW 驱动器上的读写指示灯将闪烁。表 6-3 中，是当 CD 回放功能处于开启状态时，移动部分各键的功能。

表 6-3 移动部分各键的功能

对应键	功能
PLAY[▶]键	回放
STOP[■]键	停止
REW[◀◀]/FF[▶▶]键	后退/快进
DATA/JOG 旋钮	当光标位于清单中时，可转动 DATA /JOG 旋钮并按 ENTER 键选择音轨
⏮/⏭键	选择音轨

⑤ 若要切出 CD 回放功能，将光标移到 CD PLAY 按钮，然后按 ENTER 键。

当 CD 回放停止时才能切换 CD PLAY 按钮的开或关状态。当 CD PLAY 按钮处于开启状态时，CD-RW 驱动器将被锁定，此时无法弹出光盘。

21. 导出 WAV 文件

与音频音轨相对应并需传输到计算机的 WAV 文件先要导出到内置硬盘驱动器上的“Transport”文件夹中，“Transport”文件夹专门用来执行导入和导出操作。将 AW1600 用 USB 电缆连接到安装了 Windows XP 操作系统的计算机，并从计算机打开 Transport 文件夹。所需要的 WAV 文件可从 Transport 文件夹复制到计算机，或者将用于 AW1600 音频音轨或采样垫的 WAV 文件可从计算机复制到该文件夹，然后从该文件夹导入相应的位置（如图 6-75 所示）。

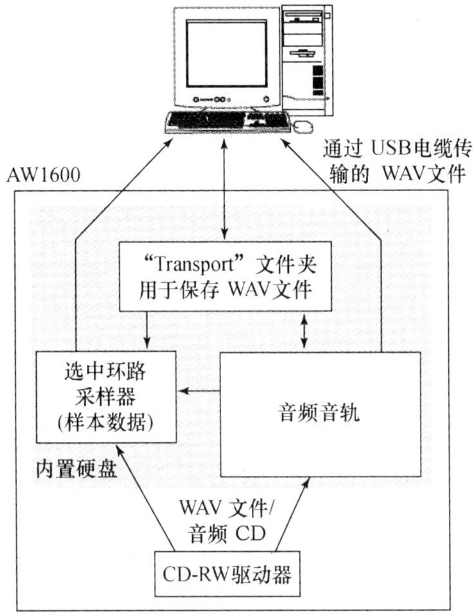

图 6-75　导出 WAV 文件的工作流程图

（1）在工作导航部分，按 EDIT 键，出现 EDIT 界面。

（2）反复按 EDIT 键或按 EDIT 键同时用 CURSOR[▲]/[▼]键打开 EXPORT 页（如图 6-76 所示）。表 6-4 所示为 EXPORT 页的参数含义。

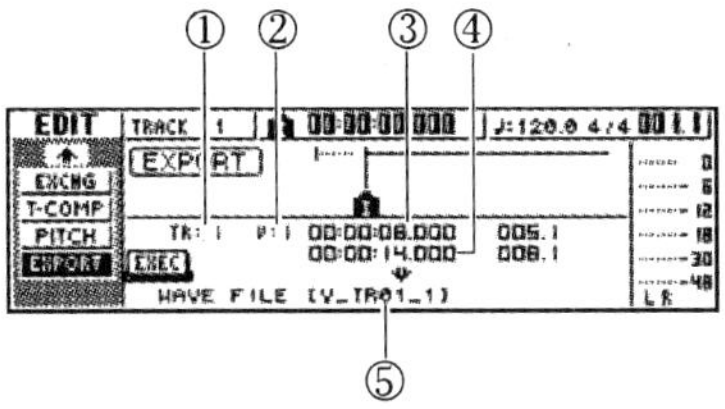

图 6-76　EXPORT 页界面

表 6-4　EXPORT 页的参数含义

参数	范围	说明
① From TR	1～16	单个音频音轨
	1/2～15/16	一对相邻的奇数/偶数音频音轨
	ST	立体声音轨
	1～16	音轨 1～16 中的当前音轨
② From V. TR	1～8	幻像音轨编号
③ From Start	指定某点	将被写入的音频音轨区域的起点
④ From End	指定某点	将被写入的音频音轨区域的终点
② 文件名称[*1]	最多 8 个字母和数字	显示将要写入数据的文件名

(3) 将光标移到 From TR 栏，选择需要写入的音频音轨。

① 选择“1～16”，音轨 1～16 中的当前音轨将被写作单独的单声道 WAV 文件。

② 选择“1”～“16”，则单个指定音轨将被写作单声道 WAV 文件。

③ 选择“1/2”～“15/16”或“ST”，指定的配对音轨（或 STEREO 音轨）将被写作立体声 WAV 文件。

(4) 若选择“1～16”、“1/2～15/16”或“ST”作为音源进行导出，请将光标移到 From V. TR、From Start 和 From End 栏，指定将要导出的幻像音轨编号和区域。若选择“1～16”作为导出源，将自动导出所有 16 个音轨的当前音轨。不可能为每个音轨指定幻像音轨。

(5) 完成设定参数后，请将光标移到 EXEC 按钮并按 ENTER 键。若选择“1～16”之外的其他音源，将出现 TITLE EDIT 弹出窗口，在该窗口可输入某文件名。

若选择“1～16”作为音源，将出现 TITLE EDIT 弹出窗口，在该窗口可输入某文件夹名。WAV 文件（“TRACK_01. WAV”—“TRACK_16. WAV”）将保存在“Transport”文件夹内创建的新文件夹中。

(6) 根据需要通过 TITLE EDIT 弹出窗口输入适当的文件或文件夹名称。可在文件夹名中使用的字符包括：ABC 字母、数字、“.”、“－”和“—”。可在文件名中使用的字符：ABC 大写字母、数字和“—”。

(7) 执行导出，将光标移动到 OK 按钮并按 ENTER 键，导出开始。将光标移到 CANCEL 按钮（而不是 OK 按钮）并按 ENTER 键，将取消导出操作。但是一旦开始，导出操作将无法中途停止。指定区域中不包含数据的音轨不会被导出。幻像值将被写作 WAV 文件的创建日期和时间。

(8) 利用 USB 电缆连接到某计算机，并将已导出到“Transport”文件夹的 WAV 文件复制到计算机。

（三）效果特点分析

在整个录音与音频处理过程结束以后，把音频数据通过 USB 接口的数据线传输到计算机，通过计算机重新播放并聆听录音作品，并根据其录音效果、音频处理作出效果分析与评价。

六、实验注意事项

1. 设备应放置在通风、阴凉、干燥处，避免放置在大量灰尘、震动、极端寒冷或炎热的环境中。电源线必须远离热源，远离潮湿环境。请勿在电视机、收音机、立体声设备、手机或其他电子设备附近使用本设备。这可能会在设备本身以及靠近设备的电视机或收音机中引起噪音。

2. 使用设备铭牌上所规定的额定电压。使用规定的 AC 电源适配器、电源、电源线。

3. 勿用布或毯子盖住或包裹 AC 电源适配器。在 AC 电源适配器和数字音频工作站之间预留足够的空间。

4. 设备连接到其他设备之前，需关闭所有设备的电源开关。

5. 务必连接到妥善接地的电源。本设备后面板上提供有一个接地螺丝，用以获得最大限度的安全并防止触电。务必将接地螺丝连接至经确认的接地点，然后再接通设备电源。接地不当可能引起触电。

6. 打开音频系统的交流电源时，谨记最后打开功率放大器，以避免损坏扬声器。同样，关闭电源时，请首先关闭功率放大器。

7. 切勿将任何均衡器和衰减器设定在最大位置，否则可能会导致反馈而损坏传声器。在打开或关闭所有设备的电源开关之前，请将所有音量都调到最小。

8. 以下情形须立即关闭电源开关，从电源插座中拔出电源线插头。

(1) 设备或 AC 电源适配器发生摔落或损坏。

(2) 电源线出现过分弯折、磨损或损坏，使用设备过程中声音突然中断或因此而发出异常气味或冒烟。

(3) 发生雷电时与长期不使用设备时。

七、实验讨论

1. 讨论数字音频工作站的应用领域。

2. 讨论数字音频工作站的基本工作流程和工作原理。

3. 讨论数字音频工作站进行音频节目的录音、编辑与音频处理的技术。

4. 讨论数字音频工作站刻录 CD 光盘以及导出 WAV 文件的技术。

八、实验报告

结合数字音频工作站的使用技术，详细填写在电视录音编辑室中，使用数字音频工作站进行独立创作、设计并制作完成一个时间长度约为 10 分钟的音频作品的操作技术、操作步骤、效果特点、实验评价等内容的综合设计性实验报告。

参考文献

[1] 李兴国,田敬改.电视照明[M].第2版.北京:中国广播电视出版社,2008.
[2] 刘永泗.影视光线艺术[M].北京:北京广播学院出版社,2000.
[3] 李宏虹.现代电视照明[M].北京:中国广播电视出版社,2005.
[4] 刘永泗.影视照明技巧[M].北京:中国广播电视出版社,1993.
[5] 陈振良.电视照明[M].上海:复旦大学出版社,1991.
[6] 中国录音师协会教育委员会.初级音响师速成实用教程[M].北京:人民邮电出版社,2007.
[7] 中国录音师协会教育委员会.中级音响师速成实用教程[M].北京:人民邮电出版社,2007.
[8] 中国录音师协会教育委员会.高级音响师速成实用教程[M].北京:人民邮电出版社,2007.
[9] 陈义成.电视音乐与音响[M].北京:中国广播电视出版社,2005.
[10] 刘毓敏,李剑琴,姚彬.数字视音频技术开发与应用[M].北京:国防工业出版社,2003.
[11] 刘毓敏,李剑琴,杨晓宏,张雪莉.数字音频素材的制作与运用[M].北京:国防工业出版社,2004.
[12] 刘毓敏,黄碧云,王首农,等.桌面DV制作教程[M].北京:人民邮电出版社,2003.
[13] 林达悃.影视录音环境声学[M].北京:中国广播电视出版社,2005.
[14] 门牙的力量.8种主要立体声录音制式[J/OL]. http://www.yueshou.net/jiao/shuma/midi/200510/3222.html,2004年2月.
[15] 王庆明.电容传声器使用指导[J/OL] http://www.audiofamily.net/forum/Default.asp? GroupID=1″,2007年11月.

北京大学出版社

教育出版中心 精品图书

21世纪教育科学系列教材

教师教育概论 李 进 主编 75元
基础教育哲学 陈建华 著 35元
当代教育行政原理 龚怡祖 编著 37元
教育心理学 李晓东 主编 34元
教育计量学 岳昌君 著 26元
教育经济学 刘志民 著 39元
现代教学论基础 徐继存 赵昌木 主编 35元
现代教育评价教程 吴 钢 著 32元
心理与教育测量 顾海根 主编 28元
高等教育的社会经济学 金子元久 著 32元

教师资格认定及师范类毕业生上岗考试辅导教材

教育学 余文森 王 晞 主编 26元
教育心理学概论 连 榕 罗丽芳 主编 36元

21世纪教育科学系列教材 · 学科教学论系列

新理念化学教学论 王后雄 主编 38元
新理念科学教学论 崔 鸿 张海珠 主编 34元
新理念生物教学论 崔 鸿 郑晓慧 主编 36元
新理念地理教学论 李家清 主编 37元
新理念历史教学论 杜 芳 主编 29元
新理念思想政治（品德）教学论 胡田庚 主编 32元

21世纪教师教育系列教材 · 学科教学技能训练系列

新理念化学教学技能训练 王后雄 主编 28元
新理念思想政治（品德）教学技能训练 胡田庚 主编 26元

21世纪教师教育系列教材 · 物理教育系列

中学物理微格教学教程 张军朋 著 28元

21世纪教育科学系列教材 · 学科学习心理学系列

数学学习心理学 孔凡哲 曾 峥 编著 29元
语文学习心理学 李 广 主编 29元
化学学习心理学 王后雄 主编 29元

21世纪教育技术学精品教材（张景中 主编）

教育技术学导论 李 芒 金 林 编著 26元
远程教育原理与技术 王继新 张 屹 编著 41元
教学系统设计理论与实践 杨九民 梁林梅 编著 29元
信息技术教学论（国家十一五规划）雷体南 叶良明 主编 29元
网络教育资源设计与开发 刘清堂 主编 30元

21世纪农村教育改革与发展丛书

农村义务教育经费保障新机制 邬志辉 主编 42元
农村义务教育整体办学模式与评价 王景英 主编 42元
参与式教学与教师专业发展——“西部基础教育发展项目”的经验与反思 陈向明 主编 陶剑灵 副主编 32元
学校发展计划与学校自主发展——“西部基础教育发展项目”的经验与反思 陈向明 主编 陶剑灵 副主编 39.8元

21世纪引进版精品教材 · 学术道德与学术规范系列

如何为学术刊物撰稿：写作技能与规范（英文影印版） [英] 罗薇娜 · 莫 编著 26元
如何撰写和发表科技论文（英文影印版） [美] 罗伯特 · 戴 等著 28元
如何撰写与发表社会科学论文：国际刊物指南 蔡今忠 著 25元
如何查找文献 [英] 萨莉拉 · 姆齐 著 25元
给研究生的学术建议 [英] 戈登 · 鲁格 等著 26元
学术道德学生读本 [英] 保罗 · 奥利弗 著 17元
科技论文写作快速入门 [瑞典] 比约 · 古斯塔维 著 19元
社会科学研究的基本规则 [英] 朱迪斯 · 贝尔 著 18元
做好社会研究的10个关键 [英] 马丁 · 丹斯考姆 著 20元
阅读、写作和推理：学生指导手册 [英] 加文 · 费尔贝恩 著 25元
如何写好科研项目申请书 [美] 安德鲁 · 弗里德兰德 等著 25元

21世纪引进版精品教材 · 研究方法系列

教育研究方法：实用指南 [美] 乔伊斯 · 高尔 等著 78元
高等教育研究：进展与方法 [英] 马尔科姆 · 泰特 著 25元
社会研究：问题方法与过程（第三版）[英] 迪姆 · 梅 著 32元

大学教师通识教育读本（教学之道丛书）

如何成为卓越的大学教师 肯 · 贝恩 著 24元
给大学新教员的建议 罗伯特 · 博伊斯 著 28元
理解教与学：高校教学策略 [英] 迈克尔 · 普洛瑟 等著 26元
规则与潜规则：学术界的生存智慧 [美] 约翰 · 达利 等主编 28元
给研究生导师的建议（第2版） [英] 萨拉 · 德拉蒙特 等著 26元
教师的道与德 爱德华 · 希尔斯 著 26元

大学之道丛书

知识社会中的大学 [英] 杰勒德 · 德兰迪 著
哈佛通识教育红皮书哈佛委员会撰 科南特（J.B. Conant）作序 32元
知识与金钱——研究型大学与市场的悖论 罗杰 · 盖格 著 38元
一流大学 卓越校长——麻省理工学院与研究型大学的作用 [美] 查尔斯 · 维斯特 著 28元
美国大学之魂 [美] 乔治 · M.马斯登 著 58元
哈佛规则：捍卫大学之魂 [美] 理查德 · 布瑞德利 著 48元

大学理念重审：与纽曼对话
[美] 雅罗斯拉夫·帕利坎 著 35元
学术部落及其领地——知识探索与学科文化
[英] 托尼·比彻 保罗·特罗勒尔 著 33元
德国古典大学观及其对中国大学的影响 陈洪捷 著 22元
大学校长遴选：理念与实务 黄俊杰 主编 28元
转变中的大学：传统、议题与前景 郭为藩 著 23元
学术资本主义：政治、政策和创业型大学
[美] 希拉·斯劳特 拉里·莱斯利 著 36元
什么是世界一流大学 丁学良 著 23元
21世纪的大学 [美] 詹姆斯·杜德斯达 著 38元
公司文化中的大学 [美] 埃里克·古尔德 著 23元
美国公立大学的未来
[美] 詹姆斯·杜德斯达 弗瑞斯·沃马克 著 30元
高等教育公司：营利性大学的崛起
[美] 理查德·鲁克 著 24元
大学的逻辑 张维迎 著 25.8元
东西象牙塔 孔宪铎 著 32元
我的科大十年（增订版） 孔宪铎 著 29.8元
高等教育市场化 戴晓霞 莫家豪 谢安邦 主编 32元

大学之忧丛书

大学之用（第五版） [美] 克拉克·克尔 著 35元
废墟中的大学 [加拿大] 比尔·雷丁斯 著 38元
高等教育市场化的底线 [美] 大卫·科伯 著 45元

北京大学教育经济与管理丛书

教育与代际流动 郭丛斌 著 28元
人力资本、社会资本与职业发展成就 康小明 著 28元
教育投资收益—风险分析 马晓强 著 28元
教育的信息功能与筛选功能
李锋亮 著 闵维方 丁小浩 主编 32元
大学内部财政分化 郭 海 著 28元
中国教育经费合理配置研究 雎国余麻勇爱 著 28元
中国高等教育入学机会的公平性研究 李文胜 著 28元
走向公共教育——教育民营化的超越 文东茅 著 32元

当代教育经济与法律丛书

美国教育法与判例 秦梦群 著 39.8元
高等教育的经济分析与政策 [日] 矢野真和 著 35元

中国高等教育史丛书

国立西南联合大学校史（修订版）——一九三七至一九四六年的北大、清华、南开 西南联合大学北京校友会 编 49元
张伯苓的大学理念
张伯苓 胡 适 吴大猷 等著 梁吉生 主编 25元
抗日战争时期解放区高等教育 曲士培 著 20元
燕园杂忆——世纪之交的北京大学国际交流 迟惠生 著 26元
建设应用型大学之路 孔繁敏等编 著 59元
中国大学教育发展史 曲士培 著 49.8元

中国教育史哲丛书

中国新教育的萌芽与成长（1860—1928） 苏云峰 著 26元
中国教育周期论 姜国钧 著 28元

管理之道丛书

美国大学的运作与学术管理 [美] 罗纳德·G.埃伦伯格 著 40元
成功大学的管理之道 [英] 迈克尔·夏托克 著 25元

教育之思丛书

教育领导智汇 李 进 主编 40元
我的教师教育观——当代师范生之愿景 李 进 主编 32元
教师教育与教育领导 李 进 主编 44元
文化传统与数学教育现代化 张维忠 王晓琴 著 20元
建设卓越学校：领导层·管理层·教师的职业发展（第2版）
张延明 著 98元
基础教育的战略思考 王炎斌 著 22元
教育凝眸 郭志明 著 16元
教育的痛和痒 赵宪宇 著 20元
教育思想的革命 张先华 著 15元
教育印痕 王淮龙等 主编 22元
教育印迹 王淮龙等 主编 18元

高等教育与全球化丛书

高等教育变革的国际趋势
[美] 菲利普·G.阿特巴赫 著 蒋 凯 主译 34元
高等教育全球化：理论与政策 [英] 皮特·斯科特主编 30元
发展中国家的高等教育：环境变迁与大学的回应
[美] 戴维·查普曼安·奥斯汀 主编 35元

北大开放教育文丛

教育：让人成为人——西方大思想家谈人文和科学教育
杨自伍 编译 30元
教育究竟是什么?100位思想家论教育
[英] 乔伊·帕尔默 主编 任钟印 诸惠芳 译 45元

相关精品图书

透视美国教育——21位旅美留美博士的体验与思考
王定华 主编 42元
中小学管理文件选编 教育部基础教育一司 编 48元
湖边琐语 王义道 著 35元
中国经济再崛起——国际比较的视野 丁学良 著 28元
中国教育公平的理想与现实 杨东平 著 28元
大学与学术 韩水法 著 25元
大学何为 陈平原 著 28元

特别推荐

中国教育与人力资源发展报告 闵维方 主编 38元
透视美国教育 王定华 主编 42元
中小学管理文件选编 教育部基础教育一司 编 48元
大学情感教育读本 田 玲 主编 28元
大学科学教育改革与发展 王义道 著 32元
公务文件写作规范与文例分析 杨 霞 主编 40元
北大清华名师演讲录 两校名师讲堂编委会 36元
小学数学知识树 刘开云 等主编 28元
追梦北大——北大新生畅谈学习与成长 刘明利 主编 32元
牵梦北大——北大新生畅谈中学学习与成长 刘明利 主编 35元
保送北大——北大保送生畅谈中学学习与成长 刘明利 主编 32元